JN321877

土地境界紛争処理のための取得時効制度概説

土地家屋調査士の立場から

秋保賢一　監修
馬渕良一　著

日本加除出版株式会社

監修のことば

　土地家屋調査士の業務と時効制度の間には、実はデリケートな問題が潜んでいると思います。つまり、もともと土地家屋調査士業務の核心的部分は公法上の筆界の認定にあると思われますが、時効取得によって公法上の筆界が変動することはないというのがほぼ確定した判例になっており、土地家屋調査士としては、理論上、時効完成を理由として公法上の筆界自体を論じることができないからです。また、現在の判例は、時効の援用によって初めて時効取得の効力が発生するとの考え方に立っていますので、当事者が時効を援用するまでは、実体法的にも所有権界の変動は生じていないことになります。つまり土地家屋調査士としては、例えば、現地にブロック塀が建って20年以上経っているからといって、当然に時効が完成したものとして、時効取得されたラインを基準として業務を進めてよいということにはならないのです。

　しかし、このことは土地家屋調査士の業務が、時効制度と何の関係もないことを意味しているわけではもちろんなく、むしろその逆であると思われます。土地家屋調査士法の改正により土地家屋調査士にいわゆるADR代理が認められたことからも明らかなように、現在の土地家屋調査士の職責は、単に表示登記の適正・円滑な実現だけでなく、より広く境界紛争の解決と予防をも含んでいるものと考えられます。つまり土地家屋調査士の業務は、もはや公法上の筆界だけを相手にするものではなく、所有権界をも対象にしているものと言わざるを得なくなっております。しかるに、境界紛争において、土地家屋調査士が認定した公法上の筆界と占有界との間に不一致が認められる場合は、不可避的に取得時効の問題を伴っていると思われ、最終的な境界紛争の解決と将来的な境界紛争予防のためには、本来は所有権界の問題であるはずの取得時効制度についても広汎かつ精細な知識と実務的な感覚の涵養が不可欠になっていると思われます。

　本書については、私も求められて二、三思ったところを述べさせて頂きましたが、監修とは名ばかりであって、本書は専ら馬渕良一先生の豊富な知識や実務的な経験に基づかれた論考であり、特に土地家屋調査士の視点から時効取得を論じたのは非常にユニークで他に類書がないように見受けられます。また、本書は、裁判になったら甲乙どっちが勝つのかというような観点だけではなく、あくまでも平穏な相隣関係の創出のために土地家屋調査士としてはどのような業務処理が望ましいのかという視点から論じられており、この点も特徴的だと思います。本書が、土地家屋調査士の皆様方の業務処理の参考になることを大いに期待しております。

平成20年2月

弁護士　秋　保　賢　一

は　し　が　き

　土地家屋調査士は、従来の不動産登記に関する専門職能に加え、新たに、司法制度改革の中で、土地境界紛争解決の担い手として期待されるところであり、そのための能力と知識の修得に向けて研鑽がなされているところです。

　法律家は、境界に関する紛争を解決することを主な業務とするのに対して、法律専門家である土地家屋調査士には、予防司法的な発想による境界紛争の防止に資する業務処理と、万一、土地境界紛争が起きたときにおいても、平穏な相隣関係の再構築ができる業務処理が求められていると思います。とはいうものの、土地境界に関する専門家である土地家屋調査士にとっても、対象である筆界に関し、所有権界（その現れである占有界）を確認することは容易ですが、不動産登記法が対象とする筆界を確認することは容易ではなく、さらに、筆界と占有界の不一致に起因する境界紛争の原因のひとつである時効問題が関わってくると、解決を一層困難にし、土地家屋調査士は「（関係人（民法）に）孝ならんと欲すれば（登記法に）忠ならず」と、業務処理に当たって悩んでいます。

　本書は、新たな境界紛争解決における法律専門職能者として、国民の期待に応えうる資格者としての専門的な知見修得に少しでも資すればと考え、平成12年3月に岐阜県土地家屋調査士会で表示登記実務研修教材として作成した「土地家屋調査士と時効制度」作成時の議論をベースに、現場の土地家屋調査士の悩みの解決と境界紛争解決において法的にも調和した平穏な相隣関係の構築のための提案ができる知見形成に少しでも役立てばとの思いで発刊したものであります。

　この書籍の利用の仕方としては、第1章の取得時効と境界紛争から読む必要はなく、第4章の第1部Q&A、第2部事例から学ぶ土地調査測量の留意点及び第5章資料編の判例における時効制度に関する論点から読み始め、時効制度の運用上いかなることが問題とされてきたかに興味をもって、第1章以下をお読みいただくのもひとつの読み方と思います。

　本書は十分な解説ができず、意を尽くさない部分もありますが、境界紛争解決に関係する方々に少しでもお役に立てば筆者としては喜ばしい限りです。今後、本書を読まれた関係者の方からのご意見ご指摘をお待ちするものであります。

　なお、監修いただきました岐阜県土地家屋調査士会顧問で弁護士の秋保賢一先生には、業務極めて多忙の中、的確なご指摘をいただきましたことに深く感謝いたしますとともに、本書の出版にあたって、日本加除出版株式会社の真壁耕作氏には辛抱強く見守っていただき、また、児玉格言氏にはきめ細かい校正によるご尽力をいただき大変お世話になりましたことをこの場を借りて厚く御礼申し上げます。

　　平成20年2月

馬　渕　良　一

凡　例

　以下に記載したものは、本書において引用している主要な文献等である。**ゴチック**部分は、本文中の略語を示す。

　なお、略称の表記は原則として、「法律文献等の出典の表示方法」（法律編集者懇話会編）を参考とした。

1　雑誌・判例集

NBL ⇒ New Business Law（商事法務研究会）

家月 ⇒ 家庭裁判月報（最高裁判所事務總局家庭局）

下民 ⇒ 下級裁判所民事裁判判例集（法曹会）

金判 ⇒ 金融・商事判例（経済法令研究会）

金法 ⇒ 旬刊金融法務事情（金融財政事情研究会）

行集 ⇒ 行政事件裁判例集（法曹会）

高民 ⇒ 高等裁判所民事判例集（判例調査会）

裁時 ⇒ 裁判所時報（法曹会、最高裁事務総局編）

裁判拾遺 ⇒ 大審院判例拾遺（法律新聞社）

裁判集民 ⇒ 最高裁判所裁判集民事（最高裁判所判例調査会）

裁判例 ⇒ 大審院裁判例（法律新聞別冊、法律新聞社）

訟月 ⇒ 訟務月報（法務省訟務局）

ジュリ ⇒ ジュリスト（有斐閣）

新聞 ⇒ 法律新聞（法律新聞社）

登研 ⇒ 登記研究（テイハン）

登情 ⇒ 登記情報（金融財政事情研究会）

東高民時報 ⇒ 東京高等裁判所判決時報（民事）（法曹会）

判決全集 ⇒ 大審院判決全集（法律新報付録、法律新報社）

判時 ⇒ 判例時報（判例時報社）

判自 ⇒ 判例地方自治（ぎょうせい）

判タ ⇒ 判例タイムズ（判例タイムズ社）

評論全集 ⇒ 法律〔学説判例〕評論全集（法律評論社）

法学 ⇒ 法学（東北大学法学会）

法教 ⇒ 法学教室（有斐閣）

民月 ⇒ 民事月報（法務省民事局）

民研 ⇒ 民事研修（法務総合研究所）

民集 ⇒ 大審院民事判例集（大審院判例審査会、法曹会）

民（刑）集 ⇒ 最高裁判所民（刑）事判例集（判例調査会）

民録 ⇒ 大審院民事判決録（司法省）

2 法令

ADR 基本法 ⇒ 裁判外紛争解決手続の利用の促進に関する法律

行審 ⇒ 行政不服審査法

行訴 ⇒ 行政訴訟法

国財 ⇒ 国有財産法

国通 ⇒ 国税通則法

所税 ⇒ 所得税法

準則 ⇒ 不動産登記事務取扱手続準則

地税 ⇒ 地方税法

調査士 ⇒ 土地家屋調査士法

不登 ⇒ 不動産登記法

不登規 ⇒ 不動産登記規則

不登令 ⇒ 不動産登記令

法税 ⇒ 法人税法

民 ⇒ 民法

民訴 ⇒ 民事訴訟法

要領 ⇒ 調査・測量実施要領

目　次

第1章　取得時効と境界紛争

第1節　はじめに …………………………………………………………………… 3
　第1　土地家屋調査士の知見を生かした新しい業務の追加 ………………… 3
　第2　土地家屋調査士と筆界特定制度 ………………………………………… 4
　第3　土地家屋調査士と民間紛争解決（ADR）手続 ………………………… 6
　第4　土地家屋調査士が時効制度を学習する必要性 ………………………… 7
　　1．筆界の確認作業の困難さ ………………………………………………… 7
　　2．筆界と占有界の不一致 …………………………………………………… 8
　　3．時効成立の可能性と関係人への対応の困難さ ………………………… 8
　　4．「土地境界紛争処理のための取得時効制度概説」をまとめた目的 …… 9

第2節　筆界と所有権境界 ……………………………………………………… 10
　第1　総説 ………………………………………………………………………… 10
　第2　筆界 ………………………………………………………………………… 10
　　1．筆界と所有権界（所有権境界） ………………………………………… 10
　　2．筆界と所有権界（所有権境界）の本質的な違い ……………………… 11
　第3　所有権界（所有権境界） ………………………………………………… 14
　第4　占有界 ……………………………………………………………………… 14

第2章　時効制度（総論）

第1節　時効制度 ………………………………………………………………… 17
　第1　時効制度とは ……………………………………………………………… 17
　第2　時効制度の存在理由 ……………………………………………………… 17
　　1．時効制度の存在理由 ……………………………………………………… 17
　　2．存在理由の学説の状況 …………………………………………………… 18
　第3　時効完成の本体的効力 …………………………………………………… 19
　　1．時効完成の本体的効力 …………………………………………………… 19
　　2．時効の効果としての遡及効 ……………………………………………… 19
　第4　時効に関する規定の性質 ………………………………………………… 20
　　1．強行法規性 ………………………………………………………………… 20
　　2．時効の完成を困難にする合意の効果 …………………………………… 20

第2節　時効完成の要件 ………………………………………………………… 21
　第1　時効の認められる権利 …………………………………………………… 21

　　　　1. 所有権の取得時効 ……………………………………………………… 21
　　　　2. 所有権以外の財産権における時効取得 ………………………………… 21
　　　　　（1）物件としての地上権、永小作権、入会権の取得時効 …………… 21
　　　　　（2）地役権の時効取得 ………………………………………………… 22
　　　　　（3）土地賃借権の時効取得 …………………………………………… 22
　　　　　（4）譲渡担保の時効取得 ……………………………………………… 22
　　第2　時効完成の要件 ………………………………………………………… 25
　　　　1. 時効の成立の要件 ……………………………………………………… 25
　　　　　（1）所有権の長期取得時効の要件 …………………………………… 25
　　　　　（2）所有権の短期取得時効の要件 …………………………………… 25
　　　　2. 自主占有 ………………………………………………………………… 25
　　　　　（1）自主占有とは ……………………………………………………… 25
　　　　　（2）他主占有から自主占有への転換 ………………………………… 26
　　　　3. 平穏・公然・善意・無過失 …………………………………………… 26
　　　　　（1）平穏かつ公然 ……………………………………………………… 26
　　　　　　①　平穏 …………………………………………………………… 26
　　　　　　②　公然 …………………………………………………………… 26
　　　　　（2）善意・無過失 ……………………………………………………… 26
　　　　　　①　善意 …………………………………………………………… 26
　　　　　　②　無過失 ………………………………………………………… 27
　　　　4. 時効期間 ………………………………………………………………… 27
　　　　　（1）時効期間の始期 …………………………………………………… 27
　　　　　（2）時効期間の進行及びその主張 …………………………………… 27
　　第3　時効の援用 ……………………………………………………………… 31
　　　　1. 時効援用の意義 ………………………………………………………… 31
　　　　　（1）援用の意義に関する問題の所在 ………………………………… 32
　　　　　　①　従来の判例の考え方 ………………………………………… 32
　　　　　　②　現在の判例の立場 …………………………………………… 32
　　　　2. 時効援用権者 …………………………………………………………… 32
　　　　　（1）時効援用権者に関する問題の所在 ……………………………… 32
　　　　　（2）判例の基本的な考え方 …………………………………………… 33
　　　　3. 援用の方法 ……………………………………………………………… 33
　　　　　（1）援用の場所 ………………………………………………………… 33
　　　　　（2）援用の時期 ………………………………………………………… 33
　　　　　（3）援用の撤回 ………………………………………………………… 33
　　　　4. 時効援用の対外的効果 ………………………………………………… 35
　　第4　時効の利益の放棄 ……………………………………………………… 35
　　　　1. 時効完成前の放棄 ……………………………………………………… 35
　　　　2. 時効完成後の放棄とその方法 ………………………………………… 35
　　　　　（1）時効完成後の放棄 ………………………………………………… 35
　　　　　（2）完成後の放棄の方法 ……………………………………………… 35
　　　　　　①　判例 …………………………………………………………… 36
　　　　　　　ア．従来の判例 ………………………………………………… 36

　　　　イ．現在の判例の立場 ………………………………………………………… 36
　　　② 学説 ……………………………………………………………………………… 37
　　(3) 完成後の放棄の効果 …………………………………………………………… 37
　　(4) 完成後の放棄の能力と権限 …………………………………………………… 37
第5　時効完成の障害 ………………………………………………………………………… 37
　1．時効の中断 ………………………………………………………………………………… 37
　　(1) 時効の中断 ……………………………………………………………………… 37
　　　① 自然中断 …………………………………………………………………………… 37
　　　② 法定中断 …………………………………………………………………………… 37
　　(2) 時効中断の根拠 ………………………………………………………………… 38
　　(3) ADR 基本法に基づく時効の中断 …………………………………………… 38
　　(4) 各種の中断の効力の発生する時点と新たな時効が進行を開始する時点 …… 39
　　　① 各種の中断と効力の発生する時点 ……………………………………… 39
　　　② 新たな時効が進行を開始する時点（中断の効力の消滅する時点） ……… 39
　　(5) 中断の効果 ……………………………………………………………………… 39
　　　① 中断後の時効の進行 …………………………………………………………… 39
　　　② 時効中断の効果の相対性 …………………………………………………… 39
　　　③ 相対的効力の原則の例外 …………………………………………………… 40
　2．時効の停止 ………………………………………………………………………………… 40
　　(1) 時効の停止 ……………………………………………………………………… 40
　　(2) 停止の事由 ……………………………………………………………………… 40
　　(3) 時効停止の効果 ………………………………………………………………… 41

第3章　土地境界と時効制度（各論）

第1節　土地境界と時効制度 ……………………………………………………………… 45
第1　取得時効と登記 ………………………………………………………………………… 45
　1．取得時効と登記の問題点 ………………………………………………………………… 45
　2．取得時効と登記に関する判例の理論 …………………………………………………… 45
　　(1) 時効取得と対抗要件 …………………………………………………………… 45
　　　① ケースⅠ　時効完成時の登記名義人が時効完成前の所有者と同一の場合の時効取得者との関係 …………………………………………………… 45
　　　② ケースⅡ　時効完成時の登記名義人に変更がある場合と時効取得者との関係 …………………………………………………………………………… 46
　　　③ ケースⅢ　時効完成後に登記を受けた者と時効取得者との関係 ……… 46
　　　④ ケースⅣ　時効完成後に登記を受けた第三者に対して、新たに取得時効に必要な占有期間が経過した時効取得者との関係 …………………… 47
　　　⑤ ケースⅤ　取得時効の起算点 ……………………………………………… 48
　3．取得時効と登記に関する判例に対する学説の指摘事項 …………………………… 49
　　(1) 指摘事例 ………………………………………………………………………… 49
　　　① 指摘事例1 ………………………………………………………………………… 49

　　　　② 指摘事例2 ……………………………………………………………… 49
　　(2) 判例に対する学説の批判概要 ……………………………………………… 50
　　　① 批判Ⅰ　取得時効に登記（対抗問題）が必要かどうかについて ……… 50
　　　　ア．登記不要説（占有尊重説）……………………………………………… 50
　　　　イ．登記必要説（登記尊重説）……………………………………………… 50
　　　　ウ．折衷説 …………………………………………………………………… 50
　　　　エ．類型説 …………………………………………………………………… 51
　　　② 批判Ⅱ　登記と時効開始の起算点との関係 ……………………………… 52
　　　　ア．第三者の登記による時効中断説 ……………………………………… 52
　　　　イ．時効起算点選択説 ……………………………………………………… 52
　　　　ウ．登記不要説 ……………………………………………………………… 52
　4. 時効制度と登記問題に対して、境界を確認する土地家屋調査士の心構え ……… 53
　5. 土地家屋調査士が対峙する一筆の土地の一部における時効所得の問題再考 …… 53
第2　一筆の土地の一部についての取得時効 …………………………………………… 54
　1. 一物一権主義と不動産一登記用紙主義 ……………………………………………… 54
　2. 一筆の土地の一部の時効取得 ………………………………………………………… 55
　3. 一筆の土地の一部の取得時効の成立要件 …………………………………………… 55
　4. 取得時効の効力 ………………………………………………………………………… 55
　5. 時効取得による登記の形式 …………………………………………………………… 56
　　(1) 所有権の登記がある土地を時効取得した場合 …………………………………… 56
　　(2) 所有権の登記がない土地を時効取得した場合 …………………………………… 56
　　　① 未登記不動産を時効取得した場合 ……………………………………………… 56
　　　② 表題（表示）の登記のみがなされている不動産を時効取得した場合 ……… 56
　6. 時効取得と原所有権の負担する登記の関係 ………………………………………… 56
　7. 時効で取得した部分を登記する方法について ……………………………………… 57
　　(1) 共同申請の原則 ……………………………………………………………………… 57
　　(2) 判決による登記手続 ………………………………………………………………… 58
第3　判決による登記手続 ………………………………………………………………… 60
　1. 判決による登記 ………………………………………………………………………… 60
　　(1) 不動産登記法第63条第1項（旧不登第27条）の判決による登記の意義 …… 60
　　(2) 不動産登記法第63条第1項（旧不登第27条）で規定する判決の要件 ……… 60
　　(3) 不動産登記法第63条第1項（旧不登第27条）の判決に準ずるもの ………… 60
　　(4) 不動産登記法第63条第1項（旧不登第27条）の判決に準じないもの ……… 60
　2. 判決による登記の対象となる登記 …………………………………………………… 60
　　(1) 不動産登記法第63条第1項（旧不登第27条）の判決対象となる登記 ……… 60
　　　① 登記権利者及び登記義務者の共同申請による登記 …………………………… 60
　　　② 不動産登記法第105条第2号（旧不登第2条第2号）の仮登記 …………… 60
　　　③ その他、抵当権の順位変更登記・所有権保存登記の抹消 …………………… 61
　　(2) 不動産登記法第63条第1項（旧不登第27条）の判決対象とならない登記 … 61
　　　① 不動産登記法第105条第1号（旧不登第2条第1号）の仮登記 …………… 61
　　　② 表示に関する登記 ………………………………………………………………… 61
　　　③ 登記名義人表示変更・更正登記・所有権保存登記 …………………………… 61
　3. 分筆登記の問題点 ……………………………………………………………………… 61

　　　　(1) 一筆の土地の一部の分筆登記の問題点 …………………………… 61
　　　　(2) 事前に合筆が必要な場合の手続 …………………………………… 62
　　4. 代位による登記 ………………………………………………………………… 62
　　　　(1) 代位による登記申請とは ……………………………………………… 62
　　　　(2) 代位の登記と一般の登記申請 ………………………………………… 63
　　5. 先例・判例とその問題点 ……………………………………………………… 63
　　　　(1) 債権者代位による分筆登記の申請書に添付する代位原因を証する書面 …… 63
　　　　(2) 分筆登記申請却下処分の取消訴訟と出訴期間 …………………… 63
　　　　　① 問題点の検討1 ………………………………………………………… 64
　　　　　② 問題点の検討2 ………………………………………………………… 65

第4　公共用物と時効制度 ………………………………………………………………… 66
　　1. 公共用物とは …………………………………………………………………… 66
　　2. 公共用物と用途廃止 …………………………………………………………… 66
　　　　(1) 用途廃止とは …………………………………………………………… 66
　　　　(2) 法定外公共用財産の用途廃止ができる場合 ……………………… 66
　　3. 法定外公共財産の一括譲与 …………………………………………………… 67
　　4. 公物の取得時効の可否についての考え方 …………………………………… 67
　　　　(1) 公物の取得時効の可否についての考え方 ………………………… 67
　　　　(2) 判例の考え方 …………………………………………………………… 68
　　　　(3) 黙示的の公用廃止説の判例理論 ……………………………………… 68
　　5. 街区（ブロック）移動現象 …………………………………………………… 69
　　6. 国有財産時効確認連絡会とは何か …………………………………………… 70

第5　時効と税金 ……………………………………………………………………………… 71
　　1. 取得時効と税金についての理解の必要性 …………………………………… 71
　　2. 論点 ……………………………………………………………………………… 72
　　　　(1) 取得時効により財産を取得した者にはいかなる課税が発生するのか …… 72
　　　　(2) 一時所得の発生時期はいつか ……………………………………… 72
　　　　　① 時効援用時説 ………………………………………………………… 72
　　　　　② 起算日説 ……………………………………………………………… 72
　　　　　③ 時効完成日説 ………………………………………………………… 73
　　　　　④ 判決確定時説 ………………………………………………………… 73
　　　　(3) 国税についての時効期間は何年か ………………………………… 73
　　　　　① 賦課権の意義と法的性質 …………………………………………… 73
　　　　　② 徴収権の意義 ………………………………………………………… 73

第6　時効と農地法 ………………………………………………………………………… 75
　　1. 対象地が農地の場合の農地法の許可の必要性の可否 ……………………… 75
　　2. 論点 ……………………………………………………………………………… 76
　　　　(1) 農地は取得時効の対象となるか、また、知事の許可は必要か …… 76
　　　　　農地の時効取得の法的評価 …………………………………………… 76
　　　　　　ア．原始取得 ………………………………………………………… 76
　　　　　　イ．登記実務 ………………………………………………………… 76
　　　　　　ウ．農地における取得時効の要件としての占有の充足問題 …… 77
　　　　　　エ．善意・無過失の問題 …………………………………………… 77

(2) 農地の賃借権の時効取得は認められるか ………………………………… 77
　　　① 所有権以外の財産権の取得時効（民第163条）………………………… 77
　　　② 賃借権の時効取得と許可（賃貸借契約の成立が、主務官庁の許可を要件とする場合の賃借権の取得時効の成否）……………………………… 77

第2節　土地家屋調査士と時効制度　79
第1　取得時効認定前になすべきこと（再確認）　79
1. 筆界と境界の区分 …………………………………………………………… 79
　(1) 平成17年の不動産登記法の改正前の筆界の概念 ……………………… 79
　(2) 平成17年の不動産登記法の改正による筆界とは ……………………… 79
　　① 第1説　権利分割説 ……………………………………………………… 80
　　② 第2説　地割権説 ………………………………………………………… 80
2. 所有権界 …………………………………………………………………… 82
　(1) 所有権界とは ……………………………………………………………… 82
　(2) 筆界と所有権界（境界）の不一致が生じる場合 ……………………… 82
3. 筆界の確認と時効成立の要件充足の確認 ………………………………… 82
　(1) 筆界の確認 ………………………………………………………………… 82
　(2) 時効成立の確認方法 ……………………………………………………… 83
　(3) 占有状態 …………………………………………………………………… 83
　　① 占有しているとされる状態の例 ………………………………………… 83
　　② 占有しているとはいえない状態 ………………………………………… 84
　(4) 自主占有 …………………………………………………………………… 85
　　自主占有と認められる場合 ………………………………………………… 85
　(5) 善意（無過失）と悪意 …………………………………………………… 85
　(6) 時効期間 …………………………………………………………………… 86
　(7) 時効の援用 ………………………………………………………………… 86
4. 関係土地所有者に対する対応 ……………………………………………… 87
　(1) 土地の調査測量時の状況による分類 …………………………………… 87
　　① 調査・測量業務受託時点で境界に関して既にトラブルがある場合 … 88
　　　ア．共通して認識すべきこと ……………………………………………… 88
　　　イ．取得時効で所有権を喪失する者への対応 …………………………… 88
　　　ウ．取得時効で所有権を取得する者への対応 …………………………… 88
　　② 調査・測量業務受託時点で境界に関してトラブルがない場合 ……… 89
　(2) その他のポイント ………………………………………………………… 90
　　① 結論（時効の成立）を断定しないこと ………………………………… 90
　　② 依頼人に不利な事実を相手方に告知すること ………………………… 90
5. 土地境界紛争と時効において、土地家屋調査士が検討すべき課題 …… 91
　(1) 訴訟費用と期間 …………………………………………………………… 91
　(2) 公共用地に対する時効の主張と売払い申請 …………………………… 91
　(3) 訴訟への関与の必要性 …………………………………………………… 91
6. おわりに …………………………………………………………………… 92

第4章　Q&A集

第1部　Q&A集 …………………………………………………………………… 97
 第1　時効制度（Q1〜7）……………………………………………………… 97
 第2　公共物の取得時効（Q8〜9）…………………………………………… 101
 第3　時効の援用（Q10〜14）………………………………………………… 102
 第4　時効利益の放棄・援用権の喪失（Q15〜16）………………………… 105
 第5　時効の中断・承認（Q17〜21）………………………………………… 107
 第6　所有の意思・排他的支配（Q22〜27）………………………………… 109
 第7　他主占有から自主占有への転換・立証責任（Q28〜30）…………… 112
 第8　取得時効のための占有形態（Q31〜34）……………………………… 114
 第9　取得時効の成立と登記（Q35〜40）…………………………………… 118
 第10　農地に関する問題（Q41〜45）………………………………………… 121
 第11　税金に関する問題（Q46）……………………………………………… 124
 第12　時効取得と表題登記（Q47）…………………………………………… 125
 第13　ADRと時効（Q48）……………………………………………………… 126
 第14　筆界特定制度と時効（Q49〜50）……………………………………… 127

第2部　事例から学ぶ土地調査測量の留意点 ………………………………… 128

第5章　資料編

第1部　土地境界紛争処理のための取得時効制度概説　判例要旨集 ………… 141
 第1　判例分類項目 …………………………………………………………… 141
  ・時効制度に関する論点の年譜（論点／年代別判例索引）……………… 144
  ・判例要旨集目次 …………………………………………………………… 146
 第2　土地境界紛争処理のための取得時効制度概説　判例要旨集 ……… 153
  論点1　境界と所有権界等 ………………………………………………… 153
  論点2　隣接地の取得時効と当事者適格 ………………………………… 156
  論点3　時効の効果等 ……………………………………………………… 160
  論点4　所有の意思 ………………………………………………………… 162
  論点5　自主占有 …………………………………………………………… 166
  論点6　他主占有・代理占有 ……………………………………………… 169
  論点7　他主占有から自主占有への転換 ………………………………… 171
  論点8　占有の承継 ………………………………………………………… 172
  論点9　時効の期間・時効の開始時期・起算点等 ……………………… 173
  論点10　占有の善意・無過失・平穏・公然等（民法第186条）……… 175
  論点11　占有の状態・排他的支配の状態 ……………………………… 181
  論点12　時効の援用の意義 ……………………………………………… 184

論点 13　時効の援用権者 …………………………………………………………… 185
　　論点 14　時効の援用権の喪失 …………………………………………………… 188
　　論点 15　時効の利益の放棄 ……………………………………………………… 191
　　論点 16　取得時効の中断・停止 ………………………………………………… 193
　　論点 17　時効完成と登記 ………………………………………………………… 195
　　論点 18　取得時効の目的物 1（所有権以外の権利の取得時効）…………… 198
　　論点 19　取得時効の目的物 2（法定外公共物）……………………………… 200
　　論点 20　官民確定協議の成立と時効取得の主張及び自主占有から他主占有への転
　　　　　　換………………………………………………………………………… 209
　　論点 21　農地と時効 ……………………………………………………………… 210
　　論点 22　地役権の時効取得 ……………………………………………………… 213

第 2 部　関連通達 ……………………………………………………………………… 214
　　資料 1　不法占拠財産取扱要領（平成 13 年財理第 1266 号通達）………… 214
　　資料 2　誤信使用財産取扱要領（平成 13 年財理第 1267 号通達）………… 217
　　資料 3　取得時効事務取扱要領（平成 13 年財理第 1268 号通達）………… 221
　　資料 4　法定外公共物に係る国有財産の取扱いについて
　　　　　　（平成 11 年蔵理第 2592 号通達）………………………………… 229
　　資料 5-1　時効取得を原因とする農地についての権利移転又は設定の取扱いに
　　　　　　ついて（昭和 52 年構改 B 第 1672 号通知）……………………… 233
　　資料 5-2　農地法所定の許可書等が添付されない地目変更申請の取扱い ……… 236
　　　　5-2-1　登記簿上の地目が農地である土地について農地以外の地目への変更
　　　　　　　登記の申請があった場合の取扱い（昭和 56 年法務省民三第 5402 号通達）… 236
　　　　5-2-2　登記簿上の地目が農地である土地について農地以外の地目への変更
　　　　　　　登記の申請があった場合の取扱い（昭和 56 年法務省民三第 5403 号通達）… 241

参考資料

「幾何学的手法による創造的筆界特定の技法について」"円満な筆界確認形成ツール
　として"（平成 18 年 11 月 13 日第 5 回国際地籍シンポジウム／土地家屋調査士全
　国大会 in Kyoto）………………………………………………………………… 245

付録（一寸休憩）

《一寸休憩 1》境界確定訴訟における時効取得の主張と当事者適格と境界確定の訴え
　における取得時効の抗弁 ………………………………………………………… 24
《一寸休憩 2》ADR における取得時効の主張の取扱い ……………………………… 31
《一寸休憩 3》……………………………………………………………………………… 59
　　1. 地図訂正と地積更正……………………………………………………………… 59
　　2. 許容誤差と境界の移動…………………………………………………………… 59
《一寸休憩 4》"こんなとき課税はどうなるの？"………………………………… 75

第1章
取得時効と境界紛争

第1節　はじめに

第1　土地家屋調査士の知見を生かした新しい業務の追加

　土地家屋調査士制度は、不動産の表示に関する登記手続の円滑な実施に資し、もって不動産に係る国民の権利の明確化に寄与することを目的とする（調査士第1条）。

　土地家屋調査士は、平成17年7月26日（法律第87号）の土地家屋調査士法改正前においては、他人の依頼を受けて、不動産の表示に関する登記について必要な土地又は家屋に関する調査又は測量、不動産の表示に関する登記の申請手続、及びこれらの手続に関する審査請求の手続をすることを業（同法第3条）とされ、土地においては主に筆界を確認する調査測量を行い、土地の分筆合筆等の表題登記（平成16年の不動産登記法の改正前は土地の表示登記と称されていた。）の90％を超える業務を処理してきた。

　平成16年6月18日（法律第123号）のオンライン申請等の不動産登記法の大改正に続き、政府の司法制度改革の方針に伴い、第2次改正として平成17年4月13日（法律第29号）により、不動産登記法に筆界特定制度が創設され、これを受けて、土地家屋調査士は、筆界特定の手続の代理を業とすることができるとする調査士法の改正がされ、共に、平成18年1月20日より施行された。これにより、調査士業務として土地家屋調査士の今までの不動産登記手続における知見を生かすべく、筆界特定の手続代理業務及び土地の筆界が現地において明らかでないことを原因とする民事に関する紛争に係る民間紛争解決手続の代理業務が新たに加わった(注1),(注2)。

（注1）　筆界特定業務について
　　改正土地家屋調査士法第3条第1項（平成17年4月13日法律第29号）
　4．筆界特定の手続（不動産登記法（平成16年法律第123号）第6章第2節の規定による筆界特定の手続又は筆界特定の申請の却下に関する審査請求の手続をいう。次号において同じ。）についての代理
　5．筆界特定の手続について法務局又は地方法務局に提出し、又は提供する書類又は電磁的記録の作成
　6．前各号に掲げる事務についての相談

（注2）　裁判外紛争解決手続についての代理及び相談
　　同法第3条第1項（平成17年4月13日法律第29号）
　7．土地の筆界（不動産登記法第123条第1号に規定する筆界をいう。第25条第2項において同じ。）が現地において明らかでないことを原因とする民事に関する紛争に係る民間紛争解決手続

（民間事業者が、紛争の当事者が和解をすることができる民事上の紛争について、紛争の当事者双方からの依頼を受け、当該紛争の当事者との間の契約に基づき、和解の仲介を行う裁判外紛争解決手続（訴訟手続によらずに民事上の紛争の解決をしようとする紛争の当事者のため、公正な第三者が関与して、その解決を図る手続をいう。）をいう。）であつて当該紛争の解決の業務を公正かつ適確に行うことができると認められる団体として法務大臣が指定するものが行うものについての代理

8. 前号に掲げる事務についての相談

第2 土地家屋調査士と筆界特定制度

　本書に必要な範囲で概説すると、筆界特定制度は境界確定訴訟が解決に至るまでに長期にわたる現状を省みて、おおむね6か月以内に土地の筆界の迅速かつ適正な特定を図り、地図整備の促進を視野に入れて、筆界特定登記官により筆界をめぐる紛争の解決及び防止に資する制度である。

　その概要は、不動産登記法一部改正時の法案提出趣旨説明によると以下の4つに要約される。

　第1に、筆界の特定は、筆界特定登記官が土地の所有権の登記名義人等の申請により、筆界調査員の意見を踏まえて行う。

　第2に、筆界調査委員は、筆界特定のために必要な事実の調査を行い、筆界特定登記官に意見を提出することを職務とし、そのために必要な専門的知識及び経験を有する者のうちから任命する。

　第3に、筆界特定の手続において、対象となる所有権登記名義人等には、意見を述べ、資料を提出する機会が与えられる。

　第4に、筆界特定の手続記録は、登記所において公開される。

　専門的知識及び経験を有する筆界調査委員として、この重要な役割を土地家屋調査士が担うことになることは、前出のとおり、不動産登記手続において土地家屋調査士がその大多数を円滑に処理してきた実績によるものであり、現に各法務局地方法務局で多くの土地家屋調査士が任命されてその業務に貢献していると共に、その知見に大きな期待がなされているところであり、現実に多くの問題解決に貢献している(注1)。

　当然、筆界特定手続の代理業務は、土地家屋調査士ならば誰もが代理人となって申請できることは言うまでもない。

(注1) 筆界特定制度の施行日である、平成18年1月20日から平成19年3月末までに、3,000件以上の申請がなされ、当初の予想を上回る利用状況となっている。従来は境界確認訴訟の提訴件数が年間1,000件程度とされていたことに照らすと、筆界特定制度に対する国民の期待の大きさがうかがわれるところである（法務省民事第二課長小川秀樹、登情550-10（2007.9））。また、これまで訴訟に至らなかったような土地境界をめぐる紛争が筆界特定制度の下で処理されているとの評価もされている（和田直人「筆界特定制度と訴訟手続及びADR手続との相互関係」登情548-4（2007.7））。申請された筆界特定は、おおむね6か月以内に筆界特定登記官による特定が行われた。当然、3000件以上の申請のほぼすべてに土地家屋調査士が筆界調査委員として関与していることは、まぎれもない事実である。

資料1 (1)
筆界特定手続の流れ（標準処理期間6か月）

資料1 (2)
筆界特定手続の進め方

第3　土地家屋調査士と民間紛争解決（ADR）手続

　本書に必要な範囲で概説すると、司法制度改革の柱の一つである、国民の抱えた紛争の解決を司法（裁判）のみの解決方法にとどめず、広く隣接法律専門家を活用して、裁判外において私的紛争解決を紛争当事者の私的自治により、紛争解決の機会を選択できる裁判外紛争解決制度（ADR）が創設された（裁判外紛争解決手続の利用の促進に関する法律（平成16年法律第151号）、以下 ADR 基本法という。）。

　土地の筆界問題に関する紛争のうち、土地の筆界が現地において明らかでないことを原因とする民事に関する紛争に係る民間紛争解決手続が、法制定前から全国の調査士会の中で運用されてきた(注1)ところであるが、創設された制度の概要は次のとおりである。

　Ⅰ　土地の境界が不明であることに起因する民事に関する紛争解決手続であること。

　Ⅱ　土地家屋調査士会が運営主体になって、地域の弁護士会と協働して、弁護士及び土地家屋調査士が社会貢献事業として解決に当たる。

　Ⅲ　紛争解決の対象は、公法上の筆界の確認を基に紛争当事者の争点整理を行う筆界特定制度と異なり、所有権の及ぶ範囲に起因する紛争の解決も併せて行う。

　Ⅳ　ADR の特色の一つとして、当事者の意見を中心に当事者の譲歩を引き出すことができるように、話合いに重点を置き、裁判所の調停の手法ではなく、和解案は私的紛争の当事者に主導権を委ね、私的自治の発露として円満な譲歩案を引き出すようにする。

　Ⅴ　ADR 基本法に基づく民間紛争解決手続の業務に関する認証を受けた場合には、時効の中断（ADR 基本法第25条）、訴訟手続の中止（同第26条）及び調停の前置に関する特則（同第27条）という、三つの各特例が認められている。

　Ⅵ　この手続の申立てについては、法務大臣がこの手続関係業務を行うのに必要な能力を有すると認定した調査士会の会員に限り、行うことができる（調査士第3条第2項）。

　したがって、筆界特定制度及び民間紛争解決手続においても、調査士の果たす役割と期待は大きなものがある。

資料1（3）

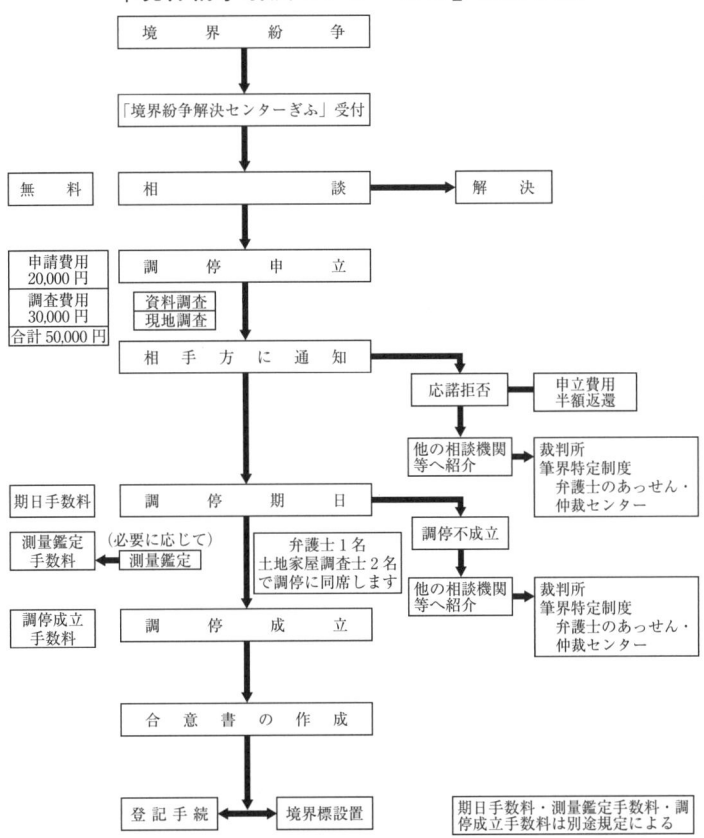

「境界紛争解決センターぎふ」事務手続

```
                    境 界 紛 争
                        ↓
            「境界紛争解決センターぎふ」受付
                        ↓
      無料   相　　　談  →  解　決
                        ↓
申請費用     調 停 申 立
20,000円    ┌─────────┐
調査費用    │資料調査  │
30,000円    │現地調査  │
合計50,000円 └─────────┘
                        ↓
             相 手 方 に 通 知  →  応諾拒否 → 申立費用
                        ↓                     半額返還
                        ↓         他の相談機関 → 裁判所
                        ↓         等へ紹介       筆界特定制度
                        ↓                        弁護士のあっせん・
                        ↓                        仲裁センター
期日手数料    調 停 期 日
            ┌─────────┐   調停不成立
測量鑑定    (必要に応じて)│  弁護士1名
手数料  →  │測量鑑定  │  土地家屋調査士2名    他の相談機関 → 裁判所
            └─────────┘  で調停に同席します    等へ紹介       筆界特定制度
                        ↓                                     弁護士のあっせん・
調停成立    調 停 成 立                                        仲裁センター
手数料
                        ↓
             合 意 書 の 作 成
                        ↓
           登記手続 ←→ 境界標設置    期日手数料・測量鑑定手数料・調
                                     停成立手数料は別途規定による
```

（注1）　ADR基本法施行前の平成18年3月末で全国に12単位会が境界問題相談センターを運用していた。さらに、平成19年12月末で27会がセンターを運用し、平成19年8月31日現在、土地家屋調査士法第3条第1項第7号の法務大臣の指定を受けたセンターは12会である。ADR基本法に基づき、特例の効果を享受できるための民間紛争解決手続の業務に関する認証を、平成19年9月1日現在2会が申請中と聞いている。

第4　土地家屋調査士が時効制度を学習する必要性

1．筆界の確認作業の困難さ

　筆界確認作業において、筆界確認の困難さ並びに筆界確認（特定）の技法については、既に多くの図書が刊行されており、また、各調査士会では、境界鑑定委員会での研修資料等も豊富にあることから本書では必要最小限にとどめるが(注1)、土地家屋調査士が通常業務である筆

界確認作業において、資料を収集して現地に臨んだ土地家屋調査士が苦悩し、多くの場合、現実に現地において明確に確認できるのは、時効制度と密接に関係する関係人の占有状況によって新しく形成された境界線（所有権境界）であり、不明確なのは当該一筆の筆界であるということである。

2. 筆界と占有界の不一致

　土地家屋調査士と時効制度は、切っても切れない関係にある。それは、通常業務処理において、土地家屋調査士が調査測量業務を遂行するときによく経験する事例として、筆界確認作業のために収集した資料から調査・測量対象地に対して確認した筆界が、辺長及び地積の許容誤差を超えて、調査・測量の対象地の所有権登記名義人以外の者が占有しており、時効の問題を検討しなければならない事態に遭遇することが多いからである。

　取得時効は、それらの状態が一定の要件のもとで、一定の期間継続した占有（排他的支配）という事実状態があれば、実体法上無権利者である占有者が権利を取得するという制度（民第162条）である。したがって、土地家屋調査士にとって新しい業務である、筆界特定制度及び土地家屋調査士会が実施する民間紛争解決手続において、筆界確認の上で、所有権の範囲に絡んで時効の成否について専門的知見を求められることは当然である(注2)。

3. 時効成立の可能性と関係人への対応の困難さ

　民法が取得時効の効果として、一筆の土地の一部について取得時効の要件を満たす占有により、その部分に時効取得による権利の得喪を認めながら（【判例004】大判大正13.10.7民集3-12-509）、当事者が時効を援用しない限り、時効による所有権取得を裁判上の基礎とすることができない（民第145条）とする。その一方、時効完成後の時効放棄を認めている（民第146条の反対解釈）ために、また、公法上の筆界は移動しないものであり、当事者の合意で変更できないものである（【判例017】最判昭和31.12.28民集10-12-1639）ことから、土地家屋調査士は筆界は移動しないとの筆界論を持ち出し、現状の平穏な相隣関係を破壊してまで、見出した筆界による原状回復を当事者に提案するのが良いのか、また、土地家屋調査士が時効の成否の判断問題の困難さを乗り越え、取得時効の要件の充足を認定できた場合に、時効の援用を依頼者に勧めるべきか、また、平穏な相隣関係の維持のため依頼者に時効取得を受け容れるべきと進言し、取得時効部分を分筆し、時効を原因として所有権移転する方がいいと提案するのが良いのか、微妙な判断を迫られることになる(注3)。

　このことは、土地家屋調査士会における境界問題相談センター（ADR）における当事者に紛争解決を委ねたジレンマと同様な悩みであると考える。

4.「土地境界紛争処理のための取得時効制度概説」をまとめた目的

　法律家は紛争が起きてから解決に貢献するが、土地の境界の専門家である法律実務家である土地家屋調査士は、境界にまつわる紛争を予防する専門職能者でなければならない。

　本書の目的は、土地家屋調査士の悩み（1.筆界の確認作業の困難さ、2.筆界と占有界の不一致、3.時効成立の可能性と関係人への対応の困難さ）を少しでも和らげ、平穏な相隣関係を継続・維持するために、時効制度の存在意義を理解し、この制度を効果的に運用し、法律的にも調和した相隣関係を維持又は創設することができるようにするために、時効制度の運用に不可欠な論点を理解していただくことである。さらに、土地家屋調査士は、筆界に関する知見のみではなく、時効制度をよく理解のうえ、筆界特定やADRの新たな業務において時効制度を活用いただき、新たな業務が、国民の期待する制度として機能するのに役立つことがあれば、筆者としてはこの上のない幸せである。

(注1)　日本土地家屋調査士会連合会編『土地境界鑑定の手引書』(1991)、日本土地家屋調査士会連合会編『土地境界基本実務1〜5』(2002〜2006)、大阪土地家屋調査士会編『鑑定人養成講座研修録1〜11』(1999)、北條政郎ほか編『境界確認・鑑定の手引』(新日本法規、2002)、その他各土地家屋調査士会における境界鑑定委員会資料等。参考までに、筆界特定のひとつの技法として、資料として添付した「幾何学的手法による創造的筆界特定の技法について」(245頁以下)を一読されたい。

(注2)　土地家屋調査士と民間紛争解決手続において、所有権と時効の関係は当然検討すべき事柄となることは明らかである。しかし、筆界特定制度はもっぱらその客体を行政界である筆界とし、所有権に関することは扱わないから、時効についての知見は必要ないとの考えもあるが、不動産登記規則第207条第2項第4号には、筆界特定手続「申請人が一筆の土地の一部の所有権を取得した者であるときは、その旨」と規定し、時効等で土地の一部を取得した場合も想定している（平成17年12月6日法務省民二第2760号法務省民事局長事務通達「筆界特定手続に関する事務の取扱いについて」24参照）ことから、時効に関する知見の習得は必須と思われる。

(注3)　後掲、第4章「第2部　事例から学ぶ土地調査測量の留意点」(128頁)を参照。

第2節　筆界と所有権境界

第1　総説

　時効制度について検討するに当たって、今一度、境界論について確認することは有意義であるとともに、時効制度の効果的な運用に必要であると考える。

　寳金敏明元法務省法務総合研究所研修第三部長の言葉を借りれば、「所有権界と筆界は似て非なる存在である。所有権界は民法を住家として優柔不断な存在である。これに対し、筆界は不動産登記法を住家として剛直な存在であり認定の要件も効果も全く異なることから、裁判所においても異なる二種の裁判手続（境界確定訴訟・所有権確認訴訟）を用意している。」（愛知境界シンポ講義録より）と解説されているとおり、その法的な性格と評価は異なっている。

　ちなみに、不動産登記法の前身である登記法（旧登記法）は、明治19年8月13日法律第1号（明治20年2月1日施行）であり、民法第1編・第2編・第3編は明治29年4月27日法律第89号（明治31年7月16日施行）である。

第2　筆界

1．筆界と所有権界（所有権境界）

　筆界は、公法上の境界であり、類似の概念に所有権界があるが、地租改正事業により作成された字引図等が出来た当時は、本来筆界と所有権界は原則的に一致していた。

　したがって、所有権界と一致すべき筆界を探索する必要があるときは、隣接地所有者を立ち会わせて所有権界を確認し、その確認された所有権界を筆界としても、登記図簿その他の資料と矛盾しないならば、当該所有権界をもって筆界と推認するという手順を踏む。これは、「占有あるところ本権あり」（民第188条）と推定されることから、他に特段の事情のない限り、「占有界のあるところ所有権界あり」との事実上の推定が働き、本来筆界と所有権界は原則的に一致していたことから「所有権界あるところ筆界あり」との事実上の推定が働くことになる。この意味で、占有界は境界の判定に当たっては相当な重みを持つ(注1)。

　しかし、筆界と所有権界が不一致となる例として、次のような場合がある。

　Ⅰ　原発的不一致　測量・作図技術の拙劣、あるいは縄延び等の意図的な不一致
　Ⅱ　後発的不一致　測量の錯誤による過大・過小売却の他、一筆地の一部の売却（【判例014】最判昭和30.6.24民集9-7-919他、【判例033】最判昭和40.2.23判時403-31他）や和解等によって所有権界が移動する（【判例031】大阪高判昭和38.11.29下民14-11-2350）等の法律行為による不一致がある。

　これらの不一致は、日々境界確認業務を行っている土地家屋調査士にしてみれば、地租改正

時に明治政府が定めた字引絵図等が表象する筆界である原始筆界を確認する作業に比べれば、比較的発見も解決も容易である。

2. 筆界と所有権界（所有権境界）の本質的な違い

　筆界と境界の用語の明確な使い分けは、その用語が使われる目的により、また、用語を使用する立場（一般人・法曹関係者）により異なり、厳格に峻別されて使われてこなかったようである。筆界も境界も土地と土地とを区画する区分線であることに変わりがないが、ここでは筆界は不動産登記法により登記された一筆の土地の範囲を表す言葉である(注2)。

　周知のとおり、通説判例に従えば、「土地の境界とは個々の土地を区画する公法上の区分線で公的に設定されたものであり、任意の処分は許されない。」とされる(注3)。

　したがって、筆界は、単純な私的関係における所有権の及ぶ範囲を画する任意に処分可能な所有権界（以下、所有権の及ぶ範囲を画する境界を、土地固有の境界線としての筆界に対して所有権界と呼ぶこととする。）とは本質的に性質を異にし、分筆・合筆を伴わない「筆界の移動」は、不動産登記法上は予定されていない。

　筆界は、事実上はともかく、法律上は（公示された取引単位であり、強制執行や課税の客体となる上、時として市町村界等をも兼ねる公的存在ゆえ）、分筆又は合筆なき限り不動ということになる(注4)。

　ここで注意しなければならないのは、当事者が互いに接する土地の境界に関して（境界か筆界か所有権界かは不明な場合）合意をすれば、詐欺や脅迫等の瑕疵ある意思表示でない限り、後日、合意を覆すことはできないと常識的には考えられるかもしれないが、こと紛争の対象が所有権界である場合、当事者間でせっかく合意がなされたとしても（とりわけ裁判所が関与した調停や和解で合意に到達した場合でさえも）、所有権界に関しての合意である限り、通説判例の説くがごとく、筆界は当事者の合意でもって任意処分が許されないために、その限りで合意は無効となるのであり、後日、土地境界確認訴訟でもって再度土地の境界を争うことができるため、この相違を理解した上での運用が重要である。

○参考
實金敏明元法務省法務総合研究所研修第三部長愛知境界シンポより
① 登記官自身による筆界の職権訂正はできる。
　　実務上は、公図を含む「地図訂正」の一類型と位置付けることができる（京都地方法務局登記事務研究会「平成4年・登記所に提出する各種図面等の作成例及び地図等の訂正事例」の記述）。実務的には、所有者その他の利害関係人が筆界の記載の誤りを発見することが多く、利害関係人に職権発動を促すための申出手続を置いている。このため法律上の申請権ではないとするのが実務上の通説であり、分筆に関する抗告訴訟の可否と通じる議論がある。
② 国土調査の成果に由来する筆界の修正記載

地籍調査の成果としての地図等の作成⇒筆界等に関する測量の結果を記録するにとどまり、これによって土地に関する国民の権利義務を創設し、変更し、またはその範囲を確定するような法的効果を伴うものではない（∴筆界線の表示が誤っていることを理由とする地籍図更正申出〈法14条（改正前の17条）〉の却下は処分性を有しない。前橋地判昭和60.1.29訟月31-8-1973 他＝最判昭和61.7.14にて維持、最判平成3.3.19判時1401-40 他）。
　③　不正確な国土調査法の成果である不登法14条（改正前の17条）地図の後始末（政治的責務であろう。）
　　　地籍図の訂正申出（地税第381条第7項に準じる地図修正申出の手続（昭48.10.24経企庁総合開発局国土調査課長指示）、同条項による法務局への訂正申出の手続を、地籍図作成者が行う方法である。

(注1)　ドイツ民法第920条「正当な境界が知れないときは、占有状態を標準として境界を定める」

(注2)　改正不動産登記法以前には、不動産登記法自体に「筆界」の文言はないが、土地家屋調査士が不動産登記手続上対象としているのは筆界であることは明確である。旧不動産登記法施行細則第42条の4第2項に「土地の筆界に境界標があるときは、地積測量図にその旨記載すべし」との規定の他に、国土調査法に基づく地籍調査の際にも「筆界を調査する」、さらに、国土調査法施行令別表第五は一筆地調査等の測量誤差の限度を定めるにつき、「筆界点間の図上距離」及び、地籍調査作業規程準則第3条第2号は、「一筆地調査に基づいて行う毎筆の土地の境界（以下「筆界」という。）」と定義し、国土調査法上「境界」とある文言を意識的に「筆界」と読み替えている。

(注3)
【判例017】（最判昭和31.12.28民集10-12-1639）
　　土地境界とは異筆の土地の間の境界であり、境界は客観的に固有なるものであり、相隣者間において境界を定めた事実があっても、これにより土地固有の境界自体が変動するものではない。
〔主旨〕相隣者との間で境界を定めた事実があっても、これによって、その一筆の土地の固有の境界自体は変動するものではない。
〔理由〕原審における上告人の主張は、175番の山林中に境界を区画してその一部を売り渡したというのではなく、一筆の土地たる175番山林の隣地160番の4の山林との境界を所論の線を指示して引渡しを了したというのであるから、右にいう境界とは異筆の土地の間の境界である。しかし、かかる境界は右175番山林が160番の4山林と区別されるために客観的に固有するものというべく、当事者の合意によって変更処分し得ないものであって、境界の合意が存在したことは単に右客観的境界の判定のための一資料として意義を有するにとどまり、証拠によってこれと異なる客観的境界を判定することを妨げるものではない。原判決には所論の違法はない。
〔解説〕筆界は所有者の合意によっても移動せず、境界を移動させて所有権を処分したことは認められないとしたものである。

【判例043】（最判昭和42.12.26民集21-10-2627 他）

〔主旨〕隣接土地所有者間に境界についての合意が成立したことのみによって、右合意のとおり境界を確定することは許されない。

〔理由〕原判決は、本件各所有権確認請求を審理するにあたり、前提として本件各土地の境界を確定しているが、境界確定については、上告人と被上告人らとの間に合意が成立したことのみに依拠していることが明らかである。しかし、相隣者間において境界を定めた事実があっても、これによってその一筆の土地の境界自体は変動しないものというべきである。したがって、右合意の事実を境界確定のための一資料にすることはもとより差し支えないが、これのみにより確定することは許されないものというべきである。

参考

【判例044】（最判昭和43.2.22民集22-2-270他）

〔主旨〕取得時効の成否は、境界確定の訴えにおける境界確定とは関係がない。

〔理由〕境界確定の訴えは、隣接する土地の境界が事実上不明なため争いがある場合に、裁判によって新たにその境界を確定することを求める訴えであって、土地所有権の範囲の確認を目的とするものではない。したがって、上告人主張の取得時効の抗弁の当否は、境界確定には無関係であると言わねばならない。ただし、仮に上告人が本件3番地の42の土地の一部を時効によって取得したとしても、これにより3番地の41と3番地の42の各土地の境界が移動するわけのものではないからである。上告人が時効取得に基づき、右の境界を越えて3番地の42の土地の一部につき所有権を主張しようとするならば、別に当該の土地につき所有権の確認を求めるべきである。それゆえ、取得時効の成否の問題は所有権の帰属に関する問題で、相隣接する土地の境界の確定とはかかわりのない問題であるとした原審の判断は正当である。

〔解説〕筆界は、法定された境界であり、移動はしないとするとともに、「所有権界」の概念を判示した。

以上の判例の解説は、日本土地家屋調査士会連合会編『土地境界鑑定の手引書』（1991）3頁以下による。

(注4) この筆界が筆界線として具体的に創設されるのは3通りの場合が考えられる。

① 実体法上の筆界線を先に決め、これを登記、地図に表現する場合

この場合は、明治政府により行政上の恩典として、近代的土地所有権が確立したと思われる壬申地券、地租改正により作成された地図に、所有権を平面的な広がりを区切った一筆の幾何学的な線を地図（地押し更正図等）に表現したものである。

したがって、この場合の筆界の復元問題に関しては、この場合の筆界が表現されている地図の実体は100年の歴史を有し、その地図の作成経緯、作成方法、作成技術を考慮し、当時の実体形成時の資料まで遡る必要がある。

② 登記官の行政処分として地図に創設された筆界線の発生・消滅の場合

台帳附属地図や法14条（改正前の17条）地図等に対して、登記官の処分によって創設される分筆・合筆等の筆界線の発生消滅の場合のことをいう。

明治以後沿革的にも多くの筆界線が公法上の形式的形成行為により作られたと解される。

③ 現地に実体法により筆界が存在し、実体法の法的効果として、登記官が行政処分として地図（筆界）が創設される場合

①と②の場合の複合的形態として実体的現地が前提として存在する土地区画整理事業による換地処

分、土地改良による換地処分のように、法律に基づく実体法的な仮の地位（仮換地）が換地処分の時点で換地後の筆界が生ずる場合がある。

　この3つの区別は、地図訂正の可否の判断の際に有効である。すなわち、①と③は実体に応じて創設された筆界であるのに対して、②のケースは、登記官による分割処分で創設された線であるため、地図への分筆線等の記入が誤りであることの資料がない限り、地図訂正は困難となる（幾代通編『不動産登記法講座総論 2』〔津島秋安〕（日本評論社、1976）403 頁以下）。

第3　所有権界（所有権境界）

　所有権界とは、所有権の及ぶ範囲をいうものであって、それは前出の筆界とは異なり、現実の占有、支配を前提とした、一筆の土地の一部の交換や一筆の土地の一部における取得時効の成立に見るように、所有権に基づき支配する範囲を表す区分線であるということができる。

　このように理解すると、筆界は常に所有権境界であり得るが、現実の占有、土地の支配を考慮した所有権界は、必ずしも筆界とは限らないことになるので、筆界と区別して所有権界又は所有権境界と呼ぶ。

第4　占有界

　占有界は、事実的支配に属すると認められる客観的関係（講学上所持といわれる。）の範囲を指し、具体的に言えば、他人の干渉を排除し得る状態であり、社会通念上その人の事実的支配を認め得る範囲を境として表したものであるといえる。

　しかし、土地に関する占有界は、動産や建物のように明瞭ではないこと、支配関係が重複して成立することがあり得ることが、時効の成立の要件である占有問題を複雑にする。「占有あるところ本権あり」（民第188条）、また、「所有権界あるところ筆界あり」との事実上の推定が働くので、占有界は境界の判定、取得時効の範囲の認定に当たっては相当な重みを持つといえる。

第 2 章
時効制度（総論）

第1節　時効制度

第1　時効制度とは

時効制度は、一定の事実状態が永続する場合に、それが真実の権利関係と一致するか否かを問わず、現状の事実関係をそのまま権利関係（者）として認め、他に真実の権利者が存在しても真実の所有者からの権利に基づく主張を認めないとする制度である。言い換えれば、権利の不行使が長く続くと占有物の返還や金銭の支払いを法的に強制されないという、いわば、現状維持のための制度であるともいえる(注1)。

それには、権利者としての事実状態を根拠として真実の権利者とみなす場合（取得時効）と、権利不行使の事実状態を根拠として権利の消滅を認める場合（消滅時効）とがある。

本書は、第1章第1節で述べたとおり、土地家屋調査士業務に関係のある取得時効を中心に検討をする（関連第4章「第1部　Q＆A集」Q1（97頁）参照）。

(注1)　松久三四彦「時効　総論　時効制度の構造と存在理由」法教 225-4（1999）
　　星野英一・森島昭夫編『現代社会と民法学の動向（下）』加藤一郎先生古希記念　曽田厚「自由意思と時効」（有斐閣、1992）

第2　時効制度の存在理由

1．時効制度の存在理由

わが民法の時効制度は、民法第7章第1節の総則（第144条以下）に始まり、第2節の取得時効（第162条以下）及び第3節の消滅時効（第166条以下）までの体系となっている。

時効制度自体をどのように理解するかは、主として、時効の存在理由をどこに求めるか、時効完成の効力により権利を取得する者と失う者との間を、どのように調和的に理解するかにかかっている。また、時効制度の存在理由をよく理解することは、土地家屋調査士がADRにおいて当事者の主張を整理するとき及び平穏な相隣関係の維持と再形成に役立つ。

本来、法律は正当な権利関係と異なる状態が存在する時には、この状態を正当な権利状態に回復することが使命のはずである。にもかかわらず、何故、時効制度は正当な権利関係と異なる無権利の状態を尊重して権利にまで高めようとするのか。

民法起草者がどのように考えていたかは、時効制度を理解する上で非常に興味深い。

起草者の一人「梅謙次郎」は、制度の存在理由を取引の安全と証明困難からの救済であり、権利者が時効により権利を失う場合に「怠慢なる権利者を戒める」ための公益のための制度であると説明し、「富井政章」は時効制度の根拠は永続した事実状態を保全する必要性にあるとする。また、時効制度がないと、過去の事実に基づいて権利の主張ができるならば、紛争百出して共同生活の秩序が乱されるとする(注1)。

これらの説明は平易でわかりやすく、ADR の場での紛争当事者に対する時効制度を分かりやすく説明するツールとして有効であろう。

2．存在理由の学説の状況

存在理由として一元的に説明は困難であるし、時効の存在理由の本体を何に求めるか、時効の効力と時効の援用をどのように説明するかについては、時効学説として大いに議論をされているところである。本書はこれを逐一検討するものではないが、大きく分類すると、次の諸説があるので紹介しておく。

① 社会の法律関係の安定を存在理由とする説

継続する事実が真実を反映する蓋然性が大きいことを理由とする。

民法が継続する事実を真実の権利関係に擬制するのは、継続状況自体を保護することが社会の要求に合致し、あるいは、事務処理を簡便にすることにあるとし、「静かなものは動かすな」、「継続的事実の持つ推定力」の考えを根拠とする。

② 取引の安全の保護を存在理由とする説

この考えは、前記①の理由に、長い継続状態を信頼して取引関係に入った、相手方の取引安全の保護を理由に加え、補強する考え方である。この考えの同趣旨の制度に即時取得の制度がある（善意取得ともいう、民第192条）。

③ 証拠保全の困難さの救済を理由とする説

永続した事実関係が、果たして正当な法律関係に合致しているかどうかを長い年月が経過してから確実な証拠で判断、又は立証することは困難であり、「権利の上に眠れるものは保護に値しない」ことが、かえって、継続する事実が真実の権利関係に適する蓋然性が高いことを理由とするものである。

これら時効制度の存在理由の考え方は、土地家屋調査士が土地の調査測量に際して、各種資料に基づいて筆界認定が困難又は不可能な場合の処理や、ADR の運用において示唆に富む考えである。

土地家屋調査士は、これらの考えを参考にしながら、時効の成立要件である現地の占有状態と占有の期間等を勘案しながら、「神のみぞ知る境界（筆界）」を探索する努力をし、やむなく筆界確認が不可能な場合に、占有状態と測量の許容誤差を勘案して、取得時効成立を想定し、

紛争当事者に対して、新たな相隣関係の形成による円満な解決の努力と現在の平穏な相隣関係の維持・安定のための努力を比較検討できる提案をすることが責務であろう。

(注1) 松久三四彦「時効 総論 時効制度の構造と存在理由」法教 225-4（1999）

第3　時効完成の本体的効力

1．時効完成の本体的効力

　時効にあっては、一定期間継続した事実状態があれば、時効の利益を受ける者は、自分が権利者であること、又は、債務や負担から解放されていることを主張することができる。要件事実として取得時効の要件事実を充足していることを証明できれば、もはや、相手方の反証（占有者が所有者でないとの抗弁）は問題とされない。たとえ、真実の権利者でなかったとしても権利を取得したものとして取り扱われ、あるいは、たとえ真実の権利者であったとしても、その権利は消滅したものとして取り扱われる。つまり、時効は権利義務そのものを規制する実体法上の規則である。時効は実体法上の制度であり、時効の完成と同時に「権利の得喪」を生ずる効力がある。

　ただし、無権利者が権利を取得するという時効の利益を受けることは、反倫理性を有するので、当事者は時効の利益を「放棄」することができる（民第146条）。さらに、時効が裁判外の行為によって中断されることがある事実（自主占有から他主占有へ転換、占有の中断、登記名義人の所有権の承認等）を考慮して当事者の「援用」を待って適用すべきものとされる（民第145条）。

　このことからも分かるように、調査士が容易に時効取得の成立の援用を提案することは、直ちに平穏な相隣関係の維持又は形成に好ましいことではないと考える。

2．時効の効果としての遡及効

　時効の効力は、その起算日に遡及する（民第144条）とされる。本来時効の効力としての権利の得喪が生ずるのは、時効期間の満了の時であるが、その効力はその起算日に遡るとする(注1)。

　取得時効がその期間中継続した事実をそのまま保護しようとする制度であることから当然である。したがって、取得時効の場合、時効期間中の果実は時効によって権利を取得したものに帰属し、時効期間中に時効取得者がその物について行った法律上の処分は有効となる。

　起算日の認定結果によって、時効と対抗要件としての登記の関係において、困難な問題が生

ずる(注2)。

(注1) 例えば、時効取得による所有権移転登記をするに当たり、判決の場合を除き極めて困難なことは、時効成立の要件である占有開始日を認定することである。土地家屋調査士としては、当事者の主張にとらわれず、客観的な事実資料の収集と判定に努めるべきである。

(注2) 第3章第1節「第1　取得時効と登記」2、(1)、①ケースⅤ（48頁）

第4　時効に関する規定の性質

1．強行法規性

　民法第146条は強行法規であり、時効完成前に「時効の利益は、あらかじめ放棄することができない」と禁止し、当事者でこの規定に反する合意をしても効力を生じない。

　立法理由は、これを認めると、時効制度及び時効利益の放棄を認めた趣旨に反すること、債権者によって濫用されるおそれがあること等に求められている。ただし、逆に、時効完成後の放棄は認められる（民第146条の反対解釈）とされていることに注意すべきである。したがって、土地家屋調査士は、時効の成立問題には触れずに平穏な相隣関係の形成に向けて、時効の利益の放棄を有効に活用することも留意すべきであり、時効の要件を充足しているからといって、時効取得を軽々しく口にすることは、厳に慎まなければならないと考える（【判例022】最判昭和35.6.23民集14-8-1498他、【判例036】最判昭和41.4.20民集20-4-702他、第2章第2節「第4　時効の利益の放棄」（35頁以下）参照）。

2．時効の完成を困難にする合意の効果

　時効の完成を困難にする合意は、時効完成前の時効利益の放棄が許可されないのと同様の理由から無効とされる。一方、時効の完成を容易にする特約は、そのような弊害がないことを理由に有効と解されている。なお、単に権利の行使期間を時効期間よりも短く定めることは、「其の権利の本質に反せず公序良俗に背かざる限り」有効と解されている。

　ADRにおける和解書作成時には、この点に留意が必要である。

第2節　時効完成の要件

第1　時効の認められる権利

1．所有権の取得時効

　民法第162条第1項は、「20年間、所有の意思をもって、平穏に、かつ、公然と他人の物を占有した者は、その所有権を取得する。」と規定する。

　同条第2項は、「10年間、所有の意思をもって、平穏に、かつ、公然と他人の物を占有した者は、その占有の開始の時に、善意であり、かつ、過失がなかったときは、その所有権を取得する。」と規定し、所有権の取得時効を認めている。

2．所有権以外の財産権における時効取得

　土地家屋調査士は、対象地において、いかなる権利が時効により取得されているかを注意深く検討する必要がある。なぜなら、時効の認められる権利のうち、最も重要なものは所有権であることはいうまでもないが、民法では所有権以外の財産権にも時効取得が認められている。身分権には適用がなく、直接法律によって成立する留置権・先取特権や不表現又は不継続の地役権（民第283条）は取得時効の目的とならないが、権利を取得した利害関係人が出現し、ADRにおける和解に大きな影響を及ぼす可能性があるからである。もちろん、現地を把握し、関係者との接触を重ねている土地家屋調査士にとっては、それを予見することは、さほど困難ではないと思われる。

　民法第163条は、「所有権以外の財産権を、自己のためにする意思をもって、平穏に、かつ、公然と行使する者は、前条の区別に従い20年又は10年を経過した後、その権利を取得する。」と規定する。

　本条によって認められる財産権のうち、土地家屋調査士業務と関連する不動産に関する民法第163条が適用されるかどうかを図示すると次の図1（23頁）のようになる[注1]。

　以下、土地家屋調査士の通常の調査測量業務、筆界特定業務及びADR業務に関連して説明する。

(1)　物権としての地上権、永小作権、入会権の取得時効

　地上権、永小作権、入会権の権利が民法第163条の財産権に含まれていることには争いがない。これらの権利を時効取得するということは、既に成立している権利を無権利者から譲り受けたり、無効な譲渡行為によって譲り受け、時効取得する場合のほか、非所有者から地上権の設定（無効な設定行為を含む）を受け、これを時効取得する場合をいう。

(2) 地役権の時効取得

地役権に関しては、民法は第283条において、「地役権は、継続的に行使され、かつ、外形上認識することができるものに限り、時効によって取得することができる。」と規定しているが、民法第163条の時効の要件を加重し「継続かつ表現」(注2)を要件として加えており、継続とは権利の内容が間断なく連続していることであり、表現とは権利の内容が外部からみて分かることが必要であるから、単に空き地が自然に通路になったようなものでは通行地役権の時効取得は認められず、確実に通路として開設されたものでないと時効取得できないことになる(注3),(注4)。

(3) 土地賃借権の時効取得

実際には、土地を使用収益するにつき何も権限がないにもかかわらず、その土地の管理人と称する人間を本当に権限があると信じて、その人から土地を借りて建物を建て、10年間あるいは20年間賃料を払い続けてきた場合は、建物所有目的の賃借権、すなわち借地権を時効取得することになる。したがって、真実の土地所有者から建物収去土地明渡請求の訴訟を起こされた場合、所有権の時効取得は主張できないが、土地賃借権の時効取得を抗弁として主張することができる (【判例046】最判昭和43.10.8民集22-10-2145他)。

(4) 譲渡担保の時効取得

抵当権の時効取得はあり得ないが、譲渡担保に関しては譲渡担保権者も担保目的ではあるが、所有権を移転する理由により、自主占有（いわゆる占有改定による占有）が認められるとして譲渡担保の時効取得もあり得るとする説が有力である。判例では、譲渡担保設定者のための取得時効は、譲渡担保の目的物の所有権の帰属について、実質的な利害の対立が生じたときから進行し、譲渡担保設定者に取得時効は成立するとする判例がある (【判例089】福岡高裁那覇支判昭和52.9.14高民30-3-226、判時908-59他)。

図1　時効の成立する権利一覧

権利の種類			民法第163条が適用されるか否か	
物権	所有権		○	争いなし。譲渡担保による所有権移転についてもは適用があるとする有力説がある。民法第162条の適用がある。
	用益物権	地上権	○	争いなし。
		永小作権	○	争いなし。
		地役権	○	争いなし。ただし、継続かつ表現のものに限り時効取得を認める（民第283条）
		入会権	○	争いなし。
	担保物権	留置権	×	通説は否定。肯定説もある。
		先取特権	×	通説は否定。肯定説もある。
		質権	○	通説は肯定。否定説もある。
		抵当権	×	通説は否定。肯定説もある。
債権	賃借権		○	通説は肯定。否定説や不動産賃借権あるいは借地借家法の適用のあるもの債権に限るとする説もある。
	使用借権		○	通説は肯定。否定説もある。

（注1）　図1は、七戸克彦「取得時効の要件と効果」法教225-8（1999）より、土地に関する部分のみ引用した。ただし、所有権に関する部分については、筆者が加筆した。

（注2）　時効取得の対象となる地役権は、継続かつ表現のものであるから、地表の送水管や水路による引水地役権、通路開設による通行地役権が考えられるが、観望、日照、通風地役権は、不作為不表現であり対象とならない他、地中の送水管による不表現の地役権も対象とならないとされる（安藤一郎『相隣関係・地役権』（ぎょうせい、1986）241頁）。

（注3）　【判例007】大判昭和2.9.19民集6-10-510（学説＝我妻榮、林良平他）

（注4）　継続の要件として、要役地所有者による通路開設の要否

　判例は通行地役権が成立するための通路の開設は、要役地の所有者か通路を開設して通行している場合に限り制限的に認める（【判例015】最判昭和30.12.26民集9-14-2097他、【判例018】最判昭和33.2.14民集12-2-268）。

　判例が制限をする理由は、東京高裁の判決が明快に示している。判例は、自然の通路又は他人が開設した通路の通行者は、単にその通行の都度断続的に土地を利用しているにすぎず、それはまた、相隣地を所有する者が、情宜上通行を黙認しているにすぎないもので、そのようなものを、時効取得の基礎とすることは、結果として親切な者が損害を受けることになり妥当でなく、したがって自ら開設した通路を通行する要役地所有者のみが、継続して土地を利用しているとみるべきとする（東京高判昭和50.1.29判時777-42）。これに対し多くの学説は、判例の態度に批判的で、通路の開設は必ずしも要役地の所有者によってなされる必要はないとする。

下級審の判例の傾向は、最高裁の判例に従うものが多いが、昭和43年以降学説の影響を受けてか、分譲地につき、分譲業者が通路を開設し、譲受人又は承継人が通行していた等の場合に時効取得を認めた判例（横浜地判昭和43.11.6判時556-76）以降、認める判例もなされていると指摘されている（安藤一郎前掲書246頁）。

《一寸休憩1》 境界確定訴訟における時効取得の主張と当事者適格と境界確定の訴えにおける取得時効の抗弁

　境界確定の訴えにおいて、被告から係争地を時効取得した旨の抗弁が提出される場合、この抗弁は原告の当事者適格を喪失させることを目的とするものと理解されてきた。土地の一部の時効取得の主張の場合と土地の全部を時効取得した場合とでは扱いが異なる。

（土地の一部の時効取得の主張の場合 ----→ 当事者適格失わない）

　隣接する土地の所有者間の境界確定訴訟において、境界の一部に接続する部分につき所有者の時効取得を認められた場合に、境界の確定を求める必要性及びその当事者適格が問題となった事案において、時効取得が認められた土地は、公簿上、依然甲地所有者が所有者と表示されている土地の一部であって、時効取得の成立する部分がいかなる範囲でいずれの土地に属するかは、両土地の境界がどこにあるかが明確にされることにより定まる関係にあり、本件時効取得地の所有権移転登記手続のためにも両土地の境界が明確にされていることが必要であるから、両土地の各所有者にとって、両土地の境界のうち取得時効が認められた部分のほか、それ以外の部分についても、境界の確定をする必要があり、両者は本件境界確定の訴えにつき当事者適格を有するとする。この抗弁事実が存在したとしても、原告適格を喪失するものではないことを判示した（【判例111】最判昭和58.10.18民集37-8-1121 他）。

（土地の全部を時効取得した場合 ----→ 当事者適格失う）

　甲地の所有者が相隣接する乙地所有者に対し甲乙両地の境界確定の訴えを提起し、乙地所有者が抗弁として甲地の全部を取得したことを主張した事案において、境界の確定を求める訴えは、公簿上特定の地番によって表示される甲乙両地が相隣接する場合において、その境界が事実上不明なため争いがあるときに、裁判によって新たにその境界を定めることを求める訴えであって、相隣接する甲乙両地の各所有者が、境界を確定するについて最も密接な利害を有する者として、その当事者となるのであるから、甲地全部が乙地所有者により時効取得された結果、甲地所有者は甲地全部につき所有権を喪失したというのであるから、甲地所有者は境界確定を求める訴えについての原告適格を失ったというべきであって、右訴えは不適法な訴えとして却下を免れないと判示した（【判例152】最判平成7.7.18裁時1151-3）。

第2　時効完成の要件

1．時効の成立の要件

　民法第162条第1項は、「20年間、所有の意思をもって、平穏に、かつ、公然と他人の物を占有した者は、その所有権を取得する。」（長期取得時効）と規定し、同条第2項では、「10年間、所有の意思をもって、平穏に、かつ、公然と他人の物を占有した者は、その占有の開始の時に、善意であり、かつ、過失がなかったときは、その所有権を取得する。」（短期取得時効）と規定する。

(1)　所有権の長期取得時効の要件

　所有権の長期取得時効の要件は、ア．自主占有であること、イ．他人の物を平穏・公然と占有すること(注1)、及び、ウ．時効期間である20年の期間の占有があることになる。

(2)　所有権の短期取得時効の要件

　所有権の短期取得時効の要件は、ア．自主占有であること、イ．占有の始めにおいて善意・無過失であること、ウ．他人の物を平穏・公然と占有すること(注1)、及びエ．時効期間である10年の期間の占有があることである。

　時効成立の要件を一覧にすると図2のようになる。

図2　占有開始時の状況による長期取得時効と短期取得時効の要件の相違

占有の形態	平　穏	公　然	善　意	無過失
長期取得時効	○	○	×	×
短期取得時効	○	○	○	○

○は充足すること、×は充足しないことを示す

　以下、要件を順次検討する。

2．自主占有　（関連第4章「第1部　Q＆A集」Q24・Q26（110、111頁）参照）

(1)　自主占有とは

　自主占有とは、主観的要素として、所有者と同じような支配を行う意思、すなわち所有の意思があることが必要であり、所有の意思の有無は、占有の開始時の権限たる原因により決せられる（【判例055】最判昭和45.6.18裁判集民99-375他）。客観的要素としては、社会通念上その不動産の事実支配の勢力範囲である占有があることとされる。

　判例により自主占有が認められる事例としては、境界を誤認して他人の土地を占有している場合は、自主占有の成立が認められるとする判例がある(注2)。したがって、その占有する部分に対して、誰かに地代を払っているような場合は、自分の物として占有しているわけではな

いので他主占有となる。

(2) 他主占有から自主占有への転換（関連第4章「第1部　Q＆A集」Q28（112頁）参照）

自主占有か他主占有かの判断については、判例（前出【判例055】の他、【判例056】最判昭和45.10.29裁判集民101-243他）は占有取得の原因たる事実によって外形的客観的に定められるべきものであるとされている。したがって、他主占有から自主占有への転換をするには、占有者が本来の所有者に対して、この土地は自分の所有地であると告知するか、あるいは、本来の所有者からその土地を譲渡されたとした新権原がなければならないとされる(注3)。

3．平穏・公然・善意・無過失

(1) 平穏かつ公然（関連第4章「第1部　Q＆A集」Q31・Q33（114、115頁）参照）

平穏かつ公然が民法第162条第1項及び第2項の要件になっている。

① 平穏

平穏な占有とは、占有者がその占有を取得するにあたり、暴行強迫等の違法強暴行為を用いない占有である。したがって、占有者が占有の開始において、単に抗議を受けたというだけでは強暴の占有があったとはいえない（【判例035】最判昭和41.4.15民集20-4-676他）。また、ひとたび強暴をもって占有を開始した場合といえども、強暴が止めば平穏な占有となるとする説もあることに注意が必要である。

② 公然

公然とは、その取得保持が特に秘してなされていない占有、言い換えれば、占有した事実を知られたくない利害関係人に対してその占有を隠蔽しない占有である。不動産においては第三者から見て、占有者が誰であるか不特定多数の者に知ることができる状態に置き、大っぴらに公示することである。占有の隠蔽性・公然性は相対的であり得るので、時効取得者と権利を争う者との関係では隠蔽であるか、他の人には公然であることもあり得る。公然性は主に動産について議論になるところであり、不動産についてはあまり議論がない。

民法第186条には、「占有者は、所有の意思をもって、善意で、平穏に、かつ、公然と占有をするものと推定する。」とした規定があり、ある人が隣地の一部を占有しているとその状態だけで、その占有は所有の意思に基づくものと推定され、その土地を自己所有地と信じて占有されているものと推定され、さらに平穏公然の占有であることも推定される。

したがって、占有の平穏公然性を争う者がいる場合は、その者が立証責任を負う(注4)。

(2) 善意・無過失

占有の善意・無過失は原則として占有の開始時を検討することになる。

① 善意

善意とは、自己に所有権があると信ずることである（大判大正9.7.16民録26-1108）。

占有すること自体は、善意、平穏、及び公然を推定するが、短期取得時効の10年の取得

時効の要件である無過失までは推定されるわけではない。

　分かりやすく言えば、境界線を越えて住宅を建てたが、自分の所有する土地であると信じて建てたのならば、それは善意となるということである（過失があるかどうかは別問題である。）。
② 無過失

　無過失とは、自己の所有物であることを信じること、善意であることに過失がないことである。

　無過失も短期取得時効10年の取得時効の要件となっており、先の住宅建築の例では、建築した敷地が自分の土地であると信じたことについて過失がないことである。

　善意無過失の範囲は、単に主観的要素のみではなく、自主占有認定の諸条件と取引の対応及び当事者の能力に応じて判断しなければならない。

　占有開始原因が相続か、売買が境界誤認によるものか、所有権取得に何らかの意思表示に瑕疵があったものかどうか、信じるにつき相当な根拠があった等、具体的な状況に応じた判断力が必要である(注5)。特に、不動産取引の場合には、宅地建物取引業者の仲介や土地家屋調査士の作成した測量図・筆界確認書等の存在により、過失の認定は難しくなると考える(注6)。

4．時効期間

　占有の始めに自己が占有する物が他人の物であることについて、「悪意又は有過失の場合は20年であり、善意無過失の場合は10年」の占有期間が必要（民第162条）である。なお、この時効期間については、推定規定があり、占有の始めと終わりを立証すれば、その途中期間は占有があったものと推定される（民第186条第2項）ことは、前出「3．平穏・公然・善意・無過失」の注4で述べた。

(1)　時効期間の始期

　時効期間の始期とは、時効の効力が発生する期日であり、自主占有をいつから開始したかということである。起算点は、期間の計算する際の基準日である。

　例えば、借地人が地主から土地を購入し、未登記の間に、地主が第三者に土地を売却し、登記も完了してしまった場合を想定すると、購入前までは借地人は他主占有であるが、売買契約とともに自主占有に転換するので、この時点から自主占有の時効期間が計算されることになる(注7)（関連第4章「第1部　Q＆A集」Q5（99頁）参照）。

(2)　時効期間の進行及びその主張

　民法第187条第1項は、「占有者の承継人は、その選択に従い、自己の占有のみを主張し、又は自己の占有に前の占有者の占有を併せて主張することができる。」と規定し、前主からの占有を承継することを選択した場合には、その前主の占有を通算することができる。ただし、その場合、前占有者の瑕疵も承継することになる。

> **（設例）甲が甲乙間の売買の無効を理由に丙に不動産の返還を請求**
>
> 　　　　　原所有者　　　　　前占有者　　　　現在の占有者
> 　　　　　甲→‥‥‥‥→　乙→‥‥‥‥→　丙
> 　　　占有期間（8年間）　　　　（13年間）
>
> 設例の説明
> 　　丙が善意無過失であるならば、10年の占有を継続していれば、取得時効の要件を満たすところ、この事例で丙が悪意であった場合には、20年の占有が必要となり、13年の占有期間では取得時効は成立しないことになる。
> 　　この場合において、丙は、自己の占有期間である13年に乙の占有期間をあわせて21年の占有期間を主張することができる。また、民法第187条第2項に「前の占有者の占有を併せて主張する場合においてはその瑕疵をも承継する。」と規定されていることから、仮に、丙が善意で占有期間3年の場合に、乙の占有8年を併せて11年の主張をすることができるが、乙が悪意者の場合、乙の瑕疵（悪意）も承継することから20年の占有が必要となる。ここで注意すべきは、その占有が継続していなければならないということであり、任意にその占有を中止したり、他人に占有を奪われたりした場合には中断となることに注意が必要である（後出第2章第2節「第5　時効完成の障害」、1（37頁）参照）。

（注1）　占有の客体である他人の物については、ⅰ自己の所有物に対して対象になるか、ⅱ一筆の土地の一部が取得時効の対象になるか、ⅲ公物に対して取得時効があり得るかの議論があるが、後述する。

（注2）　自主占有を認定した判例
① 　境界を誤認して他人の土地を占有している場合は自主占有の成立が認められる（最判昭和46.11.25判時655-26）。
② 　単独相続であると信じ、相続開始とともに相続財産を現実に占有し、その管理・使用を専行してその収益を独占し、公租公課も自己負担しており他の相続人に何ら異議・関心をも存在し得なかった場合、その相続人は相続の時から相続財産について単独所有者として自主占有を取得した者とされる（【判例068】最判昭和47.9.8民集26-7-1348）。

（注3）　他主占有から自主占有の転換
　　小作人であった者が農地解放後、最初の小作料の支払いをせず、地主も自由に耕作することを容認していたという場合は農地について所有の意思があることを地主に表示したものとしてその時から自主占有に転じる（【判例148】最判平成6.9.13判時1513-99）。

（注4）　例えば、短期取得時効の場合要件事実は、ⅰ所有の意思をもって、ⅱ平穏かつ公然に、ⅲ他人の物を、ⅳ10年間占有すること、ⅴ占有開始時に善意であること、ⅵ占有開始時に無過失であること及び時効を援用することである。さらに、立証の緩和規定である、民法第186条第1項により、「占有者は、所有の意思をもって、善意で、平穏に、かつ、公然と占有をするものと推定」し、また、

同条第2項の規定により「前後の両時点において占有をした証拠があるときは、占有は、その間継続したものと推定する」ことから、占有の開始時と10年間経過時の占有を主張立証すれば足りることになる（司法研修所編『問題研究要件事実』（法曹会、2003）117頁）。

(注5) 　相続人が登記簿に基づいて実地調査をすれば、当該土地が相続により取得した土地に含まれないということを容易に知ることができたのにもかかわらず、この調査を行わなかったために当該土地を自己の所有に属すると信じて占有を始めたときは、特段の事由がない限り、相続人はその「占有」において無過失であるとはいえないとする（【判例045】最判昭和43.3.1民集22-3-491 他）。
・売買対象地の範囲について、買主が法務局の備付けの図面等の閲覧及び実地調査により境界を容易に判明し得たのに、これをしないで買受地に含まれると信じて占有した場合は過失がある（【判例059】最判昭和46.3.9判時629-58 他）。
・農地について、贈与を受けたとして占有していた者が、知事の許可がないのに所有権を取得したと信じたとしても許可が必要なことは知り得たはずであり、特段の事情がない限り過失がなかったとはいえない（【判例115】最判昭和59.5.25民集38-7-764 他）。

(注6) 　占有の範囲に関して、一筆の土地を取り違えて占有していた場合は、問題解決は容易であるが、一筆の土地の一部に占有を認めることができるかどうかは、非常に困難な問題である。どの程度の占有形態があれば占有と認めるかどうかである。土地家屋調査士が悩むのもこの点においてである。時効が対外的な占有状態を保護しようとする制度であると考えれば、建物の基礎や擁壁は認定が容易であろうが、建物の庇とか境界標識等はどうであろうか。この論点ついては「第3章 土地境界と時効制度（各論）」で検討したい。

(注7) 　問題は、取得時効を主張するとき、期間計算の起算点をいつにするかという問題がある。判例は、取得時効完成の期間を定めるに当たって、取得時効の基礎たる事実が法律に定めた期間以上に継続した場合においても、必ず時効の基礎たる事実の開始したときを起算点として計算すべきもので、時効援用者において起算点を選択し、時効完成の時期を早めたり遅らせたりすることはできないとする（【判例023】最判昭和35.7.27民集14-10-1871 他）。

　学説の中には、起算点は、時効が継続した事実状態を反映するものであり、必ずしも、占有開始時期を明確にすることができないことが多いから、確定し得なくても、訴えを提起したときから逆算して所定の占有期間を占有していることが証明されれば足りるとする意見がある。議論の詳細は第3章第1節「第1 取得時効と登記」（45頁以下）で検討する。とりわけ、時効完了と二重譲渡の問題で悩ましい問題があり、土地家屋調査士は、現地の占有（他主占有から自主占有への転換も含めて）開始時については、いかなる事由によって占有を開始したのか確認（判断）できる資料（建物の登記、市町村の課税証明、建築確認等の公文書、空中写真、上棟式や結婚式のような記念の写真等）による慎重な確認作業が必要である（参考 時効の始期の確認できる資料としての空中写真参照）。

(参考) 　時効の始期の確認できる資料としての空中写真
　土地家屋調査士は筆界認定のために公図、地図に準ずる図面、地積測量図等の資料の他、古老の証言、現地の地象（尾根、谷、境界木）の占有状態を確認しながら作業を行うことになるのだが、航空写真によれば、比較的大規模な範囲であるときには、写真が撮影された年月日から、比較的正確に把握することができる場合があり、時効取得の日付の確認をするためには非常に有効な手段であるとい

うことができる。

事例

航空写真による時効取得の日付の確認

後記の航空写真により時効取得の日付の確認が可能な場合がある。

図A　昭和58年撮影　　　**図B　平成5年撮影**

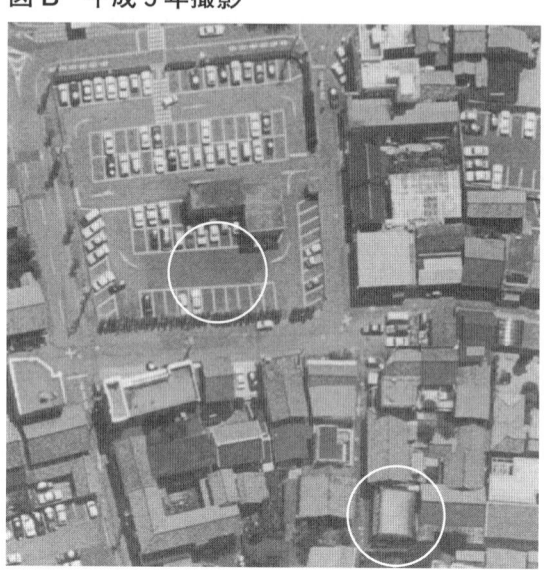

　　以上　岐阜県土地家屋調査士会編　土地家屋調査士と時効より

両写真を比較することにより、建物の占有状態が一目瞭然である。

例えば、図Aの区域内に建築中の建物の様子が見受けられるが、この建物の存する土地に時効取得の問題が発生した場合、この写真は有力な物証となる。

この地域においては、昭和30年代までの写真が保管されている。

1. 空中写真について

空中写真は現在国土地理院によって管理されており、現在閲覧できるのは、米軍撮影の空中写真（1945～1956）と国土地理院の撮影した空中写真（1996～2000）がインターネットHP（http//mapbrowse.gsi.go.jp/airphoto/）から閲覧できる。

また、財団法人日本地図センター（http//www.jmc.or.jp/）では、米軍の撮影した空中写真、国土地理院の撮影した空中写真のほか、民間企業撮影の空中写真の提供を受けることもできる。

郵便の場合

〒153-8522

東京都目黒区青葉台4-9-6

　　財団法人　日本地図センター　普及販売部

2. 衛星写真について

観測衛星「イコノス」による衛星写真は、一般画像白黒で解像度が1メーター、価格も円／平方キロメートルで5500円程度、デジタルオルソ画像カラーで解像度が1メーター、価格は円／平方キロメートルで15500円程度でインターネット又は後記連絡先において入手できる。ただし、まだ撮影を

始めたばかりで、現在の情報であるため時効の占有開始時点の特定にはすぐに利用できないが、将来的には有効な、特に短期取得時効の場合には有効となろう。

〒104-0028
東京都中央区八重洲2丁目8番1号
　日東紡ビルデング 8F
　　日本スペースイメージング株式会社
　　　　電　話　03-5204-2711（代表）
　　　　FAX　03-5204-2730

《一寸休憩2》　ADRにおける取得時効の主張の取扱い

　原告の所有権に基づく土地明渡し訴訟において、取得時効を主張するためには、抗弁となる要件事実として、①被告が占有開始時、②善意なら10年、悪意なら20年の経過時（占有は継続していると推定されるから）での二つの時点での占有、及び③時効の援用（ただし、ADR手続においても援用することはできると考える。）を主張立証すればいいとされています。

　ADRの席上では、相手方がいきなり取得時効の抗弁を主張してきた場合の対応は、訴訟手続のように要件事実に基づき、時効が成立して所有権が移転していることを前提とした和解案ではなく、ADRにおいては、取得時効の成立はあるけれども、紛争当事者の自治に解決を委ね最終的な円満解決に向けた意見交換と合意形成が求められるのではないでしょうか。

　訴訟においては、取得時効の要件を否定する事実の主張、例えば、自主占有でなかったとか、善意でなかったとの主張、10年経過していないとの主張は再抗弁としてなされますが、ADR手続のなかでは、抗弁に対し再抗弁とか、立証責任とかの議論は、時効の成立の可否の点では重要でありますが、ADR手続の特色の中では、まず、成立の可否の問題の意見交換を進めるより、双方の新たな平穏な相隣関係形成に向けて当事者の話合いを優先することが望ましいと考えます。

（秋保賢一　岐阜会ADR研修会）

第3　時効の援用

1．時効援用の意義

　「時効は、当事者が援用しなければ、裁判所がこれによって裁判をすることができない。」（民第145条）と規定する(注1)。

　時効制度は、永続した事実状態を尊重するものではあるが、同時に個人の意思をも考慮し、両者の間の調和を図ろうとするものであり、わが民法は、その目的のために、当事者の「援用」を待って裁判をするという法技術を用いている。

　援用とは、時効によって利益を得る者が時効の利益を得ようとする意思表示であり、いかな

る場合に時効援用の意思表示といえるかは意思表示の解釈の問題であるが、所有者から伐採禁止の請求を受けた場合に「長年に亘って占有し、植林・草刈をしてきた」との主張は、時効の利益を受ける意思の陳述ではないとする(【判例017】最判昭和31.12.28民集10-12-1639)。なお、この援用には、時効期間を明示する必要はないとされる(大判昭和14.12.12民集18-1505)。

(1) 援用の意義に関する問題の所在

① 従来の判例の考え方

時効によって権利の得喪が絶対的に生ずるという前提に立つと、援用は、訴訟法上裁判官が裁判をする要件であり、したがって、従来の判例は、当事者が援用をするのは、訴訟法上の防御方法にすぎない(大判昭和9.10.3新聞3757-10)という確定効果説に立っていた。

② 現在の判例の立場

民法第145条は、当事者の意思に反して強制的に時効の利益を受けさせることを不可としたものであるから、少なくとも、取得時効については直接時効の利益を受ける者は、裁判上たると裁判外たるとを問わず、いつでもこれを援用することができ、いったん援用があると時効による権利の取得は確定不動のものとなる(大判昭和10.12.24民集14-2096)と判示し、停止条件説のようにも見える。また、消滅時効で時効完成後に債務の弁済がなされた事案について、これは援用権の喪失に当たるとして弁済を有効としている(【判例036】最判昭和41.4.20民集20-4-702他)ので、現在の判例の立場は、不確定効果説であると思われる。援用によって時効の効果である権利の得喪が初めて不確定効果説の停止条件的に確定的に生じると解するのが通説である(注2)。

2. 時効援用権者 (関連第4章「第1部 Q & A集」Q13(103頁)参照)

(1) 時効援用権者に関する問題の所在

判例は、援用権者を時効によって直接に利益を受ける者とその承継人に限定している(大判大正8.6.19民録25-1058)。

その理由は、民法第145条は時効の利益の享受を当事者の意思に委ねたのであるから、直接の当事者が時効の利益を享受することを欲しないのに、間接的に利益を得る者が時効を援用することは、同条の趣旨に反するからである。しかし、現在の学説は、援用権者の範囲を拡大する傾向にある(注3)。

実体法的援用については、時効を援用すれば権利を取得する者、及び時効を援用しなければ自己の権利が覆される者とし、訴訟法的援用については、時効について訴訟上の利益を有する者であれば誰でも良いとするのが多数説である。

そこで、土地家屋調査士が、調査測量業務を処理するに当たって、もし取得時効が成立していたと考えられても、援用権者及びその範囲については慎重な検討が必要である。

(2) 判例の基本的な考え方

時効の援用権者は、時効によって直接に権利を取得し又は義務を免れる者に限るとする（大判明治43.1.25民録16-22）。これに対し、学説は時効の援用は、時効によって生ずる一般的な法律効果（権利の得喪）と個人の意思の調和を図る制度だとすると、これらの関係者のそれぞれについて援用と放棄の自由を認め、時効の効果を相対的・個別的に生じさせることがその目的に適するとして、批判されている(注4)。

3．援用の方法

(1) 援用の場所

援用を訴訟法的に考え、時効の援用の性質を訴訟法的に説明する立場からすれば、援用は訴訟手続上の防御（証明）方法であるから、必ず裁判上でなすべきこととなる。

時効の援用は時効によって生ずる効果を確定させる意思表示だとすれば、裁判上なし得ることは言うまでもないが、裁判外で援用することも確定的な効力を生ずる。ただし、相手が認めなければ裁判で決着を図ることは当然のことである（大判昭和10.12.24民集14-2096)(注5)。

判例は、取得時効については、直接時効の利益を受ける者は裁判外でも援用することができ、いったん援用があれば何人も訴訟でそれを主張し得る（大判昭和10.12.24民集14-2096）としたものがある。

なお、援用には時効期間を明示する必要はないとされる（大判昭和14.12.12民集18-1505）。

(2) 援用の時期

援用は、第2審の口頭弁論終結（判決前）までに行う必要がある（大判大正12.3.26民集2-182）。ただし、上告審で初めて時効を援用することは認めない（大判大正12.3.26民集2-182）。また、時効を援用しないでおいて、後から別訴で援用することは許されない（大判昭和14.3.29民集18-370）とされている。

時効によって消滅した権利についてその存在を認める判決が確定し、あるいは、さらに進んで、その権利に基づいて強制執行が行われた後になって、改めて時効を援用することができるかどうかについて、判例は、債務者が確定判決に基づく強制執行に対して異議の訴えを提起するには、口頭弁論終結後に時効が完成した場合でなければならない（大判昭和9.10.3新聞3757-10）とした。これは、口頭弁論の終結までに時効が完成していれば、必ずここで援用すべきであって、援用せずに確定判決を得たときは、もはや援用することができないという理論を前提とする。ADR手続を含めて裁判外で援用できることは先に述べた。

(3) 援用の撤回

訴訟法上での援用の撤回は可能であるとするのが判例である（大判大正8.7.4民録25-1215他）。一方、判例は「一旦其ノ援用アリタル時ハ茲ニ時効ニヨル権利ノ取得ハ確定不動ノモノナリ」（大判昭和10.12.24民集14-2096）とし、実体法上の時効の援用の撤回は時効の効果を確定させ

るものだとするときは、時効の援用の撤回を否定するのが学説の多数である。

(注1) 貸金返還請求訴訟において、原告に弁護士がつき、被告は本人訴訟であり、債権の消滅時効が成立しており、被告が裁判所に対して「今頃、請求されても困る」と答弁した場合に、裁判所から、消滅時効を援用するのですかと確認することは許されないとされる。一方に代理人がついている場合、せめて裁判所としてできるのは「法律専門家に相談したらどうか」とのアドバイスを与えるぐらいであろうか。

(注2) 援用の意義に関するその他の判例
① 国又は公共団体が負う損害賠償責任は、実質上民法の不法行為責任と同じ性質のものだから、国家賠償法に基づく損害賠償請求権は私法上の金銭債権であって公法上の金銭債権ではなく、したがって地方自治法第236条第2項の「法律に特別の定めがある場合」として民法第145条の規定が適用され、当事者の援用が必要である（最判昭和46.11.30民集25-8-1389）。
② 農地の売買において、買主が売主に対して有する県知事に対する許可申請への協力請求権が消滅時効にかかっても、売主がこれを援用しないでいるうちに農地が非農地となったときは、その時点において所有権移転の効力が生ずる（【判例120】最判昭和61.3.17民集40-2-420 他）。

(注3) 民法第145条の時効の援用権者には、時効によって直接に権利を取得し又は義務を免れる者のほか、この権利又は義務に基づいて権利を取得し又は義務を免れる者も含み、土地賃借人は土地賃貸人の取得時効を援用できるとする（東京地判平成元.6.30判時1343-49）。ただし、後出注4の判例は、土地の賃借人には、援用権を認めていない。今後の判例の動向に注意が必要である。また、ADRにおいては、援用権者を直接的に利益を受ける者に限定せず、間接的に利益を受ける土地賃貸人の時効取得の援用を認めることができると思われる。

(注4) 取得時効についての援用権者の具体例
・土地の所有権を時効取得すべき者から、その土地上に同人の所有する建物を賃借しているにすぎない者は、右土地の取得時効の完成によって直接利益を受ける者ではないから、右土地の取得時効を援用することはできない（【判例052】最判昭和44.7.15民集23-8-1520 他）。
・民法第145条にいう当事者とは、時効の完成によって直接に利益を受ける者を指すのであって、これを所有権の取得時効についていえば、時効完成の結果所有権を取得する者に限られ、賃借権等の債権的利用権を得たにとどまる者は、時効の完成により間接に利益を受けるにとどまるから、土地賃借人は、土地所有権の取得時効を援用することはできない（【判例058】東京地判昭和45.12.19判時630-72 他）。
・土地の賃借人は、土地の賃貸人による土地所有権の取得時効を援用することができない（【判例066】東京高判昭和47.2.28金判314-10、判時662-47）。

(注5) ADR手続においても当然のことながら援用ができることは言うまでもない。ただし、裁判と違い、攻撃防御という対立構造でないことから、ADRにおいては、当事者の意思の内容の確認は不可欠であり、十分にその主張を理解し、法律的に論点整理と和解書作成のための理論構成を検討し万

全を期しておくことは重要であると考える。

4．時効援用の対外的効果

時効援用の効果は、人的範囲に関しては相対的である（大判大正8.6.24民録25-1095）。時効の援用をすべきか、時効の放棄をするかは各人の良心に委ねられるからである。

援用権者が数人ある場合に、その一人の援用・不援用は、他の者に影響を及ぼさない。例えば、数人の遺産相続人中の一人のなす取得時効の援用は、その者の相続した部分についてだけ効力を生ずる（大判大正8.6.24民録25-1095）。ただし、実体法的援用権者が時効を援用した事実は、何人も裁判上援用することができる（大判昭和10.12.24民集14-2096）としている（関連第4章「第1部　Q＆A集」Q7（100頁）参照）。

第4　時効の利益の放棄

1．時効完成前の放棄

民法第146条は、「時効の利益は、あらかじめ放棄することができない。」と規定する。

時効完成前の放棄の趣旨は、時効完成前にあらかじめ時効の利益を放棄することは、永続した事実状態を尊重しようとする時効制度の目的が不当に阻害されるし、また、債権者が債務者の窮状に乗じてあらかじめ消滅時効の利益を放棄させては甚だしい不都合を生ずるからとされている。

同様の趣旨から、時効の完成を困難にする特約（例：時効期間の延長、中断・停止事由の拡大など）は、一般に無効であるとされている（第2章第1節「第4　時効に関する規定の性質」1（20頁）を参照）。

2．時効完成後の放棄とその方法　（関連「第4章　Q＆A集」Q15（105頁）参照）

(1)　時効完成後の放棄

時効完成の放棄は、民法第146条の反対解釈として有効である。時効期間の進行中の時効利益の放棄は、既に経過した期間の放棄としてだけ有効と見られる。つまり、相手方の権利を承認したこととなり、中断効を生ずる。

(2)　完成後の放棄の方法

時効利益の放棄は、時効によって不利益を受ける者に対する意思表示でなすべきである。相手方の同意を必要としない。判例も、放棄を相手方のある単独行為とし（大判大正5.10.13民録22-1886）、裁判外でもすることができる（大判大正8.7.4民録25-1215他）とする。

時効が完成した後に、延期証を差し入れ、又は弁済をすることが放棄となるかどうかについ

ては、以下の判例・学説がある（放棄は一種の意思表示であるから、放棄があったかどうかは意思表示の解釈の問題となる。）。

① 判例

ア．従来の判例

従来の判例（大判昭和8.6.29評論全集22・民837）は、「放棄は時効の完成したことを知ってしなければならないという前提をとり、時効完成後の弁済又は承認は、時効の完成を知ってしたものと推定されるから、とくに知らずにしたことを挙証した場合に限り、改めて援用することができる。」とした。判例は、時効利益の放棄を推定し、債務者に債権者が知らないでしたことの挙証責任を転換し、容易に認めないことで結果の妥当性をはかったが、経験則に反しているとの批判がある。

イ．現在の判例の立場

現在の判例の立場（【判例036】最判昭和41.4.20民集20-4-702他）は、「債務者は、消滅時効が完成したのちに債務の承認をする場合には、その時効完成の事実を知っているのはむしろ異例で、知らないのが通常であるといえるから、債務者が商人の場合でも、消滅時効完成後に当該債務の承認をした事実から右承認は時効が完成したことを知ってされたものであると推定することは許されないものと解するのが相当である。……しかしながら、債務者が、自己の負担する債務について時効が完成したのちに、債権者に対し債務の承認をした以上、時効完成の事実を知らなかったときでも爾後その債務についてその完成した消滅時効の援用をすることは許されないものと解するのが相当である。けだし、時効の完成後、債務者が債務の承認をすることは、時効による債務消滅の主張と相容れない行為であり、相手方においても債務者はもはや時効の援用をしない趣旨であると考えるであろうから、その後においては債務者に時効の援用を認めないものと解するのが、信義則に照らし、相当であるからである。また、かく解しても、永続した社会秩序の維持を目的とする時効制度の存在理由に反するものではない。」と判示している。

［コメント］ 時効援用権の喪失とは

援用権の喪失というのは、【判例036】（最判昭和41.4.20民集20-4-702他）は時効援用権の喪失という表現はしていないが時効完成後に債務者が債務を承認したような場合、債権者はもう時効の援用がなされることはないだろうと考えるのが自然なので、こうした場合には信義則上、時効の援用を認めないのが相当であるという理論に基づくものである。

なお、この理論の判例は、すべて消滅時効に関するものだが、取得時効についても適用があり得ると思われるので、土地家屋調査士が土地の調査測量の際に時効の成立が考えられる場合には、あえて時効の主張をさせて平穏な相隣関係を混乱させるより、信義則に照らし、時効援用権の喪失と理解した上での対応や、時効の利益を放棄させて解決し、平穏な相隣関係を維持することも一つの選択肢であることを肝に銘じる必要がある。わずかな面積、わずかな間口を争い、挙句の

果て裁判所において争うことは決して最良の選択肢とはいえないと考える。この点、ADRを利用することにより、双方の意見をよく理解し譲り合い、新たな平穏な相隣関係を形成することが、大いに期待できると考えられる（関連第4章「第1部　Q＆A集」Q15（105頁）参照）。

② 学説

弁済をするか又は延期証の差入れなどによって弁済すべき意思を明らかに示したときは、特に時効の利益を放棄するのではないという留保をしない限り、たとえ時効の完成した事実を知らなくともこれによって放棄したことになり、改めて援用することはできなくなるとする（ただし、論拠については諸説あり。）。

(3) 完成後の放棄の効果

放棄の効果は相対的であり、一人の放棄は他の者に影響を及ぼさない相対的なものである。

具体的にいうと、時効の利益を受けるものがA、B、Cという場合、そのうちの一人Aが時効の利益を放棄しても、その効果は他のB、Cには及ばないことを意味する。

(4) 完成後の放棄の能力と権限

時効利益の放棄は、権利を取得し又は義務を免れることのできる地位を失うことになる放棄者に不利となる行為であるから、一般の法律行為におけるのと同じく処分の能力・権限を要する。ただし、時効完成後の放棄と異なり、時効の承認による時効中断は処分行為ではなく、既に存在する相手方の権利を認めることによる不利益であり、処分能力を要せず（民第156条）、時効の承認の規定を拡張すべきでない（大判大正8.5.12民録25-851・通説）とする。

第5　時効完成の障害

1．時効の中断

(1) 時効の中断（関連第4章「第1部　Q＆A集」Q17（107頁）参照）

時効の進行中に、時効の基礎である事実状態と相容れない事情が発生したことを理由として、それまでの時効期間の経過を全く無意味にすることを時効の中断という。

① 自然中断

民法は、所有権及び所有権以外の取得時効について、取得時効は占有者が任意にその占有を中止し、又は他人によって取得時効の要件たる占有又は準占有が失われた場合には時効が中断するとし、時効の進行が当然に断ち切られるのも一種の中断であり、自然中断と呼ばれる（民第164条及び第165条）。

② 法定中断

法定中断は、取得時効・消滅時効に共通な法定の類型として、ⅰ請求、ⅱ差押え・仮差押え・仮処分、ⅲ承認の3類型を規定する（民第147条）。これらの類型に該当する事実が存在することによって時効の進行が断たれる場合を法定中断と呼び、時効障害として極めて

重要である。

(2) 時効中断の根拠

認められる根拠は時効制度の存在理由の考え方に左右されるが、いずれにしても、中断事由本体は権利が確定されることによって事実状態の蓋然性の基礎が崩れること、権利の主張によって継続性自体が絶たれること、そして、権利の確定ないしは主張により権利に眠るものとはいえないからとされる。

(3) ADR基本法に基づく時効の中断（関連第4章「第1部　Q＆A集」Q48（126頁）参照）

司法制度改革の柱の一つである、国民の抱えた紛争解決を司法（裁判）のみの解決方法にとどめず、広く隣接法律専門家を活用して裁判外においても紛争解決の機会を選択できる解決制度として、ADR（裁判外紛争解決制度）が創設された。そこで、司法制度改革の民間紛争解決制度の利便性の向上を図り、その利用を促進するために、民法の特例としてADR基本法に基づく民間紛争解決手続の業務に関する認証を受けた手続実施者に対して申立人が行った手続が次の場合には、時効の中断（ADR基本法第25条）の特例が認められている。内容は別表1のとおりである。

別表1　ADR基本法による時効中断一覧表

番号	時効中断の生ずるケース	時効中断の期間	効　果	適用条文
1	認証紛争解決手続によっては紛争の当事者間に和解が成立する見込みがないことを理由に手続実施者が当該認証紛争解決手続を終了した場合	当該紛争の当事者がその旨の通知を受けた日から一月以内に当該認証紛争解決手続の目的となった請求について訴えを提起したとき	時効の中断に関しては、当該認証紛争解決手続における請求の時に、訴えの提起があったものとみなす	ADR基本法第25条第1項
2	手続実施者が、認証の効力を失った日に認証紛争解決手続が実施されていた紛争がある場合において、当該認証紛争解決手続の実施の依頼をした当該紛争の当事者が合併による消滅若しくは解散により認証の効力を失った通知を受け取った場合	通知を受けた日又は認証が効力を失ったことを知った日のいずれか早い日から一月以内に当該認証紛争解決手続の目的となった請求について訴えを提起したとき	時効の中断に関しては、当該認証紛争解決手続における請求の時に、訴えの提起があったものとみなす	ADR基本法第25条第2項
3	手続実施者が認証を取り消されたとき、その取消しの処分の日に紛争解決手続が実施されていた紛争がある場合において、当該認証紛争解決手続の実施の依頼をした当該紛争の当事者が、実施者から取消しの通知を受けた場合	通知を受けた日又は当該処分を知った日のいずれか早い日から一月以内に当該認証紛争解決手続の目的となった請求について訴えを提起したとき	時効の中断に関しては、当該認証紛争解決手続における請求の時に、訴えの提起があったものとみなす	ADR基本法第25条第3項

(4) 各種の中断の効力の発生する時点と新たな時効が進行を開始する時点
　① 各種の中断と効力の発生する時点
　　・裁判上の請求の場合…訴え提起の時（民第149条）
　　・応訴の場合…訴訟で自分の権利の存在を主張した時（大連判昭和14.3.22民集18-238）
　　・支払命令の場合…申請の時（大判大正4.5.20民録21-750）
　　・競売法による競売の場合…競売申立ての時（大決昭和13.6.27民集17-1324）
　　・差押えの場合…執行着手の時（大判大正13.5.20民集3-203）
　② 新たな時効が進行を開始する時点（中断の効力の消滅する時点）
　　・裁判上の請求の場合…裁判確定の時（民第157条第2項）
　　・認諾・和解によって裁判が終わる場合…調書が作成された時
　　・承認の場合…承認の到達した時。承認とは、時効の利益を受ける当事者が、時効によって権利を失う者に対して、その権利の存在を知っていることを表示することであり、権利関係が明らかになるため中断事由としたもので、承認は観念通知であるとされ特別な様式は必要ではない（民第147条第3号）。
　　・支払命令の場合…確定判決と同一の効力を生じた時
　　・有体動産・不動産に対する強制執行及び任意競売の場合…債権者が競売代金を受け取った時（大判昭和18.3.16新聞4836-12）
　　・金銭債権に対する差押えの場合…転付命令の時（大判大正6.1.16民録23-1）又は取立命令に基づいて取立てを終わった時
　　・破産手続参加による場合…破産手続の終了（配当の完了）時
　　・会社更生手続参加によって中断していた保証債務の消滅時効の場合…主債務について債務免除を定めた更生計画の認可決定が確定した時（最判昭和53.11.20民集32-8-1551）

(5) 中断の効果
　① 中断後の時効の進行
　　　中断事由が発生すれば、過去の時効期間の経過は無意味となり、中断事由の終了とともに、改めて時効が進行を開始することになる（民第157条第1項）。中断後に進行する時効は、前の時効と同じである（もっとも、占有者の善意が悪意になったために時効期間が変わることはある。）。ただ、短期の消滅時効にかかる債権は確定判決などで確定されると、一様に10年の時効に服することになる（民第174条の2第1項）。
　② 時効中断の効果の相対性（関連第4章「第1部　Q＆A集」Q21（108頁）参照）
　　　中断の効力は、当事者及びその承継人の間にだけ生ずる（民第148条）。
　　　当事者とは、中断行為に関与した者であり、承継人には、包括承継人及び特定承継人を含む。この中断の相対的効力は、第三者を益することも害することもない。
　　・連帯債務者A・BのうちAが承認をしたため中断が生じると、以後A・B別個に時効

が進行する（大判大正 3.10.19 民録 20-777）。
- 土地の共有者 A・B のうち A のみが土地占有者 C に対して裁判上の請求を行って取得時効を中断した場合に、C は、B に対して A の中断行為にかかわらず時効の完成を主張することができる（その結果、A と C が土地共有者となる。大判大正 8.5.31 民録 25-946）。
- 土地の自主占有者 A から地上権の設定を受けた B に対して土地所有者 C が裁判上の請求を行った場合には、B が A の代理占有であることを理由として、C・B 間の中断事由は A に及ぶとする（【判例 002】大判大正 10.11.3 民録 27-1875）。
- 自作農創設特別措置法に基づく土地の買収及び売渡しがあった場合に、売渡しを受けて占有者となった者についての取得時効は、被買収者が国を相手として買収処分の取消訴訟を提起しても中断されない（最判昭和 47.12.12 民集 26-10-1850）。
　　取消訴訟は、国に対して提起されるものであって、占有者に対するものではないからである。
- 債権者が受益者を被告として詐害行為取消しの訴えを提起した場合には、債務者に対する請求ではないので、当該債権の消滅時効を中断する効力を生じない（最判昭和 37.10.12 民集 16-10-2130）。

③　相対的効力の原則の例外
- 地役権を時効取得する要役地共有者に対する中断は、共有者全員に対して行われるのでなければ、中断行為の直接の相手方についても効力を生じない（民第 284 条第 2 項－地役権取得時効の不可分性）。
- 連帯債務については、連帯債務者の一人に対する履行の請求は他の債務者に対してもその効力を生ずるので、「請求」の結果としての時効中断の効力も絶対的効力を有する（民第 434 条）。保証債務については、主たる債務者に対する履行の請求その他時効の中断は保証人に対してもその効力を生ずる（民第 457 条）。

2．時効の停止

(1)　時効の停止

　わが民法上、時効の停止というのは、時効の完成間際に、時効を中断することが不能又は著しく困難ならしめる事情が発生した場合に、時効によって不利益を受ける者を保護して、その事情の消滅後一定期間が経過するまで時効の完成を延期することを意味する。

(2)　停止の事由

　停止事由は次の 5 類型が規定されている。

　Ⅰ　法定代理人のない未成年者又は禁治産者（民第 158 条第 1 項）
　Ⅱ　法定の財産管理人に対する無能力者の権利（民第 158 条第 2 項）
　Ⅲ　夫婦間の権利（民第 159 条）

Ⅳ　相続財産に関する権利（民第160条）

  Ⅴ　天災・人災（民第161条）

(3)　時効停止の効果

　時効停止の効果は、中断の場合のように、既に経過した時効期間が無意味となるものではなく、権利行使すべき者に停止事由が生じた場合に、中断行為ができる機会を与えるために、時効の進行が一時停止する（猶予する）にすぎない。具体的な停止期間は前述のⅠ～Ⅳは6か月、Ⅴは2週間と個別に規定されている。

【参考文献】

- 川島武宜編『注釈民法 第5 総則』（有斐閣、1967）
- 我妻榮『新訂 民法講義 第1 民法総則』（岩波書店、1965）
- 遠藤浩編『第4版 民法総則 民法・第1条から第174条ノ2まで』（日本評論社、1995）
- 平成7年12月16日岐阜県土地家屋調査会研修会における顧問弁護士秋保賢一氏の講義録
- 登研520号（1991）
- 松久三四彦ほか「時効の基礎と応用」法教225号（1999）
- 四宮和夫『第3版 民法総則』（弘文堂、1982）
- 石田喜久夫「土地の時効取得と登記」THINK 95号（日本司法書士連合会、1999）
- 鎌田薫、寺田逸郎、小池信行編『新不動産登記講座 第2巻（総論2）』松久三四彦「取得時効と登記」（日本評論社、1998）
- 星野英一・森島昭夫編『現代社会と民法学の動向（下）』加藤一郎先生古希記念 曽田厚「自由意思と時効」（有斐閣、1992）
- 安藤一郎「相隣関係・地役権」（ぎょうせい、1986）

第3章
土地境界と
時効制度（各論）

第1節 土地境界と時効制度

第1 取得時効と登記

1．取得時効と登記の問題点

　取得時効と登記の問題は、占有のみによって不動産の所有権の取得時効を認める民法の時効制度（民第162条、163条）と、わが国の不動産登記制度における物権変動は登記しなければ第三者に対抗することができない（民第177条）とする原則とは、本来所有権の帰属をいかに公示するかという観点からすれば、ともに相容れないものである。特に、登記が不動産物権変動の有効要件ではなく対抗要件とされていることから、また、わが国の登記に公信力がなく、実体法上の物権変動が登記簿に公示されず、あるいは登記簿上変動が実体を伴わないことから関係者が不測の損害を被る場合が生ずる。したがって、土地家屋調査士が現地に密着し、当事者間の占有状態を調査・測量するとき、この制度上の相違を良く理解して、対抗要件としての登記と占有による所有権の取得時効の狭間の中で、真の筆界を確認の上、いかに当時者間の利害を調和させ、平穏な相隣関係の形成に貢献しながら運用していくかは、土地家屋調査士の双肩にかかっているといっても過言でない。

2．取得時効と登記に関する判例の理論

　時効と登記の関係は、学説は多岐にわたっており、また、判例に批判的な有力学説もあるが、判例の登記と時効取得の対抗問題に関して考え方をケースごとに分類すると次のようになる。
(1) 時効取得と対抗要件
　① ケースⅠ　時効完成時の登記名義人が時効完成前の所有者と同一の場合の時効取得者との関係
　　結論：【取得時効完成時の所有権登記名義人には、時効援用権者である占有者は登記なくして時効取得を主張し得る】
　　同一人の登記名義人（甲）の所有者である場合に、占有する丙の時効が完成したときは、登記名義人（甲）に対して、丙は登記なしで時効を主張できる。
　　理由：不動産物権変動の得喪及び変更の登記は、当事者以外の第二者に対抗する方法にすぎず、当事者並びにその一般承継人との間においては登記なくして其の効力を生ずるからと判示した（大判大正7.3.2民録24-423）。

図1：ケースⅠ

```
登記名義　甲
　　　　　　　　占有期間　　10年又は20年
占有状況　丙……………………丙…………
　　　　　　　　　　　　　時効完成
```

② ケースⅡ　時効完成時の登記名義人に変更がある場合と時効取得者との関係（関連第4章「第1部　Q＆A集」Q39（119頁）参照）

結論：【取得時効完成時の所有権登記名義人には、時効援用権者である占有者は登記なくして時効取得を主張し得る】

丙の時効進行中に、甲が売買を原因として乙に所有権を譲渡した場合、丙の時効取得が成立したときの登記名義人である乙に対しては、登記なくして時効取得を主張できると判示した（【判例039】最判昭和41.11.22民集20-9-1901他）。

理由：不動産の時効取得者丙は、取得時効の進行中に登記名義人甲から当該不動産の譲渡を受け、その旨の移転登記を経由した乙に対しては、所有者登記名義人を乙とする状態で時効が完成することによって、乙はケースⅠの場合のように直接の当事者ではないが、対抗要件としての登記関係においては、当事者であることから、登記がなくても時効による所有権の取得を主張することができる。

図2：ケースⅡ

```
　　　　　　　　　　　5年後
登記名義　甲——売買登記——乙

　　　　　　　　占有期間　　10年又は20年
占有状況　丙……………………丙…………
　　　　　　　　　　　　　時効完成
```

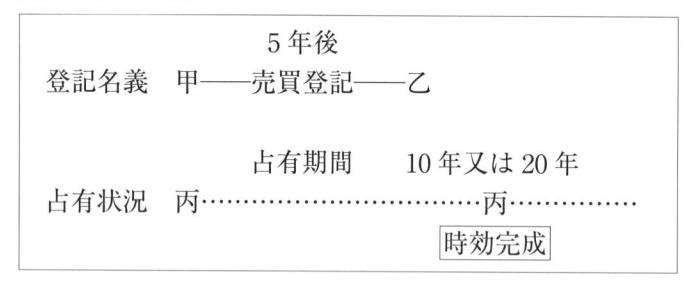

③ ケースⅢ　時効完成後に登記を受けた者と時効取得者との関係

結論：【時効完成後の第三取得者には登記なくして対抗できない】

時効完成後にその旨の登記を経ない場合は、登記を経た第三者には時効取得を対抗できないと判示した（【判例019】最判昭和33.8.28民集12-12-1936）。

理由：丙の時効完成後に原所有者甲からの所有権を譲り受けた者は、民法第177条の「第三者」に当たり、丙は時効取得後、乙とは二重譲渡の関係になり、丙が時効取得を主張するためには登記を必要とするからである（時効取得の対抗要件として登記が必要であるかどうかに

ついて登記が必要であるとし、大審院連合部判決をもって、判例を統一した判例（大判大正 14.7.8 民集 4-412）がある。）。

図3：ケースⅢ

```
                              時効完成後の登記
   登記名義　甲─────────────乙
                              売　買
                  10年又は20年
   占有状況　丙・・・・・・・・・・・・・・丙・・・・・・・
               占有期間　時効完成
```

コメント：注意すべきは、ケースⅡの場合との関連で、時効取得者は、時効完成前の譲受人に対しては、譲受の登記が時効完成後になされても、登記なくして、時効取得を主張できるとする判例がある（【判例042】最判昭和42.7.21民集21-6-1653 他）。

④　ケースⅣ　時効完成後に登記を受けた第三者に対して、新たに取得時効に必要な占有期間が経過した時効取得者との関係

結論：【第2の占有期間が経過すれば、登記なくても時効完成時の登記名義人に対抗できる】

時効取得者丙は、時効取得完了後に登記を備えた乙には、時効取得を主張できないが（ケースⅢ）、新たに、取得時効に必要な占有期間が経過した場合には、第2の取得時効が完成した時点で登記がなくとも、乙に対抗できると判示した（【判例025】最判昭和36.7.20民集15-7-1903）。

理由：原審が乙が登記を備えると時効中断と同様に考えることに関して、【判例025】は、登記によって時効中断するとするのは失当としながら、結局結論においては正当であるとして、丙の乙に対する2度目の時効取得は登記なくても対抗できる（ケースⅡ）とし、結論においては正当であるとして、丙の2度目の時効取得を認めた（舟橋諄一、徳本鎮編『新版 注釈民法物権（1）』〔原島重義・児玉寛〕552頁（有斐閣、1997））。

図4：ケースⅣ

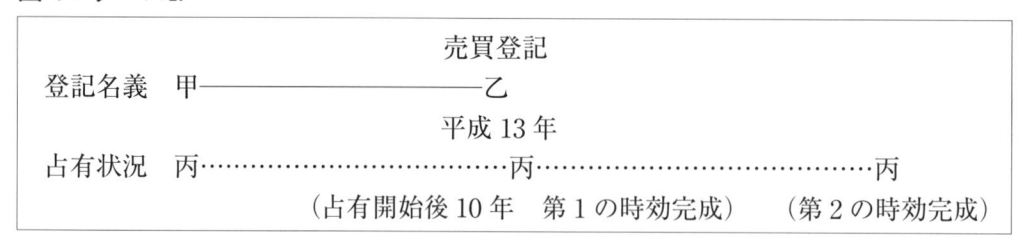

```
                        売買登記
   登記名義   甲─────────────乙
                        平成13年
   占有状況   丙・・・・・・・・・・・・・・・・・丙・・・・・・・・・・・・・・・・・丙
                （占有開始後10年　第1の時効完成）　（第2の時効完成）
```

コメント：最高裁の判例はその理論構成において、なぜ、再び時効が進行するかにつき何らの説明もないが、何時まで占有をしたら丙が時効取得できるかについて、乙が登記をした時点を起算点と同視して、解決を図ったものである。いずれにしても、丙が善意の場合、第1の時効が完成した時から10年ではなく、乙が登記をした時（平成13年）から10年であることに注意すべきである。

　登記に時効中断効を認めた判例には、【判例025】の原審の他に大阪地判昭和40.2.4下民16-4-722がある。後出第3章第1節「第1　取得時効と登記」3、(2)、②、ア（52頁）参照。

⑤　ケースⅤ　取得時効の起算点

結論：【援用者が任意に起算点を選択し、時効の完成時期を動かすことはできない】

　起算点は時効の基礎たる占有の事実が開始されたときであり、判例は援用者において任意に起算点を選択することにより、対抗要件を不必要ならしめるよう時効の完成時期を早めたり遅らせたりすることはできないと判示する（【判例023】最判昭和35.7.27民集14-10-1871他）。

理由：【判例023】は、起算点の任意選択は当事者間では必ずしも不合理であるとはいえないであろうが、「第三者に対する関係も同時に考慮しなければならぬ」ので結局許されず、「取得時効の基礎たる事実が法律に定めた時効期間以上に継続した場合においても、必ず時効の基礎たる事実の開始した時を起算点として時効完成の時期を決定すべきもの」であるという。

図5：ケースⅤ　時効の起算点

```
                        売買登記12年
   登記名義   甲              乙
                        10年
   占有状況   丙・・・・A・・・・・・・・丙・・・・・・・・・・・・・・丙
                占有開始後    開始後10年      13年
                3年の時点
```

コメント：判例は、「丙が善意無過失の時、時効の起算点は 13 年目から 10 年遡る A 時点であり、丙の時効完成は 13 年目であり、12 年目に譲り受けた乙は、時効取得完成前の所有者であり当事者であるから図 2（ケースⅡ）と同じ類型になる」とする主張を退け、丙は図 3（ケースⅢ）の類型と同様に、丙は時効完了後に所有権を取得し、登記を備えた乙に対抗できないとする。

要するに、もし任意に起算点を選択できるとすると、ケースⅢの判例の原則が骨抜きになるから任意の起算点の選択を許さないと思われるが、現実には、占有開始日を特定するのは極めて困難であり、結果的には、時効完成後の第三者が出現せず、占有開始時を具体的に特定できない場合には任意の日を選択して登記原因日付として申請されてもやむを得ないケースもあり得るのではないかと思われる。

3．取得時効と登記に関する判例に対する学説の指摘事項

判例の考えに対する疑問点と妥当性について、有力学説が次のように指摘する。

(1) 指摘事例

① 指摘事例 1

丙が自主占有中の 18 年目に、甲から乙に登記がなされ、そのまま、20 年が経過し、丙の時効取得が争われた場合。

例示 1

```
                    売買登記
登記名義   甲           乙
                      18 年
              10 年              20 年
占有状況   丙……丙………………丙……
           善意の時効完成    悪意の時効完成
```

この例示 1 のケースでは、丙が善意なら、乙の登記は時効完成後の登記となり、丙は乙に対抗できない（ケースⅢ）ことになるのに対して、丙が悪意重過失であるならば、乙の登記は、時効完成前の登記として、乙は丙に対抗できない（ケースⅡ）こととなる。

時効取得者は、第三者の登記後に時効を完成させるため 20 年の時効を援用したところ、10 年の時効を認定され敗訴した判例（大判昭和 14・10・13 判決全集 6-29-19）がある。

結果的に、善意が負けて、悪意が勝つという一見不条理なものになると指摘する。

② 指摘事例 2

丙は甲より売買で土地の引渡しを受けたが、所有権移転登記は未登記である。

9年後、甲は乙に2重譲渡を行った。

例示2

```
                    売買登記
       登記名義    甲      乙
                                        時効完成
       占有状況    丙………丙……………丙……
                        9年          10年
```

　この指摘事例2のケースでは、不動産が甲から丙に譲渡され、引き渡されたが、未登記で9年が経過した時に、甲から乙に二重に譲渡された後、乙に所有権移転登記も完了したとすれば、その時点で乙は完全な所有者となり、乙は丙の占有を排除して明渡しを求めることができる結果、丙は完全に無権利者になる。

　しかし、判例は、自己の所有物に対しても時効取得を認めており（【判例053】最判昭和44.12.18民集23-12-2467他）、判例理論ケースⅡによれば、乙が丙の占有を排除せずもう1年丙の占有がそのまま続くと、丙の善意の取得時効が完成し、丙は乙に対抗することができ、丙は乙に対し取得時効を原因として移転登記を請求できることになる。つまり、二重譲渡で先に登記を得た乙が、丙の時効取得の主張に敗れ、不合理であるとの指摘がある。

(2)　判例に対する学説の批判概要

① 批判Ⅰ　取得時効に登記（対抗問題）が必要かどうかについて

　この点については、時効取得の要件である占有に重きを置くか、対抗要件である登記で解決するか、多くの学説があり百花繚乱の状況である（舟橋諄一、徳本鎮編『新版 注釈民法 物権(1)』〔原島重義・児玉寛〕（有斐閣、1997）552頁）。

　以下、代表的な説の一部を紹介する。

　ア．登記不要説（占有尊重説）

　取得時効は、占有のみをもって、要件にして成立する制度であることを根拠に、時効取得については、登記を不要と考える説である。

　イ．登記必要説（登記尊重説）

　取引の安全を確保するため、第三者の関係においては登記を必要とする説である。

　ウ．折衷説

　基本的には、時効取得者保護を優先するが、特定の時点以後の第三取得者との関係では、対抗要件問題で処理をすることにより、第三取得者の保護をも考慮しようとする。

　判例は、時効完成時を基準にして、時効取得の対抗要件として登記が必要であるかどうか

については、登記が必要であるとし、大審院連合部判決を持って判例を統一した（大判大正14.7.8民集4-412）。

エ．類型説

新たな有力説は、時効取得と登記の問題を生じさせる紛争を類型化し、境界紛争型と二重譲渡型に分類し、二重譲渡型の紛争においては、登記を備えた譲受人の保護を優先させ、境界紛争型の場合には時効取得者の保護を優先し、異なる価値判断をなすべきであると主張している。

その実質的な理由は、二重譲渡型の場合には、未登記譲受人は、時効完成を待つまでもなく、譲受けと同時に自己の時効取得による所有権取得を登記できたのであるから、登記懈怠の制裁を受けて当然であり、自己の登記懈怠の責を免れるために、自己の物の時効取得を援用することを認める必要はないとする。

登記必要説（登記尊重説）を採りつつも、境界紛争型においては、善意の時効取得者は、時効取得した部分を自己所有地の一部と信じているはずだから、その部分について時効完成と同時に登記せよと要求することは妥当ではないし、時効取得者側に登記のないことについての怠慢もなく、第三者側に当該土地部分が買受地に含まれるとの信頼（確信）もないといった通常の場合には、時効取得者の長期の占有を優先させるのが妥当であると登記不要説（占有尊重説）を採る（星野英一『民法論集 第4巻』「取得時効と登記」（有斐閣、1978）336-339頁）。

さらに、時効完成時の時効取得者は、隣地の譲受人が既に売買を原因とする所有権登記を経由したとしても、その登記当時は自己の時効取得に気付くことができる状態になかったということを立証し得るなら、隣地の譲受人に対して民法第177条適用の基礎の欠如を主張できるとの法的構成を説く（広中俊雄『第2版 物権法』（青林書院新社、1982）154頁。ほかにも、境界紛争型では時効取得者を優先させるべきであるとするものに、武井正臣「取得時効と登記－境界紛争型事件における登記の可能性と取引の安全」島大法学25-1-1以下（1981）、小杉茂雄「境界紛争と取得時効11－『取得時効と登記』の問題における論議の整理とそこでの星野説擁護のために」西南学院大学法学論集17-2～4-31以下（1985）などがある）。

類型説は、観念的になりがちだったこれまでの議論に紛争の実態に即して妥当な解決を図ろうとする新たな分析と議論の深化をもたらした。境界紛争型では基本的に占有を尊重するとの考えは、常識的で説得力を持つかにみえる。しかし、次のような批判がある。第一に、境界紛争部分が拡大すると、一筆の土地全体の争い（二重譲渡型）になるし、一部の土地の争いの場合でもその部分については二重譲渡型の側面もあるから、二重譲渡型と境界紛争型で異なる解釈をすることは妥当ではない。第二に、買主が隣地の一部を誤信して占有するというのは境界の確認を怠ったためであるから、登記のないことにつき帰責事由なしとはいえないのではないかと指摘する（森泉章ほか編『現代民法学の基本問題 上』内山尚三・黒木三郎・石川利夫先生還暦記念〔安達三季生〕「取得時効と登記」（第一法規出版、1983））。第三に、第一と

関連するが、境界紛争型と二重譲渡型とを区別する基準がはっきりしない、などがある（鎌田薫「境界不明地の時効取得と登記」判夕484-27（1983）、鎌田薫、寺田逸郎、小池信行編『新不動産登記講座 第2巻（総論2）』松久三四彦「取得時効と登記」（日本評論社、1998）・同旨石田喜久夫「土地の時効取得と登記（一筆の土地の一部の場合）」THINK95-148（日本司法書士連合会、1999））。

② 批判Ⅱ　登記と時効開始の起算点との関係

【判例023】は、前述ケースⅤのとおり「取得時効の基礎たる事実が法律に定めた時効期間以上に継続した場合においても、必ず時効の基礎たる事実の開始した時を起算点として時効完成の時期を決定すべきもの」であるという（【判例023】最判昭和35.7.27民集14-10-1871他）。

この問題に関しても多くの問題点を指摘する学説があるので、代表的な説を次に紹介する。

ア．第三者の登記による時効中断説

取得時効の進行中に登記を経た第三者は取得時効の当事者に当たり、その者に対しては登記なくしても取得時効を対抗できる。この場合でも、時効完成後の第三者の場合と同様に解し、その登記時以後に取得時効に十分な法定期間の占有が必要であると解すべきであるとされる。これは時効完成前の登記を時効の中断事由とするような結果になる（我妻榮『新訂 民法講義 物権法』93頁（岩波書店、1983））。

登記に時効中断の効果を認めた判例として、二重譲渡の場合において、【判例025】（最判昭和36.7.20民集15-7-1903）の原審及び不動産を占有する一方の譲受人の、他の譲受人に対する取得時効期間の起算点は、他の譲受人が登記をなしたときであると明確に判示した判例（大阪地判昭和40.2.4下民16-4-722）がある。

イ．時効起算点選択説

時効完成後に第三者に対抗するには登記が必要であることを認めた上で、時効援用者が第三者の登記以後に時効が完成するよう起算点を選択することを妨げるなんらの根拠もない。これにより対抗要件として登記を必要とする拘束を免れることになるが、これは、長期間占有を継続した者の有する当然の自由だと主張される説（柚木馨『判例物権法総論』〔勝本正晃〕127頁（巌松堂書店、1934））である。

ウ．登記不要説

時効制度は何人が「真正」の権利者かを、占有継続という事実に基づく法定証拠により決定するものであり、その法定証拠は現在の時点から遡って時効期間を計算することにより作られるとされる。

故に、取得時効の要件を満たす占有が続く限り、真正の権利者を主張する者と時効取得者とは物権変動の「当事者」たる関係にあり、登記の有無にかかわらず時効取得者はその登記なしに時効による権利取得を主張し得ると考える（川島武宜『所有権法の理論』「取得時効の起算点」267頁（岩波書店、1949））とする説である。

4. 時効制度と登記問題に対して、筆界を確認する土地家屋調査士の心構え

　筆界の確認作業を現地において対峙する土地家屋調査士としては、前述の「1. 取得時効と登記の問題点」、「2. 取得時効と登記に関する判例の理論」、「3. 取得時効と登記に関する判例に対する学説の指摘事項」を一読されて、時効制度と登記の問題に関しては、判例と学説の間には極めて大きなギャップがあると感じられるかもしれない。今後、具体的妥当性を求めて、判例も学説も収斂していくことが予想されるが、時効の成否の判断といつから占有を開始したかの原因日付の認定は極めて微妙で重要であるので、あえて筆界を確認する土地家屋調査士の心構えを考えてみよう。

5. 土地家屋調査士が対峙する一筆の土地の一部における時効取得の問題再考

　時効取得と登記の問題は、多くは、二重譲渡の問題譲渡（二重型）として議論されるのであるが、土地家屋調査士にとって重要なポイントは、実際に土地家屋調査士が土地の調査測量を実施するときに、一筆の一部に時効取得の可能性を垣間見ることである。土地家屋調査士が対峙しなければならない事例の多くは、一筆の土地の一部に時効取得が成立する場合であり、前出の議論でいくと、いわゆる境界紛争型（越境型）の時効取得問題であることである。

　時効は、時効取得者が時効を援用し、相手方（所有名義人）が承認することによって確定するのであるが、相手方（所有名義人）が好意的で援用を承認すればこんな簡単なことはないのであり、多くの場合は、相手方が承諾しないため、「一筆の土地の時効取得者は、その一筆の土地の相手方（所有名義人）と相手方所有地と隣接する隣接地土地所有者を共同被告として、境界（筆界）確定訴訟を提起し判決を得て、これに基づき、相手方（所有名義人）に対して分筆の上、所有権の移転登記を請求すること」になる（石田喜久夫「土地の時効取得と登記」THINK 95-152（日本司法書士連合会、1999））。

　このために、土地家屋調査士には、取得時効と登記のことを延々議論をして、時効取得した部分はどうなるかということを議論することよりも、土地家屋調査士は境界紛争が起きた時に、時効と登記制度の間には、際どい議論があることをわきまえて、現地を調査測量した上で筆界を確認し、妥当な解決方法として、取得時効の成立要件を確認し、時効制度の役割（時効の放棄＝現状追認又は円満な時効の主張＝相隣関係の再形成）を、円満な相隣関係の形成に向けて訴提起による利害得失を含め、関係者への説諭若しくは提案を心がけるべきで、軽率に単に時効の効果のみをもって、「あなたは時効によってこの部分の所有権を取得している」とか、「この部分は時効によって、既に、相手に所有権が移転している」がごとき当事者の感情を煽る発言は厳に慎むべきであり、感情的になる関係人（相手方）には専門職能者（弁護士、土地家屋調査士、司法書士等）を代理人にすることによる協議方法や、ADRの利用、及び筆界特定制度により、冷静な協議環境を作るように努力すべきである。

【参考文献】

- 川島武宜編『注釈民法 第5 総則』（有斐閣、1967）
- 舟橋諄一、徳本鎮編『新版 注釈民法 物件（1）』（有斐閣、1997）
- 末川博『判例民法の理論的研究』（日本評論社、1942）157頁
- 柚木馨『判例物権法総論』（巌松堂書店、1934）127頁
- 舟橋諄一『物権法』（有斐閣、1960）171頁
- 川島武宜『民法総則』（有斐閣、1965）
- 来栖三郎、加藤一郎編『民法学の現代的課題』川島武宜教授還暦記念 山田卓生「取得時効と登記」（岩波書店、1972）103頁
- 竹内昭夫編『現代商法学の課題（中）』鈴木竹雄先生古稀記念 星野英一「取得時効と登記」（有斐閣、1975）825頁
- 広中俊雄『第2版 物権法』（青林書院新社、1982）154頁
- 我妻榮・有泉亨補訂『新訂 民法講義2 物権法』（岩波書店、1983）
- 四宮和夫『第3版 民法総則』（弘文堂、1982）315頁
- 鎌田薫、寺田逸郎、小池信行編『新不動産登記講座 第2巻（総論2）』松久三四彦「取得時効と登記」（日本評論社、1998）138頁
- 石田喜久夫「土地の時効取得と登記（一筆の土地の一部の場合）」THINK95-148（日本司法書士連合会、1999）
- 鎌田薫「境界不明地の時効取得と登記」判夕484-27（判例タイムズ社、1983）

第2 一筆の土地の一部についての取得時効

1．一物一権主義と一不動産一登記用紙主義

民法典の施行（明治31年）に伴い整備された不動産登記法（明治32年法律第24号）は、「登記簿ハ一筆ノ土地又ハ一箇ノ建物ニ付キ一用紙ヲ備フ」（第15条）として、一不動産一登記用紙主義の原則（物的編成主義）を徹底確立した[注1],[注2]。

つまり、土地は、物としての区分性を欠くもので、本来は個数の観念を入れないものであるが、これを人為的に区分（区画）して個数を考え、それぞれの不動産として、一登記記録（土地登記簿）されたものが一個の土地である[注3]。

ただし、実体法上は、登記簿上の筆に拘泥せずに、当事者間において自由な一区画の土地の一部を独立の物権の客体とすることは可能とされている[注4]。

この場合、実体法上の権利変動に対抗力を与えるためには、手続法的（不動産登記法に基づく）意味合いにおいて、個々の土地を基準として、必要な分筆登記手続を併せて行うことが必要となる。したがって、事実上の区画により物権変動が生じ得るとしても物権変動を合意した

当事者間においての手続上の問題にすぎず、一筆の土地の一部が時効取得の対象となる場合には、一不動産一登記用紙主義の原則の例外となるものである。

2．一筆の土地の一部の時効取得

取得時効が成立した一区画の土地が一個の物といえるかどうかを決定する基準は、現実の利用状況に即して判断しなければならないが、その一区画がまとまった形（土地の一部の地目変更登記等）で利用されていれば、それが登記簿上一筆の土地の一部であっても、一個の土地として実体法上扱わなければならない。だから、一筆の土地の一部の売買（一筆の土地の一部に対する所有権の移転）も可能であると同様に、一筆の土地の一部の時効取得も可能ということになる（【判例004】大判大正13.10.7民集3-12-509）。

ただ、そのような場合に、一筆の土地の一部に対する所有権の移転（取得）を第三者に対抗するためには、その一筆の土地から、時効取得した一筆の土地の一部を分筆した上で、所有権移転登記を経由しなければならず、時効取得者は、登記名義人に対して「分筆の上時効取得を原因として所有権移転登記を求める」旨の登記請求権を有するとされており、このことについては異論をみない(注5)。

3．一筆の土地の一部の取得時効の成立要件

民法は、土地の一部を、「20年間、所有の意思をもって、平穏に、かつ、公然と他人の物を占有した者は、その所有権を取得する。」（民第162条第1項）と規定し、また、「10年間、所有の意思をもって、平穏に、かつ、公然と他人の物を占有した者は、その占有の開始の時に、善意であり、かつ、過失がなかったときは、その所有権を取得する。」（民第162条第2項）としている。

つまり、10年の時効も20年の時効も、いずれも所有の意思をもってする占有（自主占有）が共通の要件である（第2章第2節「第2　時効完成の要件」（25頁以下）参照）。

4．取得時効の効力

時効取得をした者が、他人の土地の一部分の所有権を取得することになる。

売買や贈与、相続などが、いわゆる前主からの所有権の承継取得であるのに対して、時効による所有権の取得は原始取得であるとされている。その理由は、時効取得によって取得される所有権の範囲は、時効取得の基礎である占有の状態と範囲によって定まり、前所有者のもとで、所有権に存した制限によって影響を受けることはないことによる（川島武宜編「注釈民法　第5　総則」（有斐閣1967）234頁）。そして時効の効力は、その起算日に遡る（民第144条）こととされているから、その原因日付は、時効の起算日（占有を開始した日）とするのが登記実務であるが、「時効完成の日」をもって登記原因とすべきとする有力説がある(注6)が、占有開始日が認定で

きないこと等を考えると魅力的な見解である。

5．時効取得による登記の形式
(1) 所有権の登記がある土地を時効取得した場合
　時効取得が原始取得であるとするならば、時効により権利を取得した場合の登記形式は、権利変動の態様に忠実であり、従前の所有者（以下、原所有者という。）が負担していた制限物権の消滅を考えると、従前の所有権の登記を抹消し、時効取得者のために保存登記をすべきではないかとの疑問が生ずる。しかし、時効取得における「原始取得」の解釈論としては、時効による所有権取得は、公有水面の埋立てや建物の新築のように、全く新しい不動産そのものが生じたのではなく、前所有者の観念ができない場合の原始取得とは異なり、収用による場合と同様に、法律の規定によって時効成立により所有権が取得される結果、その反射的効果によって前所有者が所有権を喪失するものであって、所有権そのものから見れば、原所有者から時効取得者へ移っていることになり、権利主体の変更という点において、登記手続上は承継取得と何ら異なることはない。また、不動産登記法上の「権利の移転の概念」は、時効や収用のような原始取得であっても、権利主体の変更があった場合も含まれることから、判例、通説及び登記実務のいずれにおいても、所有権移転登記の手続によるものとしている（【判例019】最判昭和33.8.28民集12-12-1936、【判例025】最判昭和36.7.20民集15-7-1903）(注7)。

(2) 所有権の登記がない土地を時効取得した場合
　① 未登記不動産を時効取得した場合

　　時効完成により所有権を失う原所有者が所有権を有することを証する書面、及び原所有者から時効取得による所有権を取得したことを証する所有権証明書を添付して、時効取得者が自己のために直接表題の登記を行い、所有権保存登記をすることができる。ただし、前所有者が協力しない場合には、所有権確認請求訴訟の確定判決（土地の場合は地積測量図及び土地所在図の添付が必要。）を所有権保存登記申請書に添付して、時効取得者名義に直接登記することとなる（不登法第74条第1項第2号・第75条、同規則第157条）(注8)。

　② 表題（表示）の登記のみがなされている不動産を時効取得した場合

　　表題部の原所有者の名義に所有権保存登記を行った上で、原所有者と時効取得者との共同申請で時効取得を原因として、所有権移転登記を申請する。ただし、協力を得られない場合は、表題部の原所有者に対して、所有権確認請求訴訟又は所有権移転登記手続請求訴訟の確定判決により、直接自己名義に登記することができる(注9)。

6．時効取得と原所有権の負担する登記の関係
　取得時効は原始取得であるから、時効取得をすれば新たに完全な所有権が与えられ、その反射的効果として、原所有権もその上についていた登記記録上のすべての権利が消滅する。例え

ば、抵当権につき民法第 397 条に規定がある。ただし、占有者が一定の客観的な制限を容認していた場合、例えば、地役権の負担のある土地を容認しながら占有していた場合には、時効によって取得する所有権は地役権の負担のあるものとなる。このことは抵当権等の担保物権の場合も同様である（【判例 107】最判昭和 56.11.24 判タ 457-81 他、【判例 143】宮崎地裁延岡支判平成 3.11.29 判自 96-27）。

したがって、これらの権利が実体法上消滅した場合には、時効取得者は、これらの権利の登記名義人に対して、登記の抹消を請求できることになり、時効取得者が登記権利者となり、これらの権利の登記名義人が登記義務者となって、共同申請によって消滅した権利の抹消を申請することとなる。

登記義務者が協力をしないときは、登記義務者を相手に抹消登記手続請求訴訟を提起し、確定勝訴判決を得て、単独で、申請することとなる(注10)。

7．時効で取得した部分を登記する方法について（関連第 4 章「第 1 部 Ｑ＆Ａ集」Q34・Q40（116、120 頁）参照）

〔具体的事例〕

乙は、丙抵当権の設定済みの甲所有地である 6 番の土地の A 部分（アイウエアを結んだ範囲の土地）に関して、時効取得の要件を充足し、土地の A 部分を時効取得している事例において、乙が遅滞なく時効取得を援用した場合の手続を概観すると次のようになる。

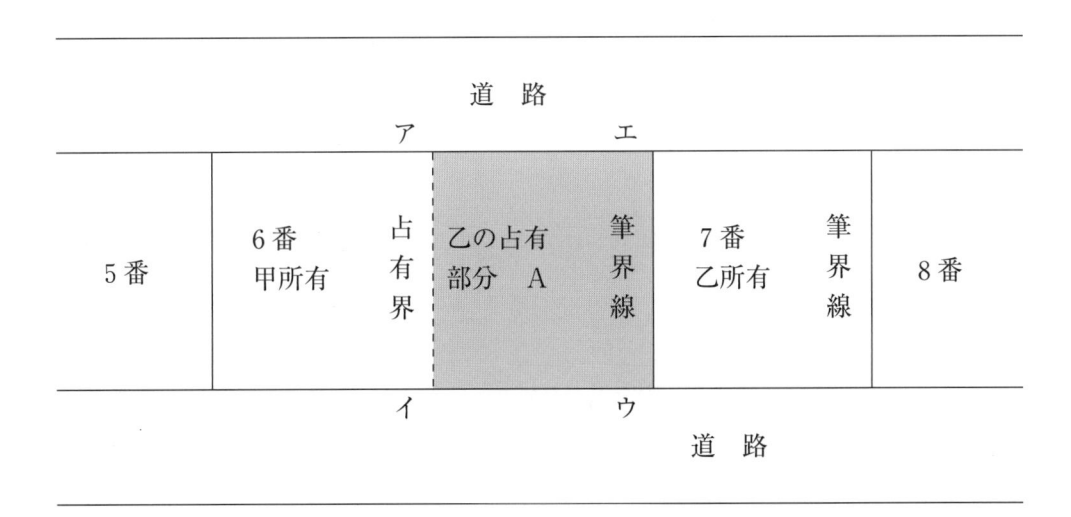

			道　路				
		ア		エ			
5番	6番 甲所有	占有界	乙の占有部分　A	筆界線	7番 乙所有	筆界線	8番
		イ		ウ			
			道　路				

(1) 共同申請の原則

乙は、6 番の土地の A 部分（アイウエアを結んだ範囲の土地）に関して、時効取得の要件を充足し、甲が乙の時効取得を承認し、A 部分の土地を時効取得している事実が認められれば、この場合には、甲が 6 番の土地から A 部分の土地を分筆登記した後に、時効取得を原因とし

て、甲乙共同申請で甲から乙に所有権移転登記を申請することになる。ちなみに、抵当権者丙の担保権は、甲の時効取得の完成により抵当権は消滅し、丙は乙の請求により抵当権の抹消登記をしなければならない。

(2) 判決による登記手続

乙が時効を援用し、甲に対し所有権移転登記を、丙に対して抵当権の抹消登記手続を請求しても、甲及び丙が各登記手続に応じない場合は、乙は甲を相手取ってA部分の土地について時効取得を原因とする所有権移転登記を命ずる給付の訴えを提起し、その勝訴判決を得てから、まず6番の土地からA部分の分筆登記を代位申請（不登令第3条第4号、同令第7条第1項第3号）で行い、分筆したA部分の土地について、給付判決に基づき乙単独で、所有権移転登記を申請することになる（不登法第63条第1項）。さらに、丙に対しては、抵当権の抹消登記請求訴訟を提起し判決を得て、単独で抵当権抹消登記申請を行うこととなる。

詳細は後述第3章第1節「第3 判決による登記手続」（60頁以下）を参照されたい。

注1：幾代通『不動産登記法』（有斐閣、1971）7、18頁

注2：新不動産登記法においては、さらに区分登記においても、一不動産登記一登記記録主義を徹底している。清水響編『一問一答新不動産登記法』（商事法務、2005）12頁

注3：幾代通『不動産登記法』（有斐閣、1971）28頁

注4：判例は、古くは、登記簿上の筆を単位としてのみ譲渡・時効取得等の客体となり得るとしてきた（大判大正11.10.10民集1-575）が、連合部判決をもって（【判例004】大判大正13.10.7民集3-12-509）、一部の譲渡を有効と変更し、事実上・取引の区画を標準とする物権変動を認める（【判例013】最判昭和28.4.16民集7-4-321、【判例014】最判昭和30.6.24民集9-7-919、【判例033】最判昭和40.2.23判時403-31他、第5章第1部第2「論点1 筆界と所有権界等」（153頁以下）参照）。

注5：石田喜久夫「土地の時効取得と登記」THINK95-152（日本司法書士連合会、1999）

注6：登記原因は「時効取得」、その日付は時効起算日になる。藤部富美男「時効取得による登記の方法」登研574-6（1995）

注7：藤部富美男「時効取得による登記の方法」登研574-4（1995）

注8：登記官が所有権保存登記をするときは、表題登記を行い、時効取得者が当該不動産の表示の登記をする必要はない。藤部富美男「時効取得による登記の方法」登研574-8（1995）

注9：浦野雄幸「所有権移転登記の形式」『判例不動産登記法ノート（2）』（テイハン、1989）173頁

注10：川島武宜編『注釈民法 第5総則』（有斐閣、1967）234頁、浦野雄幸『判例不動産登記法ノート（2）』「所有権移転登記の形式」（テイハン、1989）176頁、藤部富美男「時効取得による登記の方法」登研574-7（1995）

《一寸休憩3》
1. 地図訂正と地積更正

　時効取得によって取得される土地の一部は、土地の筆界が変動するものではないが、これと、同じ外観を結果的に作り出す方法がある。

　それは、前述の具体的事例（57頁）において、6番と7番の境界線であるウエを結んだ線をアイで結んだ線が正しい筆界として認定して、6番と7番の筆界を地図（地図に準ずる図面）訂正と6番と7番の土地の地積更正登記申請を行う方法である。

　公法上の境界である筆界は、決して当事者の間で合意することによって、変更することができないとされる（【判例017】最判昭和31.12.28民集10-12-1639、【判例027】東京高判昭和37.7.10下民13-7-1390、【判例034】盛岡地一関支判昭和40.7.14判時421-53、【判例043】最判昭和42.12.26民集21-10-2627他）。したがって、筆界の変動を前提とする地図（又は地図に準ずる図面）の訂正を求めることは許されない㊟1。この申請手続を登記官が登記処理をしたとしても、その登記によって土地の筆界は移動するものではないと解すべきであり、かかる登記は登記簿に申請に係る地積が表示されてもその効力を有しないと解されている㊟2ので、このような地図訂正と地積更正登記申請は適正ではないことに留意が必要である。

2. 許容誤差と境界の移動

　さらに、問題になるのは誤差論の応用の問題である。山林（地図の縮尺千分の1）のような場合において、事例の6番と7番の地積と辺長が、面積が2500 m^2、辺長が50 mの場合、許容誤差は精度区分甲3で辺長42 cm、面積で12.07 m^{2}とされている（国土調査法施行令別表第5に掲げる精度区分）ので、通常の登記手続では許容誤差内の地積更正登記は、原則として認められないところであるが、広大な土地の場合や適用される精度区分によっては、地積の更正ができないとする理由はないと考えられる㊟3ため、例えば、現地での40 cmと地積の12 m^{2}の相違を、明確に時効取得の成立を認定できないのであれば、その地域の地図及び測量図等の精度問題に尽きると思われる場合には、許容誤差内として地図訂正・地積更正で対応し、当事者間の平穏な相隣関係の維持を考えることもできるのではないか。ただし、資料等から明らかに時効取得が考えられるならば、この手法は用いることはできないことはいうまでもない。

㊟1：浦野雄幸『判例不動産登記法ノート（4）』「所有権移転登記の形式」（テイハン、1997）61頁

㊟2：荒堀稔穂編『Q&A表示に関する登記の実務 第2巻』（日本加除出版、2007）388頁以下・河瀬敏雄『表示登記にかかる各種図面・地図の作製と訂正の事例集』（日本加除出版、2003）110頁

㊟3：荒堀稔穂編前掲書110頁以下

第3　判決による登記手続

1．判決による登記
(1)　不動産登記法第63条第1項（旧不登第27条）の判決による登記の意義

　登記義務者が所有権移転登記手続に協力しない場合には、共同申請の例外として、判決により登記義務者の意思表示に代えて登記権利者が単独で登記することができる。

(2)　不動産登記法第63条第1項（旧不登第27条）で規定する判決の要件

　主文において、登記義務者に所有権移転登記手続を命じる旨の記載のある給付判決であること、さらに、判決による登記申請の意思表示が、次の条件に係る場合には執行文の付与を要するので注意が必要である。

　　Ⅰ　登記義務者の登記申請の意思表示が、登記権利者の証明すべき事実の到来に係るとき
　　Ⅱ　登記義務者の登記申請の意思表示が、登記権利者の反対給付との引換え（債権者の交換的給付）に係るとき
　　Ⅲ　登記義務者の登記申請の意思表示が、債務者の履行その他の債務者の証明すべき事実のないことに係るとき

(3)　不動産登記法第63条第1項（旧不登第27条）の判決に準ずるもの

　　（ア）　和解調書　　　　　（イ）　認諾調書　　　　（ウ）　調停調書
　　（エ）　調停に代わる決定　（オ）　審判　　　　　　（カ）　仲裁判断

　これらは、判決と同じ効力を有する。

(4)　不動産登記法第63条第1項（旧不登第27条）の判決に準じないもの

　　（ア）　公正証書　　　　　（イ）　転付命令　　　　　　（ウ）　仮処分決定又は仮処分判決
　　（エ）　仮処分宣言付判決　（オ）　家庭裁判所の保全処分

　これらは、判決と同じ効力を有しない。

2．判決による登記の対象となる登記
(1)　不動産登記法第63条第1項（旧不登第27条）の判決対象となる登記

　①　登記権利者及び登記義務者の共同申請による登記

　　不動産登記法第63条第1項（旧不登第27条）の判決による登記とは、登記権利者及び登記義務者の共同申請によってなすべき登記に、登記義務者が協力しない場合、登記義務者に対し、一定の登記手続をなすべき給付判決を得て、登記権利者が単独で申請する登記の方法をいうとされる。

　②　不動産登記法第105条第2号（旧不登第2条第2号）の仮登記

　　不動産登記法第105条第2号（旧不登第2条第2号）の仮登記については、仮登記仮処分命令による仮登記が認められている（不登第107条第1項、第108条第1項・第4項・第5項（旧

不登第32条、第33条））ので、実益は少ないが、登記が可能とする先例がある（昭和36.9.14民事甲2209号民事局長回答、登研170-39（1962））。

③　その他、抵当権の順位変更登記・所有権保存登記の抹消

登記権利者及び登記義務者の共同申請という構造を取らないが、先例は実質的に権利者・義務者の関係にあり、できると考える。

(2)　不動産登記法第63条第1項（旧不登第27条）の判決対象とならない登記

①　不動産登記法第105条第1号（旧不登第2条第1号）の仮登記

不動産登記法第105条第1号（旧不登第2条第1号）の仮登記については、仮登記でなくして、直接本登記の申請手続を命ずる判決を取得する方法があり、また、不動産登記法第105条第1号（旧不登第2条第1号）の仮登記をなし得る三つの場合（①登記義務者が登記申請に協力しないとき、②登記義務者の権利に関する登記識別情報又は登記済証（不登第21条（旧不登第60条））を提出することができないとき・不動産登記法第105条第1号（旧不登第2条第1号）の仮登記をなし得る場合、③登記原因についての第三者の許可等を証する書面を提出することができないとき）のいずれの手続上の条件も具備されるから、直接本登記の申請手続を請求すべきである。

②　表示に関する登記

所有者の単独申請による登記は、不動産登記法第63条第1項（旧不登第27条）の判決による登記の対象とはならない。表示に関する登記は、前述（前出第3章第1節「第2　一筆の土地の一部についての取得時効」5、(2)、①（56頁）参照）したように、判決による登記の対象とならない。

③　登記名義人表示変更・更正登記・所有権保存登記

登記名義人の表示変更及び更正登記についても、表示登記の場合とほぼ同様な理由、登記請求権を代位行使できるから判決による登記申請は許されないものといえよう。

以上(1)、(2)に関する詳細は神崎満治郎『判決による登記の実務と理論』（テイハン、1984）を参考にされたい。

3．分筆登記の問題点

(1)　一筆の土地の一部の分筆登記の問題点

仮に、一筆の土地の一部分を買い受けた者（時効取得した者）が、買い受けた部分（時効取得した部分）の土地の所有権移転登記を受けるには、まず、その前提として買い受けた部分（時効取得した部分）の分筆登記をしなければならないが、この場合、売主（所有者）が何らかの事情で分筆登記及び所有権移転登記に協力しないときは、買主（時効取得した者）は、所有権移転登記とともに、分筆登記をも訴求しなければならないのであろうか。

訴訟の実務では、主文「一、被告は原告に対し、岐阜市○○1丁目1番地、宅地300平方メートルのうち、別紙図面のイ、ロ、ハ、ニ、イを順次結んだ直線の内部分150平方メートル

（斜線部分）につき、平成何年何月何日時効取得を原因とする所有権移転登記手続をせよ。」というように判決している事例が多いようである。

ところが、この場合この主文には、権利者は、不動産登記法第59条第7号（旧不登第46条ノ2）、不動産登記令第3条第4号、同令第7条第1項第3号の規定により、自己の登記請求権を保全するため、債権者代位権を行使することができるわけであるから、買主には分筆登記手続を訴求する登記請求権もないし、また、かかる訴は、訴の利益を欠くものとして許されず、分筆登記を請求する登記請求権はない（東京地判昭和31.3.22判時77-22他）とされるので、自己の登記請求権を保全するため債権者代位権（民第423条第1項）に基づき、表示に関する分筆登記を債務者（所有権の登記名義人である原所有者）に代位して申請し分筆登記を行った後、判決に基づき所有権移転登記を行うことになる（58頁の注10参照）。

(2) 事前に合筆が必要な場合の手続

分筆をする前提として合筆する必要があるときに、判決に基づき合筆ができるかについては、登記研究370号71頁（1988）の【5546】に可能とする事例がある。

> 《参考》
> 【5546】判決（和解調書を含む）中に「合筆登記のうえ所有権移転登記せよ」とある場合の登記事務の処理、代位原因を証する書面としての適否
> ［要旨］主文に「甲は何番と何番の土地を合筆のうえ乙に所有権の移転登記をせよ」と命じた判決（和解調書を含む）がある場合には、当該判決に基づいて甲から所有権移転の登記をした後に合筆登記を申請することができる。
> なお、一般的に合筆を命ずる判決は代位登記を申請する場合の代位原因を証する書面となり得る。
> 問　判決（和解調書を含む）の主文に「甲は何番と何番の土地を合筆のうえ乙に所有権の移転登記をせよ」と命じてある場合においても、実務上は、右判決に基づいて甲から所有権移転の登記をした後に合筆登記を申請することで足りると考えるがいかがでしょうか。また、合筆を命ずる判決は代位登記を申請する場合の代位原因を証する書面となり得るでしょうか。（横沢　石川）
> 答　前段　ご意見の取扱いによつて差し支えないものと考えます。

4．代位による登記

(1) 代位による登記申請とは

代位による登記申請とは、民法第423条の規定による債権者代位権の行使の一形態として、債務者の有する登記申請権を債権者が自己の名において申請する手続である（不登第59条第7号（旧不登第46条ノ2）、不登令第3条第4号、同令第7条第1項第3号）。

代位登記の要件は、自己の債権を保全するため必要であること、債務者が登記申請権を有することである。例えば、所有権が甲から乙、乙から丙へと移転したが登記名義が甲のままである場合において、乙が甲から乙への所有権移転登記に協力しないときには、丙は、乙に代位し

て甲乙間の所有権移転登記の申請をすることができる。また、債権者の有する基本債権は必ずしも登記請求権である必要はなく、代位行使の結果、債権者の債権が保全されるものであればよいというのが通説（幾代通『第4版 不動産登記法』（有斐閣、1994）96-97頁）及び登記実務の取扱いである（香川保一編『全訂 不動産登記書式精義（中）』（テイハン、1984）980頁）。したがって、対象となる登記は、表示に関する登記であると、権利に関する登記であるとを問わない。また、共同申請によるべき登記か、単独申請による登記かも問わない（例えば、名義人の住所氏名が変更された場合の登記名義人表示変更登記等）とされている。

(2) 代位の登記と一般の登記申請

代位による登記申請は、債務者の有する登記申請権を債権者が代わりにするものであるほかは、一般の登記申請と変わりがない。したがって、共同申請でなすべきものであるときは、本来債務者とともに登記すべき相手方と債権者との共同申請の形成により手続をすることになる（前記例では、甲と丙）。申請書には、債権者（代位者）及び債務者の住所、氏名と代位原因を記載し、代位原因を証する書面（又は、書面の判決・売買契約書等）を添付する。

登記が完了すると登記識別情報（登記済証）は申請者に還付され、登記権利者（債務者）には登記が完了した旨の通知がされる（不登規第183条（旧不登第60条ノ2））が、その登記識別情報（登記済証）は、債務者が後日登記義務者として登記を申請する場合の登記義務者の権利に関する登記識別情報（登記済証）とはならないとされている（登研122-34（1958）参照）。

5．先例・判例とその問題点

(1) 債権者代位による分筆登記の申請書に添付する代位原因を証する書面

所有権移転登記請求権に基づいて債権者代理により分筆登記の申請をする場合に、所有権確認判決を添付できるかについて、登記情報578号131頁(1996)の【7547】にできないとした事例がある。

《参考》

【7547】債権者代位による分筆登記の申請書に添付する代位原因を証する書面

〔要旨〕所有権確認判決を債権者代位による分筆登記の申請書に添付する代位原因を証する書面とすることはできない。

問　一筆の土地の一部を時効取得した者が、所有権移転登記請求権に基づいて債権者代位により分筆登記の申請をする場合には、代位原因を証する書面として、所有権移転登記手続を命ずる給付判決（移転する土地の位置・形状が図形で特定されたもの）を添付すべきものと考えてますが、所有権の範囲が明らかにされていれば、所有権の確認判決であっても差し支えないものと考えますがいかがでしょうか。

答　消極に解します。

(2) 分筆登記申請却下処分の取消訴訟と出訴期間（大阪地判平成6.9.9判タ874-137）(注1)

所有権一部移転登記手続を命ずる確定判決を得た者が、右確定判決を代位原因証書として代

位による分筆登記を申請したが、隣接地との境界が確認できないとして登記官により右申請が却下され、それを不服として登記官らを相手に右処分の取消し等を求める訴訟を提起したところ、今度は出訴期間を徒過していることを理由に右訴えも却下され、せっかく得た所有権一部移転登記を命ずる確定判決を結局は執行することができずに終わったという事案である。

勝訴判決を得ても執行できない場合があることの恐ろしさを教えられるとともに、どちらかというと、勝訴判決を得ることのみに気を取られ、債務名義の執行実現について考慮していないきらいのある訴訟手続に教訓を与える事案である。

[事案の概要]

訴外Aは、被告に対し、甲地の一部（以下「本件土地」という。）につき、持分2分の1の所有権移転登記手続を命ずる確定判決を得た。

その後Aが死亡し、相続人である原告Xら4名が本件土地を相続したので、平成4年5月28日、Xらは登記官に対し、右確定判決の正本を代位原因証書とし、確定判決に添付されたのと同一図面を地積測量図として添付し、代位による本件土地の分筆登記を申請した。

登記官は、平成4年8月3日、原告らの申請書には隣接する水路の明示書（官民境界確定書）の添付がなく、右水路を管轄する土木事務所に現地立会いを求めたが拒否されて周囲の境界が確定できず、原告らの申請書に掲げた事項が現地調査の結果と符合しないとして、不動産登記法第25条第11号（旧不登第49条第10号）により右申請を却下した。

原告らは、その後審査請求（不登第156条（旧不登第152条））をすることなく、却下処分から1年以上経過した平成5年10月25日に、登記官と登記上の所有者を被告として右処分を取り消すことなどを求めた訴訟を提起した。

なお、原告らは本件訴訟提起後の平成6年に審査請求を行っている。

[出訴期間についての裁判所の判断]

不動産登記法第158条（旧不登第157条ノ2）は行政不服審査法（以下「行審法」という。）第14条の適用を排除しているが、その立法趣旨は、審査期間に制限を設けないことにより審査請求を通じて登記簿の記載をできるだけ実体関係に符合させ正確に公示させようとしたことは明らかである。しかし、反面、同法が行審法第14条に定める出訴期の制限に関する規定の適用を排除してないことを考えると、登記官の処分につき、訴えを提起して裁判所の判断を受けるためには、右出訴期間内に審査請求をするかあるいは直接裁判所に訴えを提起しなければならないものと解すべきであるとする。

① 問題点の検討1

行政事件訴訟法（以下「行訴法」という。）第14条は、取消訴訟の出訴期間につき、処分又は裁決があったことを知った日から6か月以内に提起しなければならず（第1項）、また原則として処分又は裁決があった日から1年を経過したときは提起することができない（第2項）と規定し、その起算日については、審査請求がなされたときはこれに対する裁決があっ

たことを知った日又は裁決の日とする（第3項）としている。しかし、不動産登記法第158条（旧不登第157条ノ2）では行審法第14条の適用が除外され、登記官の処分に対する審査請求については期間制限がないとされているので、登記官の処分について右出訴期間制限の規定が適用されるか否かが問題となる。

出訴期間に関する各説

（イ）　制限説

　制限説は、行訴法第14条第1項・第3項をそのまま適用し、登記官の処分後6か月又は1年経過後は一切出訴できないとするもので、本判決は制限説の立場に立つ。

（ロ）　無制限説

　審査請求を経さえすれば、行訴法第14条第1項・第3項に関係なく、いつでも、かつ、いつまでも無制限に出訴できるとするものである。

（ハ）　折衷説

　無制限説と同様に審査請求の期間が制限されていない趣旨を重視する一方、いつまでも繰り返し出訴し得るという無制限説の不合理さを排除しようとするのが折衷説である。この折衷説を採用した判例として、東京地判昭和63.4.26（判タ682-95）がある。

② 問題点の検討2

　出訴期間経過後の訴訟の可否については、前述「①　問題点の検討1」（64頁）で論じたところであるが、さらにこの判決の持つ意義は次の点にある。

　せっかく判決をもらっても、最終の目的が実現できない事態が問題なのである。登記官はまず事情はともあれ、債務名義である判決を実現すべしとする荒っぽい議論もあるが、現実に筆界認定が不能な分筆登記の処理を強いるのは酷であろう。

　当事者にとっての重要な問題は、訴訟手続の審理中に係争地の範囲を明確にせずに判決がなされた点である。法律の専門家である裁判官・弁護士は登記手続に関しては熟知しておらず、せっかく所有権移転の給付判決を得ても登記ができないことは珍しいことではない。最近では調停や和解の場合にはあらかじめ法務局に照会することもなされているが、判決については検討を要する場合がある。残地計算による分筆手続が許されない改正不動産登記法においては、通常、調査士は係争地の範囲を確定するために調査測量を依頼され、当事者がやむなく訴え提起をする時には、判決の主文を執行できるために、判決の時点で、分筆登記に支障のないように係争地の範囲のみならず一筆地全体の確定が必要であることを事前に指摘することが大切である。

注1：浦野雄幸監修「分筆登記申請却下処分の取消訴訟と出訴期間」登情413-88（1996.4）

第4 公共用物と時効制度

1．公共用物とは

国有財産法第3条によれば、国有財産は行政財産と普通財産に区分され、行政財産は次の4つの種類に分類される。

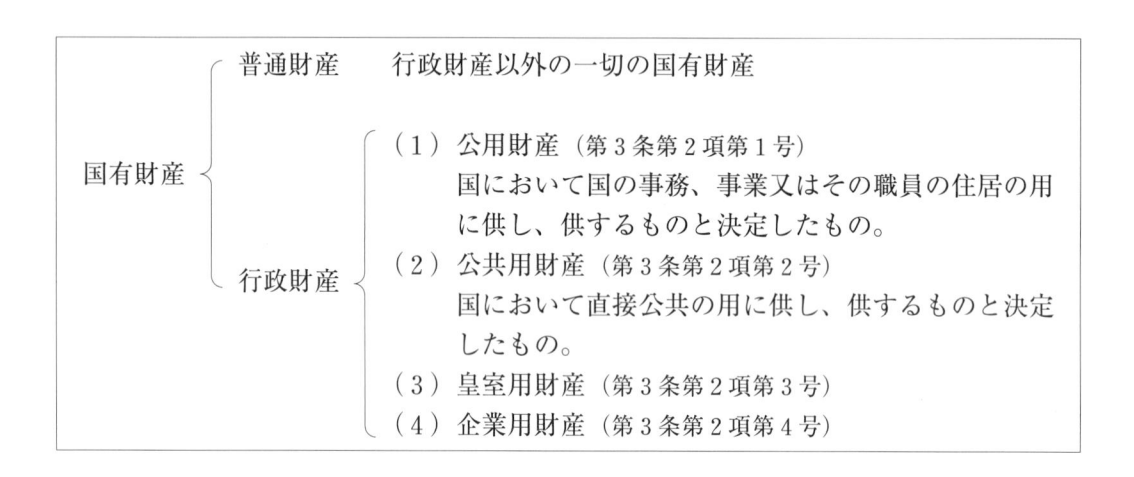

```
国有財産 ┬ 普通財産　行政財産以外の一切の国有財産
         │
         └ 行政財産 ┬ （1）公用財産（第3条第2項第1号）
                    │     国において国の事務、事業又はその職員の住居の用
                    │     に供し、供するものと決定したもの。
                    ├ （2）公共用財産（第3条第2項第2号）
                    │     国において直接公共の用に供し、供するものと決定
                    │     したもの。
                    ├ （3）皇室用財産（第3条第2項第3号）
                    └ （4）企業用財産（第3条第2項第4号）
```

公共用物とは、(2)の公共用財産と呼ばれている学問上の概念であり、道路・河川・公園がその例である。公共用物のうち道路法・河川法・下水道法・海岸法等の特別法が適用（準用を含む。）されない公共物を総称して法定外公共用財産という[注1]。

2．公共用物と用途廃止

(1) 用途廃止とは

用途廃止とは、それらの行政目的に使用されなくなった場合にその使用をやめることをいう。行政財産は、行政目的にしたがって庁舎、宿舎等の公用の目的及び公園、道路、河川等の公共用の目的にそれぞれ使用されている。用途廃止後は普通財産となり、原則的に財務大臣に引き継がれ（国財第8条）、用途廃止申請者等に処分される[注2]。

(2) 法定外公共用財産の用途廃止ができる場合

法定外公共用財産が、現在及び将来とも公共用に供する必要がないと、国有財産部局長である都道府県知事及び当該事務の委任を受けた市町村長（法定外公共財産の一括譲与後は市町村）が判断した場合に用途廃止を行うこととなるが、おおむね次のような場合が考えられる。

Ⅰ　代替施設の設置により存置の必要がなくなった場合
Ⅱ　現況が機能を喪失していて、将来とも機能回復する必要がない場合
Ⅲ　地域開発等により、存置する必要がない場合
Ⅳ　その他、国又は地方公共団体が行政財産として存置する必要がないと認める場合

3．法定外公共財産の一括譲与

　地方分権の推進を図るための関係法律の整備等に関する法律（平成11年法律第87号）、いわゆる地方分権一括法が平成11年7月8日に可決、成立し、同年7月16日公布、平成12年4月1日施行された。

　いわゆる法定外公共物のうち、里道、水路（溜池、湖沼を含む。）として、現に公共の用に供しているものの道路法、河川法等の公物管理法の適用若しくは準用のない公共物で、その地盤が国有財産となっているものについては、その財産を市町村（都の特別区の区域内にあっては、当該特別区とする。）に譲与することにより、機能管理、財産管理とも自治事務とされる。なお、機能を喪失しているものについては、国において直接管理を行うこととされている。

　法定外公共物の具体的特定及び法定外公共物に係る国有財産の譲与申請手続等についての基本的な取扱いについては、平成11年7月26日三省合同説明会資料「法定外公共物に係る国有財産の取扱いについて」でその運用が通知されており、法定外公共物に係る国有財産の譲与に伴う訴訟の取扱いについては、平成12年1月の法定外公共物に係る国有財産の譲与手続に関するガイドライン大蔵省・建設省〔基本事項編〕（3．法定外公共物に係る国有財産の譲与に伴う訴訟の取扱いについて）で詳述されている[注3]。

> コメント：地方分権一括法により今まで存在した国有財産の機関委任事務制度が廃止されたことに伴い、平成12年度から平成16年度の5年間で大多数の市町村からの譲与申請が行われた。
> 　土地家屋調査士は、譲与後の法定外公共物の所有権となった市町村と隣接する土地所有者の関係については、機能管理と財産管理のいずれもが市町村の自治事務になったことにより、今までのような、官民境界確定協議の方法（対面の土地所有者の承諾を条件とする協議の仕方、一街区の中でばらばらの確定協議がなされ、道路、水路が直線状になっていない、境界標識の設置の場合の費用負担等）の問題について、道路水路の対面者の承諾印を申請人に負担させる等地域住民に一方的に負担を強いることのないよう、適切かつ効率的な維持管理ができる業務処理が必要であり、委任事務時代とは異なる発想が必要であろう。
> 　例えば、都市計画法に基づく地区計画での手法や、公嘱協会が関与して行う街区ごとの画一的かつ合理的な財産管理としての境界確定協議がよく機能を発揮していることを評価すべきである。

4．公物の取得時効の可否についての考え方　（関連第4章「第1部　Q&A集」Q8（101頁）参照）

(1)　公物の取得時効の可否についての考え方

　取得時効の要件を満たす場合でも、行政財産、特に公共用財産については、その公共性から私人が取得時効を認めることの可否については、公物の性質に関連して、諸説がある。

　Ⅰ　公物の性質を根拠に取得時効の成立を一切否定する考え方
　Ⅱ　所有権の認められる物については取得時効の成立を認めるが、公物として公の用に供用

すべき公法上の負担つきの制限を受けるとする考え方

Ⅲ　公物にも取得時効が適用されるかは、公共用財産のうち、公物の公共性及び公益性の目的実現の利益の確保と、時効制度適用による占有状態の尊重による取得時効の利益とを比較衡量することにより決すべきで、適用を肯定したり否定したりする考え方

Ⅳ　Ⅰ、Ⅱの折衷説で、公物として公の用に供用すべき公法上の負担がある公物そのものの取得時効の成立を否定するが、公の目的と異なった目的に公物を占有する事実があれば、黙示の意思表示による公用廃止があったものとして、公用廃止があれば普通財産として、取得時効の成立を認める考え方

(2)　判例の考え方

　行政財産については、当初、公物の公共性、公益性に照らし、私人の取得時効を認めることはできないとするのが判例の態度であった（【判例001】大判大正10.2.1民録27-160、【判例008】大判昭和4.12.11民集8-12-914）。

　その後、最高裁は、都市計画において公園とされている市有地であっても、外見上公園の形態を具備しておらず、現に公共用財産としての使命を果たしていない限り、予定公物につき時効取得の成立を肯定した（【判例050】最判昭和44.5.22民集23-6-993他、ただし、供用開始されていないが法面公示を完了していた土地については取得時効を否定している（【判例020】山形地判昭和33.10.13訟月4-12-1502））。

　さらに、最高裁は【判例081】（最判昭和51.12.24民集30-11-1104他）において、国有水路の時効取得に関して、黙示的公用廃止説を採用することを明らかにし、黙示的に公用が廃止される一定の要件を備えた場合に限って、時効の対象となり得るとし、その要件を明確にした。

(3)　黙示的の公用廃止説の判例理論

　最高裁の判決【判例081】は、以下の３つの要件を明らかにしている。

Ⅰ　公共用財産が長年の間、事実上公の目的に供用されることなく放置

Ⅱ　公共用財産としての形態、機能を全く喪失し、その物の上に他人の平穏かつ公然の占有が継続

Ⅲ　そのため、実際上公の目的が害されることもなく、もはやその物を公共用財産として維持すべき理由がなくなった場合

　この３要件が満たされれば、公共用財産について、黙示的に公用が廃止されたものとして、取得時効の成立を妨げないとする。

　その後も同趣旨の判決が最高裁でなされており（【判例087】最判昭和52.4.28裁判集民120-549他）、最高裁の判断は確立したと考えられる。

　なお、国有財産（地方自治体等を含む。）の管理者により法律に基づき将来公物となる範囲を決められた不動産で、供用開始されるまでの予定公物に関してはさらに、以下の要件を加味する必要がある。

Ⅰ 供用開始前で現に公共用物としての使命を果たしていない場合

Ⅱ 供用開始後であっても、供用開始当初から外観も公共用物としての形態を具備せず、そのため公共用物としての使命を全く果たしていない場合

関連判例を次に例示する。

(A) 公物については、私人が占有して民法上取得時効の要件を充たした場合でも、公共性、公益性の性質上、民法の取得時効の適用は排除ないし制限されると解すべき場合もあるが、国が管理占有して取得時効の要件を充たした場合には、公物の公共性、公益性に反しないから、取得時効の対象となり得るものと解するのが相当である(【判例086】大阪高判昭和52.3.31下民35-1〜4-162 他)。

(B) 県道の完成に伴って水路に変更が加えられた結果、水路でなくなって陸地化し、水路としての形態、機能を全く喪失したが、河川管理上何らの支障も来たさないときは、黙示の公用廃止の意思表示がなされたものとして、取得時効の対象となる(【判例096】福岡地判昭和54.7.12訟月25-11-2775)。

(C) 公共用財産について黙示的に公用が廃止されたものとして取得時効が成立するためには、公共用財産が長年の間事実上公の目的に供されることなく放置され、公共用財産としての形態、機能を全く喪失し、その物の上に他人の平穏かつ公然の占有が継続したが、そのため事実上公の目的が害されることもなく、もはやその物を、公共用財産として継続すべき理由がなくなったとの要件が必要であるが、客観的状況は時効の基礎となる自主占有開始の時点までに存在していることを要する(【判例121】広島高判昭和61.3.20訟月33-4-839)。

(D) 水路の変更工事がなされた結果、水路の位置が移動して本件土地は埋め立てられて水路としての機能を全く喪失し、そのために実際上公の目的が害されることもなく、公共用財産として維持すべき理由がなくなったと認められるから、黙示的に公用が廃止されたものというべきである(【判例123】東京地判昭和61.6.26判時1207-67)。

(E) 里道の一部である本件係争地付近は完全に宅地化されて、周辺に道路が存在したことをうかがわせる痕跡すらない状況にあることなどからすれば、本件係争地は公共用財産としての形態、機能を全く喪失しており、私人の平穏かつ公然の占有が継続したために実際上公の目的が害されることもなかったことが明らかであるから、黙示的に公用が廃止されたものとして取得時効の対象となるものと解すべきである(【判例129】東京地判昭和63.8.25判時1307-115)。

5. 街区(ブロック)移動現象

街区移動現象とは、土地改良とか区画整理によって、予定された道路や水路の筆界が街区ごと移動していることをいう。

公図そのものが、ⅰ 当初から誤っていた場合(この場合には不登規第16条第1項による地図訂

正の申出により訂正する。）と、ⅱ 後に道路又は測溝工事の誤りで街区全体又はその大部分がずれたまま占有が継続された場合には、取得時効の成立の可否を、黙示の公用廃止説の成立要件を満たしているか充足の検討をすべきである（【判例133】札幌地判平成元.6.21判自70-46。もし、充足している場合には、取得時効による所有権を主張できると考える。）。

街区移動現象は、官民境界確定協議に際して、街区測量を行うことにより容易に発見することができる。この現象の解決は誤差論も交じえ、複雑な様相を呈するが、数値資料がある場合においては、取得時効による解決のケースが増えるのかもしれないが、時効取得を持ち出すのがいいか悪いか非常に微妙であり、慎重な対応が必要である。筆界特定手続や、民間ADRによって、自治体を相手にした、筆界確認申請が全国的になされていると聞く。

6．国有財産時効確認連絡会とは何か

財務省所管の普通財産にかかる、民法第162条に定める取得時効の完成の有無を調査するため、財務省財務局ごとに財務局管財部長と法務省の所轄法務局訟務部長をもって構成されている連絡会である。

その運営方法は、普通財産について取得時効を主張する者から財務局長に時効確認申請のあった事案について、申請書及び財務局長が調査、収集した資料に基づいて調査審議し、時効完成の有無を確認し、財産の所有関係を明確にする。

この連絡会は、昭和41年6月15日以降、必要な都度開催されている。

関連先例通達として、取得時効事務取扱要領、誤信使用財産取扱要領、法定外公共物に係る国有財産の取扱いについて及び不法占拠財産取扱要領（第5章「第2部　関連通達」資料1～4（214頁以下））を参考とされたい。

注1：法定外公共用財産は、明治政府によって実施された地租改正事業（明治6年7月28日地租改正条例及付属法令公布）により官有地と民有地に区分され、地所名称区別改定（明治7年11月7日太政官布告第120号）により官有地と民有地が定義され、地所処分仮規則（明治8年5月30日地租改正事務局議定（明治8年7月8日本局認定出張官員心得書ト内容同一）、後記参考参照）により国有地として着色作業（青線＝水路、赤線＝道路）が行われたものである。この事実は更正図等の巻頭に凡例として見ることができる。

（参考：地所処分仮規則第1章第8条　渾テ官有地ト定ムル地処ハ地引絵図中ヘ分明ニ色分ケスヘキコト）

注2：建設大臣官房会計課監修『全訂　公共用財産管理の手引』（ぎょうせい、1995）

注3：法定外公共物に係る国有財産の譲与に伴う訴訟の取扱いについて
　①　地方分権一括法施行前に訴訟提起されている場合
　　イ　地方分権一括法施行前に訴訟提起されているものは国が訴訟当事者であり、都道府県の職員に

ついては、地方分権に伴い機関委任事務が法定受託事務となった場合でも、指定代理人として引き続き訴訟事務を行うこととなります。
　ロ　都道府県において財産の用途廃止後は、都道府県の職員については指定代理人からはずれます。
　ハ　財産譲与を受けた市町村は、民事訴訟法第49条ないし第51条の規定により、当該訴訟を承継することによって訴訟当事者となり、当該市町村の訴訟代理人が訴訟事務を行うこととなります。この場合、国は、財産譲与後の市町村から法務大臣権限法第7条第1項に基づく実施請求があれば、当該市町村のために法務省の職員が訴訟事務を行うことができます。
②　地方分権一括法施行後（都道府県の法定受託事務）に訴訟提起された場合
　イ　地方分権一括法施行後（都道府県の法定受託事務）に訴訟提起されたものは、国が訴訟当事者であり、法務省の職員（法務大臣権限法第2条第1項）及び都道府県の職員（同法第2条第3項）が指定代理人として訴訟事務を行うこととなります。
　ロ　地方分権一括法の施行後に訴訟が提起され、その後市町村へ譲与した場合は、上記①のロ、ハと同じです。
③　市町村への財産譲与後に訴訟提起された場合
　　この場合は、市町村が訴訟当事者であり、当該市町村の訴訟代理人が訴訟事務を行うこととなります。この場合、国は、財産譲与を受けた市町村から法務大臣権限法第7条第1項に基づく実施請求があり、かつ、同条第3項の国の利害を考慮して必要あると認められるときは、当該市町村のために法務省の職員が訴訟事務を行うことが出来ます（前述基本事項編22頁）。

第5　時効と税金

1．取得時効と税金についての理解の必要性

　土地家屋調査士が土地の調査・測量の業務処理中に、土地の一部又は全部に取得時効の成立を認定できる場合において、それを当事者が承認することにより、土地家屋調査士及び司法書士に分筆・所有権移転登記手続を時効取得の原因として、所有権移転登記を依頼されることがある。

　このような場合に、登記手続終了後の翌年の2月頃に税務署より、取得時効を登記原因として不動産の所有権を取得した者に対し、課税が生じ納税の必要の可能性があるので原因等について回答されたい旨の照会があり、その結果、予想していない税額を通知され、登記に関与した専門職能者がその対応に追われることがある[注1]。

　登記に関与した者としては、登記手続のみならず税務上の問題点も、あらかじめ関係者に告知しておくことは不可欠であることから、取得時効による課税の内容等につき、問題点を検討する必要がある。

　以下、時効制度と税金について、関係部分の論点について検討する。

2．論点（関連第 4 章「第 1 部　Q＆A 集」Q46（124 頁）参照）

(1)　取得時効により財産を取得した者にはいかなる課税が発生するのか

　【結論】　個人にあっては一時所得（所税第 34 条）、事業用資産の場合は事業所得（同第 27 条）、法人にあっては益金（法税第 22 条第 2 項）とされる。

　民法第 162 条第 1 項は、「20 年間、所有の意思をもって、平穏に、かつ、公然と他人の物を占有した者は、その所有権を取得する。」（長期取得時効）と規定し、同条第 2 項は、「10 年間、所有の意思をもって、平穏に、かつ、公然と他人の物を占有した者は、その占有の開始の時に、善意であり、かつ、過失がなかったときは、その所有権を取得する。」（短期取得時効）と規定する。したがって、結果的に、時効取得者は、無償で財産を取得することになるが、課税は贈与税ではなく、取得時効によって権利を取得した場合、取得者に所得が発生し、その所得は、個人にあっては一時所得（所税第 34 条(注2),(注3)）、事業用資産の場合は事業所得（同第 27 条）、法人にあっては益金（法税第 22 条第 2 項）とされてきた（大阪地判昭和 54.4.26 行集 30-5-966 他）。

(2)　一時所得の発生時期はいつか

　【結論】課税実務は時効を援用した時とする。

　時効をめぐる課税処分取消訴訟等において争点の多くは、取得時効の場合の所得課税（所得税及び法人税）における所得の発生時期である。

所得課税においては、取得時効による所得の発生を時効の完成時であるとする考えと時効の援用時であるとする考え、また時効の遡及効（民第 144 条）をどう捉えるかの問題があり、援用及び時効の遡及効との関係で更正の請求の問題も含めて多くの論点を抱えていると思われるので、参考までに諸説を概観する。

①　時効援用時説

　明確に判示した判例はないが、課税実務は、時効を援用した時と解している（時効援用時説）。つまり、取得時効を理由とする所有権移転登記請求の訴訟提起前に時効援用した事実が認められない場合に、訴状を提出した日に初めて時効の援用があったとし、この日に所有権を確定的に取得したものとした（国税不服審判所裁決昭和 49.12.23 裁決事例集 9-10-3371）。この立場は、取得時効の権利を取得するという効果と援用との関係についてのいわゆる停止条件説（【判例 120】最判昭和 61.3.17 民集 40-2-420 他）を前提としている。

　なお、時効の援用は裁判外でも相手方に対する意思表示によって行えるという立場を採れば、訴訟を提起した日よりも以前に裁判外で時効の主張をした場合にはその日からということになると思われる。

②　起算日説

　取得時効の効果がいつ生じるかという点を民法からみるときは、民法第 144 条によって「時効の効力は、その起算日にさかのぼる。」とあるので、起算日と解するべきである。そう

であればこそ、時効取得を原因として移転登記請求を命ずる判決主文の登記原因日付は、時効の起算日とするのが、現行登記実務の取扱いとなっているのである（第3章第1節「第2　一筆の土地の一部についての取得時効」4（55頁）参照）。

③　時効完成日説

時効の遡及効は、長期間継続した事実関係を保護するために法が特に認めた効力であって、時効の効力として権利の得喪が生ずるのは、あくまでも時効期間満了の時であるとする。

なお、実際に、課税できるか否かの利害だけを考えると、時効の起算日説や、時効完成日説を採るときは、賦課権の除斥期間を経過してしまっていることが多く、徴税に困難を来すことになる。

④　判決確定時説

不動産の時効取得に係る一時所得の収入すべき時期は、時効を援用した日による。ただし、時効取得について当事者間で争いがある場合には、判決等により確定した日とする。

(3)　国税についての時効期間は何年か

【結論】　賦課権は原則として3年の除斥期間、徴収権は5年の時効期間である。

①　賦課権の意義と法的性質

「賦課権」とは、租税実体法の定める課税要件を充足することによって成立した抽象的租税債権につき、その具体的内容が定まっていないため、さらに法律の定める特別の手続により納付すべき税額を確定する権利をいう。

すなわち、更正若しくは決定（申告納税方式の場合）又は賦課決定（賦課課税方式の場合）をすることができる権利である。

賦課権の法的性質は公法上の特殊な行政処分をすることのできる一種の形成権と解されている。形成権ゆえ、その権限が行使されて具体的な納税義務が確定されれば、もはやその権限は行使されて消滅するので、再度の権限の行使を予定する時効における中断の観念はなじみにくい。したがって、除斥期間とされる。

②　徴収権の意義

「徴収権」とは、既に確定した租税債務の履行として納付された税額を収納し、又はその履行を請求し、その収納をはかることができる権利をいう。公法上の債権であって優先的徴収権と自力執行権が認められている点で、一般の私債権と異なるが、性質は私債権と類似しているところから、時効制度の適用が相当と考えられた。

ア．賦課権についての除斥期間の原則3年と特例（国税通則法の規定）5年（国通第70条第4項）、7年（同条第5項）の特例がある[注4]。

イ．徴収権の消滅時効期間

原則として5年（国通第72条第1項）である。

注1：土地家屋調査士会が主催するADRにおいても同様のことがいえると思う。特に紛争の解決に軸足を置くために、紛争解決後の税務問題によって新たな紛争が生じないように税務問題を習熟し、的確な助言をすることは不可欠である。

　課税される税額の多さに、「そんなはずなら、和解に合意しなかった。」など、合意は動機の錯誤若しくは要素の錯誤であるがごとき主張がなされないように配慮することは、当然のことと考える。

注2：一時所得となると、取得した財産の価格から50万円を控除して、その余の価格の2分の1が総合課税されることになる。

　一般的に一筆の土地の一部について時効が成立する場合には、財産価格が少ないことが多く、また、時効取得の起算日の認定が困難なことが多いことから、時効の利益を放棄する合意を前提にして、贈与（基礎控除額が110万円である。）の選択肢もあると考える。

注3：取得した財産価格の評価は、国税庁の「財産評価基本通達」によって運用されるが、原則として『時価』で評価するが、『時価』で評価するとした場合には、評価する人によって時価が異なることがあるので、客観的な評価方法として「路線価」や「固定資産評価額」に基づいて評価する方法を国が定めている。路線価は毎年8月に公表され、その年の公示価格の80％相当額とされている。路線価図は各税務署でいつでも閲覧することができ、国税庁のホームページで見ることもできる。一方、「倍率方式」とはその宅地の固定資産税評価額に、国税局が定めた一定の倍率をかけて評価する方法である。

　国が定めている方法は画一的な方法であるため、その方法で評価した金額が実際の時価を上回るような場合には、不動産鑑定士等の専門家に評価を依頼して、客観的に適正な時価を算定し、相続財産の評価とすることも可能である。

　参考：路線化倍率表 http://www.rosenka.nta.go.jp/
　　　　タックスアンサー http://www.nta.go.jp/taxanswer/

注4：賦課権の除斥期間が7年に延長される「偽りその他不正の行為」（国通第70条第5項）は、税額を免れる意図の下に、税の賦課徴収を不能又は著しく困難にするような偽計その他の工作を伴う不正な行為（租税を免れる意図をもって、税の賦課徴収を不能若しくは、著しく困難ならしめるような偽計その他の工作を行うことをいう（最判昭和42.11.8刑集21-9-1197）。詐欺その他の不正な手段が積極的に行われた場合。）を行っていることをいい、単なる不申告は含まれない（最判昭和38.2.12刑集17-3-183）が、過少申告は該当する。

【参考文献】

酒井廣幸『続 時効の管理（増補改訂版）』（新日本法規出版、2001）

小林幹雄『税務大学校論叢 41号』「裁判例に見る時効をめぐる課税上の争点等」（2003）

《一寸休憩4》
　"こんなとき課税はどうなるの？"
　例えば、30年以上自主占有（所有の意思をもって占有すること）し、20年経過したので時効取得したとすれば、一時所得をした時期は、民法第144条によって「時効の効力は、その起算日にさかのぼる。」ことから、30年前になるのではないか。だとすれば、所得税の賦課権の除斥期間は、申告書の提出期限の翌日から原則として3年とされており、3年が経過しているので、税金はかからないのではないかとの期待を持たれると思うが、残念ながら、税務署の課税は甘くはない。税務署での課税の運用では、時効による一時所得の時期は、時効の援用の時とされているので、裁判による訴え提起の場合なら、時効の援用をしたときから3年間は課税がなされることになる。
　それでは、裁判で勝って、5年間所有権移転登記をしないでおけば、税務署には時効取得による一時所得の事実が分からないので、所得税の除斥期間が完了するまで所有権移転登記をしなければ、課税がなされないのではないかと考えられるが、課税の実務では、所有権移転登記の日から3年間は課税ができるという見解のようであり、要注意である。
　なお、一時所得に当たって、その取得に要した経費が控除できるのが原則だが、時効取得した土地としての取得費は、時効援用時の当該土地の価額によるべきであり、時効取得に関して支出した弁護士費用等は、その取得費に含まれないとした判例（【判例144】東京地判平成4.3.10訟月39-1-139他）があり、紛争解決に向けて和解成立後の問題発生防止に参考にされたい。

第6　時効と農地法

1．対象地が農地の場合の農地法の許可の必要性の可否

　土地家屋調査士が土地の調査・測量を行った際に、取得時効の成立を認定した場合、当該土地が農地の場合には、非農地の場合とは異なった法律関係を生じる。
　農地法の規定によれば、農地の所有権移転には農地法第3条又は農地法第5条の県知事又は農地所在の農業委員会の許可がなければ、所有権の移転の効力が生じないとされる。
　特に、農地を農地として取得する農地法第3条の場合、譲受人の人的要件として耕作面積保有の条件があり、耕作面積不足のため許可を得ることができないことがあり(注1)、一方、農地法第5条の場合には、都市計画法による市街化調整区域のような地理的条件で転用が許されない場合があるため農地法第5条の申請が許可にならないことがある(注2)。
　したがって、時効取得による取得時効所有権移転登記に、農地法第3条又は第5条の許可が必要かどうかは、所有権取得登記ができるか否かに直結して大きな問題である。
　判例は次のように判示し、「農地法3条による都道府県知事等の許可の対象となるのは、農地等につき新たに所有権を移転し、又は使用収益を目的とする権利を設定若しくは移転する行為に限られ、時効による所有権の取得は、いわゆる原始取得であつて、新たに所有権を移転す

る行為ではないから、右許可を受けなければならない行為に当たらないものと解すべきである。時効により所有権を取得した者がいわゆる不在地主である等の理由により、後にその農地が国によつて買収されることがあるとしても、そのために時効取得が許されないと解すべきいわれはない。」と取得時効に農地法の許可は必要ないとしている（【判例076】最判昭和50.9.25民集29-8-1320、判時794-66）。ただし、農地の取得時効の場合、農地以外の土地の取得時効に比べて、自主占有（【判例084】最判昭和52.3.3民集31-2-157）あるいは無過失（【判例115】最判昭和59.5.25民集38-7-764他）の認定が厳しいことには注意すべきであり、具体的には第5章第1部第2「論点10　占有の善意・無過失・平穏・公然等」(175頁以下)、「論点21　農地と時効」(210頁以下) を参照されたい。次に、農地と時効に関する主要な問題点を検討する。

2. 論点 （関連第4章「第1部　Q＆A集」Q41 (121頁) 参照）

(1) 農地は取得時効の対象となるか、また、知事の許可は必要か

【結論】対象となり、知事の許可は不要である。

農地の時効取得の法的評価

ア．原始取得

判例は、時効取得による所有権の取得は原始取得であると解し、これを理由として時効による農地所有権の取得については、農地法第3条の適用はない（前出【判例076】最判昭和50.9.25民集29-8-1320）とするので、農地法の許可なくして、取得時効を登記原因として所有権移転登記をすることができる。

イ．登記実務

知事の許可書を添付することなく、取得時効を原因とする所有権移転登記の申請を受理してもさしつかえない（昭和38.5.6民事甲第1285号民事局長回答）とする。

ただ、このように時効を原因とする場合は、許可を要しないとされていることから、真実は売買であるのに、通謀して時効を登記原因とする移転登記の申請が、実務上しばしば行われていた。そこで、依命通知「時効取得を原因とする農地についての権利移転又は設定の取扱いについて（昭和52年8月25日52構改B第1672号農林省構造改善局長通知）」及び「時効取得を原因とする農地についての権利移転又は設定の登記等の申請があった場合の取扱いについて（昭和52年8月22日法務省民三第4239号法務省民事局第三課長依命通知）」が出され、登記簿の地目が田又は畑である土地について時効取得を原因とした権利移転又は設定の登記申請があった場合は、登記官からその旨を関係農業委員会に対して通知することとされ、また司法書士が申請代理人の場合には、同人から事情聴取の上、必要があるときはしかるべく注意を喚起するのが相当であるとされた（昭和52.8.22法務省民三第4240号法務局民事局長依命通知(注3)）（関連第4章「第1部　Q＆A集」Q42 (121頁) 参照）。

ウ．農地における取得時効の要件としての占有の充足問題

　問題は、農地の売買があり、買主が取得時効を援用する際、農地法第3条の許可との関係で、許可がないと所有権が移転しないため、買主が引渡しを受けて占有を続けても、所有の意思をもってする占有、すなわち自主占有の要件を満たさないのではないかとの疑義が生ずるが、判例は、許可がない以上、農地の買主は引渡しを受けても、所有の意思をもってする占有とはいえないが、売買代金を支払えば、所有の意思をもってする占有に転換すると判示する（【判例073】最判昭和50.4.11民集29-4-417他(注4)）。

エ．善意・無過失の問題

　農地の譲渡を受けた者は、通常の注意義務を費やすときには、譲渡を目的とする法律行為をしても、これにつき知事の許可がない限り、当該農地の所有権を取得することができないことを知り得たものというべきであるから、譲渡についてされた知事の許可に瑕疵があって無効であるが、右瑕疵のあることにつき、善意であった等の特段の事情のない限り、譲渡を目的とする法律行為をしただけで、当該農地の所有権を取得したと信じたとしても、このように信じるについては過失がないとはいえない（【判例115】最判昭和59.5.25民集38-7-764他）。つまり、仮に善意であるとしても過失のある占有ということになり、結局、20年で時効完成となる。

(2)　農地の賃借権の時効取得は認められるか（関連第4章「第1部　Q＆A集」Q45（123頁）参照）

【結論】　認められる。

① 　所有権以外の財産権の取得時効（民第163条）

　民法第163条の規定によって、土地の継続的な用益という外形的事実が存在し、かつそれが賃借の意思に基づくことが客観的に表現されているときは賃借権の時効取得も可能である（【判例046】最判昭和43.10.8民集22-10-2145他）。

② 　賃借権の取得時効と許可（賃貸借契約の成立が、主務官庁の許可を要件とする場合の賃借権の取得時効の成否）

　寺院から境内地を賃借し、占有してきたが、当時の法令によると、主務官庁の許可がなければ賃貸借は無効であり、原審がこのような場合、許可がなければ賃貸借の取得時効はありえないと判決したのを破棄差し戻した判例（最判昭和45.12.15民集24-13-2051他）がある。

注1：農地法第3条の場合には、原則として、農地取得に必要な耕作面積は市町村によって異なっている。農家の耕作面積が少ない地域では取得する土地の面積を含めて3000㎡の場合も、5000㎡の場合もあり、対象地の所在する農業委員会に照会して確認が必要である。

注2：農地法第5条の場合でも、対象地が農業経営基盤強化促進法に基づく農用地である場合には、いわゆる農振除外を行う必要が生ずるところ、対象地が農振除外できない位置にある場合には、農地法

第 5 条の許可を得ることは極めて困難となる。

注 3：第 5 章「第 2 部　関連通達」資料 5-1～2（233 頁以下）

注 4：【判例 105】（最判昭和 56.1.27 判時 1000-83 他）で、他人の土地の売買の場合、買主が、売買によってただちにその所有権を取得するものではないことを知っていたとしても、買主において所有者から土地の使用権の設定を受けるなど特段の事情のない限り、買主の占有は所有の意思をもってするもの（自主占有）とすべきであって、右事実は占有の始めに悪意であることを意味するにすぎないとの判決がなされている。

【参考文献】

・酒井廣幸『時効の管理』（新日本法規出版、1988）
・時効実務研究会編『図解　時効紛争事例便覧』（新日本法規出版、2000）1756 頁

第2節　土地家屋調査士と時効制度

第1　取得時効認定前になすべきこと（再確認）

1．筆界と境界の区分

　筆界も所有権界も、土地と土地とを区画する区分線であることに変わりがないが、国民一般は、筆界と境界（所有権）の用語の明確な使い分けはされてこなかったようである。

(1)　平成17年の不動産登記法の改正前の筆界の概念

　平成17年の不動産登記法の改正までは、「筆界」について定義した法律上の条文はなく、「境界とは異筆の土地の間の境界である。」（【判例017】最判昭和31.12.28民集10-12-1639他）とし、「土地の経界は公法上のものであって、関係当事者の合意で左右することのできない性質のものである。」（【判例027】東京高判昭和37.7.10下民13-7-1390）とした。また、「1個の土地所有権の法的単位を一筆と言う。土地整理の便宜上この区画に呼称を特定し何番地と言うと、その番地と番地との境が筆界である。」（森松萬英『境界確定事件に関する研究（司法研究報告書第13輯第4号）』（法曹会、1965））とされてきた。

　ただし、不動産登記法上は、登記された一筆の土地の範囲を表す言葉として理解されてきた。

　判例が境界という場合は「土地の境界とは個々の土地を区画する公法上の区分線で公的に設定されたものであり、任意の処分は許されない。」とし、筆界のことを指す(注1),(注2)。

　ここで注意しなければならないのは、当事者が互いに接する土地の境界に関して合意をすれば、詐欺や脅迫等の瑕疵ある意思表示でない限り、後日合意を覆すことはできないと常識的には考えられるかもしれないが、この合意の内容（客体）が所有権界に関しての合意である限り、当事者間でせっかく合意されたとしても、とりわけ裁判所が関与した調停や和解で合意に到達した場合でさえも、筆界は当事者の任意処分が許されない結果、後日、土地境界確認訴訟でもって再度土地の境界を争うことができる事態が惹起してくることに留意すべきである(注3),(注4)。

(2)　平成17年の不動産登記法の改正による筆界とは

　筆界特定制度の創設に当たって、初めて不動産登記法で、「筆界」という用語として定義された筆界は、公法上登記される客体としての境界である。すなわち、不動産登記法等の一部を改正する法律（平成17年法律第29号、同年4月13日公布）第123条第1号では、「筆界　表題登記がある一筆の土地（以下単に「一筆の土地」という。）とこれに隣接する他の土地（表題登記がない土地を含む。以下同じ。）との間において、当該一筆の土地が登記された時にその境を構成するものとされた二以上の点及びこれらを結ぶ直線をいう。」と規定されたが、実体は従前の理解とは変わっていない。

なお、『当該一筆の土地が登記された時』とは、分筆又は合筆の登記がされた土地については、最後の分筆又は合筆の登記がされた時をいい、分筆又は合筆の登記がされていない土地については、当該土地が登記簿に最初に記録された時をいうとされる（平成17年12月6日法務省民二第2760号法務省民事局長事務取扱通達）。

この筆界の生成形態を分類すると3つの形態がある。

Ⅰ　原始筆界

　明治政府による地租改正時に定めた字引絵図等が表象する境界線

Ⅱ　登記官の処分による後発的創設筆界

　一筆の土地の分筆により、登記官の処分(注5)として創設される新たな境界線

Ⅲ　再編成筆界

　耕地整理法、区画整理法、土地改良法等の換地処分により創生された境界線

　この分類の意義は、対象の筆界の歴史、精度および管理状態等の分析と判断に有用である（第1章第2節「第2　筆界」注4（13頁）を参照されたい。）。

所有者のなす区画決定行為に関する考え方には以下の2つの学説がある。

①　第1説　権利分割説

　この説は、所有者のなす区画決定行為は、所有者の有効な意思表示を前提とする権利の分割であり、登記官の行う分筆行為は、所有者の権利分割の効果を不動産登記法上の形成処分によって承認するものに他ならず、分筆の本質は権利の分割であるとする（島野穹子「土地の分割と分筆登記」民研269-89（1979）、高柳輝雄「分筆錯誤・合筆錯誤を原因とする抹消登記申請の可否」民月34-11-3（1979））。

②　第2説　地割権説

　この説は、所有者のなす区画決定行為は、登記官の分筆処分を行うための資料作成手段にすぎず、一筆の土地を複数の筆に変更する分筆の権限は登記官の専権に属するものであり、分筆の本質は登記官の地割権の行使であるとする。

この2説の議論は、分筆登記について錯誤を原因として抹消できるかとの議論に発展する。

注1：土地境界とは異筆の土地の間の境界であり境界は、客観的に固有なるものであり相隣者間において境界を定めた事実があっても、これにより土地固有の境界自体が変動するものではない。

　・【判例017】（最判昭和31.12.28民集10-12-1639）

　〔主旨〕相隣者との間で境界を定めた事実があっても、これによってその一筆の土地の固有の境界自体は変動するものではない。

　〔理由〕原審における上告人の主張は、175番の山林中に境界を区画してその一部を売り渡したというのではなく、一筆の土地たる175番山林の隣地160番の4の山林との境界を所論の線を指示して引渡しを了したというのであるから、右にいう境界とは異筆の土地の間の境界である。

しかし、係る境界は右175番山林が160番の4山林と区別されるために客観的に固有するものというべく、当事者の合意によって変更処分し得ないものであって、境界の合意が存在したことは単に右客観的境界の判定のための一資料として意義を有するにとどまり、証拠によってこれと異なる客観的境界を判定することを妨げるものではない。原判決には所論の違法はない。

〔解説〕筆界は所有者の合意によっても移動せず、境界を移動させて所有権を処分したことは認められないとしたものである。

注2：【判例044】（最判昭和43.2.22民集22-2-270他）

〔主旨〕取得時効の成否は境界確定の訴における境界確定とは関係がない。

〔理由〕境界確定の訴えは、隣接する土地の境界が事実上不明なため争いがある場合に、裁判によって新たにその境界を確定することを求める訴であって土地所有権の範囲の確認を目的とするものではない。したがって、上告人主張の取得時効の抗弁の当否は、境界確定には無関係であるといわなければならない。けだし、かりに上告人が本件3番地の42の土地の一部を時効によって取得したとしても、これにより3番地の41と3番地の42の各土地の境界が移動するわけのものではないからである。上告人が時効取得に基づき、右の境界を越えて3番地の42の土地の一部につき所有権を主張しようとするならば、別に当該の土地につき所有権の確認を求めるべきである。それゆえ、取得時効の成否の問題は所有権の帰属に関する問題で、相隣接する土地の境界の確定とはかかわりのない問題であるとした原審の判断は、正当である。

〔解説〕筆界は、法定された境界であり、移動はしないとする「所有権界」の概念を判示した。

注3：土地の地番と地番の境界は、公法上のものであり、関係当事者の合意で左右できる性質のものでなく、当事者の任意処分が許されないものであり当事者の任意処分のできることを前提とする和解または、調停ができないことは言うまでもなく、和解調停をした場合はその限りで無効と解される。

【判例034】（盛岡地裁一関支判昭和40.7.14判時421-53）、同旨【判例021】（東京高判昭和37.7.10下民13-7-1390）、同旨【判例031】（大阪高判昭和38.11.29下民14-11-2350）。このことは公共用地と宅地の間の境界査定につき権限のある者の立会いによる境界査定が行われた場合も同様である（東京地裁昭和56.3.3）。

〔解説〕ただし、判例の考えによれば和解や調停の合意の結果を全く無効とするのではなく係争土地における所有権の及ぶ範囲に関する合意の範囲で有効と解して、裁判所が独自に認定した境界線を基準にして所有権の及ぶ範囲に関する合意の範囲で分筆、所有権移転の手続をすることとなる。

注4：土地の固有の境界としての部分の合意は無効だが（注1の判例参照）、所有権を画する上での限界線としての部分は有効であり、裁判所が認定した境界と合意が成立した境界により囲まれる部分の土地は、一方から他方への譲渡と同じ暗黙の合意と解される場合もあり得る（【判例031】大阪高判昭和38.11.29下民14-11-2350）・(民第696条)。

〔解説〕したがって、境界に関して何らかの合意が成立したならば必ず合意事項を書面化しておくことが必要である。日本人は書面化することを堅苦しいと、敬遠する風潮があるが、欧米なみに極力文書化するべきであろう。

注1～4は日本土地家屋調査士会連合会編『土地境界鑑定の手引書』(1991)31頁以下。

注5：分筆の登記手続は、ⅰ所有者による取引上、利用上の要請による分筆区画すべき土地の決定、ⅱ分筆区画の測量、ⅲ地積測量図および分筆登記申請書の作成、ⅳ登記申請、ⅴ登記官による分筆線記入という手順でされるのであるが、ⅰの所有者による分筆区画の決定行為を、どのように理解するかで、分筆処分の法的性質の考え方が分かれる。

2．所有権界
(1) 所有権界とは

所有権界とは、所有権の及ぶ範囲をいうものであって、それは前出の公法上の区画としての筆界とは異なり、現実の占有、支配を前提とした区分線をいう（【判例044】最判昭和43.2.22民集22-2-270）。

(2) 筆界と所有権界（境界）の不一致が生じる場合

所有権界と筆界は別個のものであることから、以下の不一致が生じる。

Ⅰ　当事者間での所有権界の移動の合意によって、所有権界の移動が生じて不一致が生じる場合（【判例017】最判昭和31.12.28民集10-12-1639）

Ⅱ　土地の一部の売買による処分により、所有権界が移動し、境界の不一致が生じる場合（【判例033】最判昭和40.2.23裁判集民77-549他）

Ⅲ　土地の一部に取得時効が成立して、新たな所有権界の新設のため、境界の不一致が生じる場合（【判例004】大判大正13.10.7民集3-12-509）

3．筆界の確認と時効成立の要件充足の確認
(1) 筆界の確認

土地家屋調査士が土地に関する調査測量を実施する場合、会則でもある「調査・測量実施要領」（日本土地家屋調査士会連合会　平成17年2月1日第6版）にのっとり業務処理を行い、筆界確認作業をすることになる。具体的には、対象地の地図の整備区分（要領第24条）及び地形区分（要領第25条）に従い、求められる精度区分（要領第26条）の精度を確保しながら、筆界確認のための基礎測量（要領第37条）、筆界の確認（要領第39条）、及び筆界確認の協議（要領第40条）を行い、復元測量（要領第50条）を行うことになっている。

そこで、筆界の確認作業を進める中で、土地家屋調査士が受託した土地の、調査測量において筆界（地番境界）と占有界及び所有権界が一致しない場合に、境界の不一致の原因が、ⅰ地図の精度の悪さに起因するものなのか、ⅱ誤差論（許容誤差）の範囲なのか、ⅲ当事者の合意に基づく所有権界の移動なのか、はたまたⅳ取得時効の成立かを見極めた上で、必要な手続の選択が求められる。

一般的にⅰの場合は地図訂正、ⅱの場合は地積測量図の訂正（地積更正）、ⅲ及びⅳは所有権界を筆界と一致させるため、分筆と所有権移転登記（原因は売買、交換、時効取得等）を行うこととなる。

ここでは取得時効の成否に限定して検討を進める。

(2) 時効成立の確認方法

筆界と所有権界の不一致の原因が、認定した筆界を越境しての占有に起因するものであることが判明した場合には、取得時効の成立の可否を検討することとなる。

以下、取得時効の成立要件を検討することになるが、民法第162条では、第1項で、「20年間、所有の意思をもって、平穏に、かつ、公然と他人の物を占有した者は、その所有権を取得する。」と規定し、第2項で、「10年間、所有の意思をもって、平穏に、かつ、公然と他人の物を占有した者は、その占有の開始の時に、善意であり、かつ、過失がなかったときは、その所有権を取得する。」と規定する（時効成立の要件は第2章「第2節 時効完成の要件」（21頁以下）を参照されたい）。

(3) 占有状態（関連第4章「第1部 Q＆A集」Q23（109頁）参照）

まず、どのような形態の占有状態が本来時効制度が予定している占有（第2章第1節「第2 時効制度の存在理由」（17頁）を参照されたい。）といえるか否かを検討する。

時効制度は継続する事実が真実を反映する蓋然性が大きいこと、又は継続状況自体を保護することが社会の要求に合致し、あるいは、長い継続状態を信頼して取引関係に入った相手方の取引安全の保護を制度の趣旨にしており、ここでいう占有の代表例は次のようになる。

① 占有しているとされる状態の例

Ⅰ 家が建っている

Ⅱ ブロック塀や生け垣などがある

Ⅲ 網・柵をめぐらし「○○管理地」と表示している（ただし、看板のみの場合は、慎重な対応が必要である。後述【判例037】佐賀地判昭和41.6.16 訟月12-7-1068）

Ⅳ 農地を耕作している

占有の形態を明確に判断した判例の数は多くないが、次の判例から取得時効の認められる占有とはどんなものか理解できよう。

【判例012】（福島地判昭和27.8.30 下民3-8-1186）

［要 旨］山林立木に対する所持の成否

およそ、時効取得の基礎となる占有があるとするためには、その物に対する客観的な事実支配としての所持がなければならず、所持があるというためには、物に対する排他的な支配が客観的に認められるべき事実がなければならないのであるが、山林立木について年数回の手入・見まわ

> りなど単なる管理をしていただけでは、他の支配を排除する支配という客観的関係が樹立されているものとはいい難い。なぜなら一人がそのような手入・見まわりをしている間に、他の者もまた同様、年に数回の手入・見まわりをすることも可能であり、それでは互いに他を排除する支配を確立しているとは言えないわけである。右のような単なる手入・見まわり以上に、いわゆる明認方法と言われる処置あるいは、立木周辺に柵を設けるとか、常に付近で監視するとかして、排他的な支配の事実を作らねば、所持、したがって占有があるとは言えない。

その他、土地にあっては柵等によりその範囲の明確化を伴うことが必要であるとした事例（【判例037】佐賀地判昭和41.6.16訟月12-7-1068）、占有は物に対する事実上の支配であるとした事例（【判例006】大判大正14.12.12裁判拾遺1・民11）、家屋の屋根の下の土地は家屋の所有者の占有を認める事例（【判例009】大判昭和16.12.12新聞4753-9他）、標石を建設した場合（【判例010】大判昭和17.2.26法学12-432）、他人において、立木が何人の支配に属するかを知りえるような施設をなし、もつて客観的に明確な程度に排他的な支配状態を続けることを必要とする事例（【判例097】最判昭和54.7.31判タ399-125他）(注1)などがある。

その他、第5章第1部第2「論点11　占有の状態・排他的支配の状態」（181頁以下）の判例を参考とされたい。

　② 占有しているとはいえない状態
　Ⅰ　庇の部分が隣地にはみ出ている(注2)
　Ⅱ　通路として使用している
　Ⅲ　地下に配水管が通っている。ただし、通行（排水）地役権の時効取得することはある
　Ⅳ　薪を乾かすために空き地を利用していた場合
　Ⅴ　店舗経営者が店舗の前の私道を清掃したり、看破・空瓶・空箱を置いている
　Ⅵ　時々土地の状態を見に行く
　Ⅶ　草取り、木払い

次の判例から、取得時効の認められない占有とはどんなものか理解できよう。

> 【判例126】（東京地判昭和62.1.27判タ639-165）
> ［要　旨］係争山林に立札や境界石を埋設したり境界線の一部に鉄条網を張り、時々現地を訪れて様子を見たというだけでは、時効取得の基礎となる占有があったとは認められないとした事例。

前記判例から判るように、支配的な占有とされるためには、その土地が、宅地か山林か農地なのかで占有の態様も異なってくる。占有の及ぶ範囲も、石垣や塀など工作物で仕切られているように、物理的・客観的にその支配が第三者から明白な場合でない限り、問題点が多いと思われ、時効の基礎となる占有を認定する場合には、ある程度独占的ないし排他的な支配管理をしていなければ、占有とは認められない場合が多いので、土地家屋調査士としては、時効取得

の要件である占有については慎重に判定されたい。

(4) 自主占有

時効取得が認められる要件の一つとして、自主占有であるということである。つまり、所有の意思をもって占有することが必要である。

自主占有か他主占有かは、占有を開始したときの占有取得原因（権限）によって決まってくる。例えば、売買・贈与をしたけれども、移転登記をしていなくても自主占有であるが、借地として借りたものなら、他主占有である。具体例は第5章第1部第2「論点4　所有の意思」（162頁以下）、「論点5　自主占有」（166頁以下）、「論点6　他主占有・代理占有」（169頁以下）の各判例を参考とされたい。

自主占有か他主占有かを立証する証拠として、契約書・覚書・納税証明書などがあり、これらの書証がない場合には、当事者・関係人等からよく話を聞くことが大切である。

自主占有と認められる場合

Ⅰ　土地を隣接所有者から買ったが、分筆と移転登記をしないまま経過した場合

Ⅱ　境界を誤認して他人の土地を占有している場合
　・最判昭和46.11.25判時655-26他
　・【判例085】（最判昭和52.3.31判時855-57）

Ⅲ　共同相続人の1人が単独で占有（管理・使用・公租公課）し、他の相続人が何ら関心を持たず、異議も述べなかった場合
　・【判例068】（最判昭和47.9.8民集26-9-1348）

Ⅳ　小作人が農地解放後、最初の小作料の支払いをせず、地主も容認していた場合
　・【判例148】（最判平成6.9.13判時1513-99）

(5) 善意（無過失）と悪意

民法第162条では、善意で10年の時効取得、悪意でも20年の時効取得としており、この10年の時効取得が認められる要件として、無過失が必要である。占有の始めにおいて、登記簿・法務局備付けの図面など、土地の境界について何らかの調査をしないと過失があるということになる（【判例045】最判昭和43.3.1民集22-3-491他、【判例059】最判昭和46.3.9判時629-58他）。しかし、実際どの程度の調査義務があるのか、本人の職業・社会的地位によっても違ってくるので、具体的に示すことは困難である。

現在、不動産の取引においては、社団法人全国宅地建物取引業協会の示す標準売買契約約款(注3)には、売主には、代金決済時までに土地の境界を明示することを定めており、境界紛争防止の努力がなされている。

なお、第5章第1部第2「論点10　占有の善意・無過失・平穏・公然等（民法第186条）」（175頁以下）の各判例を参考とされたい。

また、悪意、つまり、自分の土地でないことを知っていた場合でも、20年で時効取得する

(6) 時効期間

　取得時効完成には、さらに、善意で10年、悪意で20年間の期間が経過しているか否かを確認しなければならない。

　問題は占有開始時期の確認である。

　判例は、時効の起算点を任意に主張することはできない（【判例023】最判昭和35.7.27民集14-10-1871他）としており、起算点の認定は客観的な資料により立証することを心がけることが必要である（時効の起算点については、第2章第2節「第2　時効完成の要件」4、(1)（27頁）参照）。

　以下に、代表的な資料を示す。

　Ⅰ　建物の登記簿謄本の新築年月日
　Ⅱ　建築工事請負契約書
　Ⅲ　固定資産台帳の記載事項
　Ⅳ　空中写真（国土地理院作製のもの等）
　Ⅴ　冠婚葬祭等の写真（日付の確認ができるもの）

　確認する資料も書類又は写真もなければ、当事者・関係者等の申述を参考に検討するより他はないが、それでも、原則的には、当事者・関係者等の申述を客観的に年月日を補完・補強する資料、例えば、結婚式があったとか、第何号台風があったときとか、長男が生まれたときとかの傍証が必要となる。

　ただし、Ⅳの空中写真は非常に有力な証拠であるので、時効の認定をする場合においては、必須の資料である。

(7) 時効の援用

　民法第145条によれば、「時効は、当事者が援用しなければ、裁判所がこれによって裁判をすることができない。」と規定する。

　時効制度は、永続した事実状態を尊重するものではあるが、同時に個人の意思をも顧慮し、両者の間の調和をはかろうとするものであり、わが民法は、その目的のために、当事者の「援用」を待って裁判をするという法技術を用いている。援用とは時効によって利益を得る者が時効の利益を得ようとする意思表示であり、いかなる場合に時効援用の意思表示といえるかは、意思表示の解釈の問題であるが、時効の完成の認定に際しては、時効期間が完成後、時効取得者側が明渡しの猶予を求めたり、買いたいと申し出たりとかいう事情、つまり、時効利益の放棄とか、援用権の喪失が認められるような事情がなかったかどうかを確認しなければならない。

　したがって、土地家屋調査士は、これらの認定と評価は特に慎重であらねばならないことは当然である(注4)。

注1：時効の認定で、時効開始時の認定の困難さの他にどの範囲まで占有を認めることができるかが問題となる。ブロック塀や生け垣、柵等があれば認定は可能であるが、明確に範囲を画するものがない場合に困難な問題が生じる。

注2：庇の下まで占有の範囲とする判例（【判例009】大判昭和16.12.12新聞4753-9他）があるが、この判例の建物が存する地上に境界を画する明確な囲い等がない場合や、雨どいのない庇で、その雨水が落ちた部分が溝のような形態をしているような場合は格別であり、一般的には、時効完成の占有範囲とは認定できないのではないかと考える。

注3：第3条（測量図の引渡し及び境界の明示）売主は、その責任と負担において標記の土地（A）について（A）記載の測量図を本物件引渡しのときまでに買主に交付する。
　　2　売主は、買主に本物件の引渡しのときまでに、前項の測量図に基づく隣地との境界を現地において明示する。
社団法人全国土地建物取引学協会編売買契約書（平成16年9月、増補改訂版第4刷）

注4：平成19年4月1日、裁判外紛争解決手続の利用の促進に関する法律（ADR基本法）が施行され、平成19年12月現在全国50の土地家屋調査士界のうち、ADRとしての27の境界問題相談センター（総称）が開設されている。
　　これらのセンターにおける取得時効の援用が可能であった事例においても、あえて援用をせず早期解決のため解決された事例も多いと聞く。

4．関係土地所有者に対する対応

(1)　土地の調査測量時の状況による分類

　土地家屋調査士が筆界確認作業を行うときには、何のために調査・測量等を依頼されたのか、依頼時の関係者の状況を確認しておくことは非常に重要である。

　なぜなら、境界争い下での筆界確認と、単に住宅建築等のための調査・測量等とでは、関係土地所有者間の感情的なトラブルの存在の有無が、調査業務の実施の難易度や、筆界確認作業及び当事者への取得時効に関する事情説明の方法や対応にも大きな差異を生じるからである。

　そこで、ケースを「①　調査・測量業務受託時点で境界に関して既にトラブルがある場合」と、「②　調査・測量業務受託時点で境界に関してトラブルがない場合」の二つに分類し、さらに①のケースを、「ア．共通して認識すべきこと」、「イ．取得時効で所有権を喪失する者への対応」、「ウ．取得時効で所有権を取得する者への対応」を分離して検討することは実益があるので、さらに分類して検討する。

① 調査・測量業務受託時点で境界に関して既にトラブルがある場合
ア．共通して認識すべきこと

　既に、平穏な相隣関係に破綻を来たしている状態になっている以上、将来予測される境界確認訴訟及び所有権確認訴訟並びに筆界特定制度(注1)及びADRとしての紛争解決センターで利用できる資料としての復元性、公共座標を活用した共通性及び分かりやすい成果の作成に心がけるべきである。したがって、既に調査・測量業務受託時点で境界に関してトラブルがある場合には、筆界を確認した後、取得時効の成立している所有権の範囲を明確にし、当事者の訴訟での主張と裁判所が示した判決等の筆界又は所有権界を現地に復元できるような、公共座標が付された基準点又は引照点の設置等を利用した座標管理による、現地の対応をすべきである(注2)。

イ．取得時効で所有権を喪失する者への対応

　しかし、訴訟によってすべてを解決するという方策は、平穏な相隣関係の醸成という立場からすれば、必ずしも正しい方策と考えることはできない。

　そこで、土地家屋調査士としては、係争中の相手方に対して、特に、相手方が所有権を喪失する場合には、紛争の解決のために相手方は相手方で、境界に関する専門家である土地家屋調査士又は弁護士の関与の必要性と関与することの長所を説明し、「業務処理の対応を専門家に委任したらどうか」の提案をし、紛争解決に向けて専門家同士が、互いに自己の依頼人の利益のために、その専門的能力を発揮しての協議により、平穏な相隣関係の再形成に向けた合意の成立を目指すべきではないかと考える。

　現実に全国27（平成19年12月末現在）の調査士会が裁判外紛争解決制度としての境界問題相談センターを開設しており、この組織を利用しての紛争解決も望まれるところであり、だからこそ、取得時効絡みの紛争解決に当たってのADR機関の役割と責務が問われるところと考える。

　また、取得時効の成立においては自らの判断に拘泥をせず、柔軟な対応をすべきであると考える。なぜなら、取得時効の要件充足の判断は前述の時効成立の確認方法で述べたとおり、非常に困難を極め、安易な判断は当事者の法律関係を複雑にするだけであると考えるからである。

ウ．取得時効で所有権を取得する者への対応

　取得時効が成立していれば、必ず、取得時効を主張しなければならないと考えることは早計であり、現状の平穏な相隣関係の維持も考えるべきである。

　なぜなら、時効制度は援用を待って、初めて効力が生ずるのであり、時効の放棄もあり得るからである（第2章第2節「第3　時効の援用」(31頁以下)、同「第4　時効利益の放棄」(35頁以下) 参照）。

　土地家屋調査士としては、依頼人又は相手方の私的自治による自発的な意思を尊重すべき

と考える。

　場合によっては、時効で処理をするのではなく、双方合意の上で贈与等の手続による円満な相隣関係の形成方法も選択肢の一つであると考える。

　なお、この時所有権を移転することによる、税務上の課税の有無の問題についても確認することを怠ってはならない。

② 　調査・測量業務受託時点で境界に関してトラブルがない場合

　平穏な相隣関係が形成されている状態になっている場合については、まず、地積測量図をはじめとして、各種数値資料に基づき、関係所有者の土地を抵抗なく調査測量ができることから、正しい筆界を認定することは、前述「① 　調査・測量業務受託時点で境界に関して既にトラブルがある場合」と異なり比較的容易である。

　入手した資料から確認すべき認定された筆界と現地での占有界を比較すれば、どの範囲について、取得時効により時効の援用をすれば所有権を取得することになるかは、自ずから判明してくる。

　前述①の場合の対応と異なるのは、まず、形成された平穏な相隣関係の維持に全力を傾注することである。

　したがって、関係当事者には、資料に基づき土地家屋調査士が確認した筆界について関係者に確認を受け、本来の筆界と現在の占有界が不一致であるという合意を形成した上で、双方の占有界を尊重する形での提案を行う。つまり、この形での提案に了解を受けるということは、時効の利益の放棄と同じ効果を期待するのである。

　多くの場合、①の場合とは異なり、平穏な相隣関係の存在若しくは、予断が入っていない状態においては、確認協議がしやすい。しかし、一度協議が不調となり、①と同じ状況になり、土地家屋調査士が確認した筆界に関する提案が受け入れられない場合には、①の調査・測量業務受託時点で境界に関してトラブルがある場合の対応と同じ対応が必要となる。

　ただし、①の場合の対応と異なる対応として、現状の占有界でもって境界確認書を作成し、この合意に基づき分筆登記及び所有権移転の登記をするか、又は所有権について明確に合意をすることにより、将来の所有権移転登記手続をすることも可能なケースが出てくるのではないかと考える。この場合、時効取得の登記をしなくても、取得時効で取得した土地を第三者に所有権移転登記をされても、対抗できる余地があることは、第3章第1節「第1　取得時効と登記」3、(2)、①（50頁）を参照にされたい[注3]。

　さらに、①と異なるのは、平穏な相隣関係を基盤にした関係から、多くの場合に、当事者が合意した境界について、調査・測量実施要領第55条による、境界標識を設置することができる点であろう。そこで土地家屋調査士は、関係者に境界標識の自己管理をお願いすることによって、引き続き平穏な相隣関係が継続されると考える。

　したがって、土地家屋調査士は、取得時効によって土地の所有権を取得する者がある場合

には、当事者間でできるだけ、円満な話合いで決着するような提案に努めなければならないと考える。

　土地家屋調査士としては、調査測量を依頼された時点が、既に境界紛争が顕在化している時点か、又は、平穏な相隣関係が維持されている時点かで、調査測量の方法を考えねばならず、時効成立後の第三者の出現を予想した上での、所有権の帰属問題を絡めて、問題解決方法を模索することが必要であると考える。

(2)　その他のポイント

① 　結論（時効の成立）を断定しないこと

　土地家屋調査士は、いずれにせよ取得時効の可否及び筆界について決して断定的なことは言わないということである。というのは、訴訟の中でも時効の成否の判断で、一見、時効成立が明白なように見えても、訴訟になれば何年もかけ審理をする過程で、種々の反対証拠が出てきて、時効の成立が否定される場合もあり、また、その場で収集した限りの資料で時効の成立を判断することは非常に困難である。そして、取得時効を認定できるのは訴訟における裁判官の権限である。それを安易に、「これは時効が完成しています。」と断定的に当事者（関係人）に言うことは危険である。例えば、土地家屋調査士の説明で、「あなたの土地は取得時効により、隣地所有者に取得されている。」と言われたので、アドバイスにしたがって、依頼人は妥協して取得時効されたとされる部分の土地の所有権移転登記を承諾したが、実は、時効取得が認められるような事案ではなかったことが後日分かったとすると、土地家屋調査士が間違った指示をしたということを理由として、当該土地家屋調査士に損害賠償を請求してくる可能性もないわけでない。また逆に、時効が完成していない旨を摘示したために、逆のトラブルを生じる可能性もある。したがって、明白のように思えても、決して断定的なことは言わないほうが、無難だと思われる。

② 　依頼人に不利な事実を相手方に告知すること

　土地家屋調査士は時効取得により、依頼者に対して調査したことを報告をする義務がある。報告した上で、できるだけ円満な解決に結び付けられるようにするのが、調査士としての正しい対応と考える。例えば、土地の調査測量に当たって土地家屋調査士が時効完成を認めた場合に、円満な解決を目指すあまり、依頼者でない関係者（相手方）に対して、依頼人の所有地が相手方に取得時効されている事実又は逆の事実を相手方に告知することは問題がないかという議論である。

　具体的には、特に相手方である時効取得者が全く時効に思い至っていない場合に「時効で所有権を取得しているはずですよ」と相手方に教えることの当否である。

　土地家屋調査士は、当事者では合意変更できない不動産登記法上の筆界を確認し、依頼人の一方の意見のみに拘束されず公正公平に業務を処理する職責を担っているわけであるが、一面依頼者の代理人でもあり、取得時効により、相手方の土地の一部を取得していることや、

逆に相手方に取得されていることの事実を依頼人に示すことによって、依頼者の利益を図ることはむしろ当然であって、別に責められるべきことではないと考える。しかし、依頼人にとって、相手側が取得時効を全く思い至っていない場合に、相手方にこの事実を依頼人の承諾なく知らしめてしまうことは、依頼人との関係では委任の本旨に反する重大な背信行為として許されないこともあり得ると考える。

　紛争が起きたらそれを解決するのが法律家とするならば、法律実務家である土地家屋調査士は紛争が起きない予防司法的な事務処理が求められる。土地家屋調査士は、法律判断より、法律判断の前提である的確な現地調査と資料収集に努め、訴訟等に進展することが予見されるような場合には、弁護士と協働作業を行い、過度な介入を行い、弁護士法とも抵触するような、非弁活動であるとのそしりを受けるようなことのないように、必要以上に介入しないほうが良いと考える(注4)。

以上の私見は、筆界制度やADRの新しい業務の中でまだ確定した考えではなく、私見で一つの考え方を示しただけである。これからの議論を進める必要があると考える。

5．土地境界紛争と時効において、土地家屋調査士が検討すべき課題

　土地の筆界確認において、土地家屋調査士が時効の問題が発生した場合に関係人に検討すべき課題を指摘しておく。

(1)　訴訟費用と期間

　訴訟費用は一審の期間の長短によっても異なるが、諸経費は概算で弁護士の報酬が30万円から100万円、境界の鑑定に30万円から50万円の費用がかかる。

　一審の期間は関係者の数によっても異なるが、判決を得るには早くて3年、遅いと10年くらいかかる訴訟も珍しくはない。土地家屋調査士は正しい筆界論を振りかざしての議論も重要であるが、訴訟による解決の長所・短所を関係者に説明し、和解による解決を選択し、合意した境界及び筆界点を設置した境界標識の維持管理を将来に向かって行って、以後の将来の紛争を防止するという視点で、予防司法的な発想による穏便な方法も、選択枝の一つとして提案すべきであろう。

(2)　公共用地に対する時効の主張と売払い申請

　訴訟費用と期間が前述の現状とするならば、公共用地に対する時効取得の主張をするよりも、用途廃止を行い、国や市区町村に対して売払い申請をしたほうが、解決に要する時間や、運用の面で得策の場合があることを、関係者に説明することも必要である。

(3)　訴訟への関与の必要性

　登記情報413号36巻4号88頁（1996）に分筆登記申請却下処分取消訴訟（大阪地判平成6.9.9判タ874-137）について詳しい実例報告があるとおり、万一、訴訟で勝訴をしても、判決に基づき、その実現が困難な場合があることも事実である。長期にわたる訴訟中に、不動産登

記法の改正があった場合の対応を望むのは困難であろう。

　この種の事案の多くは、一筆の土地の一部について所有権移転登記手続を命ずる確定判決を得た者が、確定判決を代位原因証書として代位による分筆登記を申請したが、地積測量図等添付書類から隣地との境界が明らかではないため、登記官が実地調査したところ、なお境界が不明確として、やむなく、却下処分がなされたため、最終的な目的を達し得ない結果になってしまうことがあるのも事実である。

　そこで、土地家屋調査士は訴訟になるような事件に関与したならば、先の判決の事案のように、判決結果を画餅に帰したり、改めて境界確定訴訟を提起しなければならないようなことがないように、土地の筆界確認の専門職能者として、訴え提起の時点で、判決の趣旨を実現する執行段階における分筆登記に耐えられる地積測量図の作成、とりわけ官民境界確定協議手続及び改正不動産登記法における地図訂正や分筆登記手続に十分配慮するように心がけることは当然である。そして、筆界鑑定の専門職として調停の場で、裁判所における専門委員として、さらには、筆界特定や弁護士との協働であるADR等において、その専門職能を発揮した提言をすることが、今後、土地家屋調査士が社会的に必要とされ、資格者として生き残れるかどうかの大きなポイントであると考える。

6．おわりに

　不動産登記における土地の筆界確認の専門職能者である土地家屋調査士は、現地の調査・測量に当たり、筆界確認作業において調査対象地の一部に時効成立していると思われる場合に遭遇する。

　かかる場合に、時効制度の功罪をよく理解して、いかに、関係者の平穏な相隣関係を破綻させず、又は、破綻し若しくは破綻しかかっている相隣関係を円満な方向に導くことができるかは、従来の不動産登記の専門職能者としてばかりでなく、司法制度改革の中で、法律専門職能者として認知されつつある土地家屋調査士として、土地の境界に関する紛争解決に全国の土地家屋調査士会が主催するADR会を含め、一人一人の土地家屋調査士が紛争の解決若しくは紛争の防止に向けた業務処理が行われることを期待するものである。

　この書籍がその意味で少しでもお役に立てれば幸いである。

注1：筆界特定制度は、不動産登記法等の一部を改正する法律及び関係法政省令（平成18年1月20日施行）により、法務局又は地方法務局の筆界特定登記官が申請に基づき土地の筆界の現地における位置について判断を示す制度である。平成19年3月末までに全国で3000件以上の申請がなされ、早期解決に貢献している。

注2：平成17年3月7日施行された不動産登記規則第77条第1項第7号で地積測量図には、「基本三

角点等に基づく測量の成果による筆界点の座標値（近傍に基本三角点等が存しない場合その他の基本三角点等に基づく測量ができない特別の事情がある場合にあっては、近傍の恒久的な地物に基づく測量の成果による筆界点の座標値）」を記録しなければならないと規定された。なお、平成14年6月1日に施行された都市再生特別措置法に基づきDID地区（人口集中地区）に三級の多角点が約200m間隔で設けられ、利活用の環境が整備されつつある。

注3：時効取得成立後の第三者に対しては、時効取得者は登記なくして対抗できないとされてきた（【判例019】最判昭和33.8.28民集12-12-1936）。しかし、土地の調査測量及び関連して分筆登記を処理する土地家屋調査士にとって、実際に土地家屋調査士が土地の調査測量を実施するときに、一筆の一部に時効取得の可能性が多いのを垣間見るとき、土地家屋調査士が対峙しなければならないのは、一筆の土地の一部に時効取得の成立が議論される境界紛争型（越境型）の場合であることは、第3章第1節「第1　取得時効と登記」3、(2)（50頁）で概説した、取得時効に登記（対抗要件）が必要かどうかの問題における議論の中で、いわゆる類型説が説く二重譲渡型類型には登記を必要とする一方、境界紛争型類型については、登記を必要としないとする有力学説の影響が今後判例にどのように反映され、収斂されていくかは重要な視点であると考えられるので、引き続き注視する必要があると考える。

注4：平成17年4月13日の土地家屋調査士法の改正（平成17年法律第29号）まで、事案を取り扱う土地家屋調査士には守秘義務が課せられていなかったが、改正により、第24条の2に「調査士又は調査士であつた者は、正当な事由がある場合でなければ、業務上取り扱つた事件について知ることのできた秘密を他に漏らしてはならない。」との規定を設け、守秘義務を課すこととした。

第4章
Q&A集

第1部　Q&A集

第1　時効制度

Q1　時効制度とはいかなる制度ですか？

A　時効制度は、一定の事実状態が永続する場合に、それが真実の権利関係と一致するか否かを問わず、現状の事実関係をそのまま権利関係として認め、他に真実の権利者が存在しても真実の権利者からの権利に基づく主張を認めないとする制度です。

例えば、ある人が所有者であるような事実状態、ある人が債務を負担していないような事実状態が継続したときに、この状態が真実の権利関係に合致しているかどうか（果たして所有者であるかどうか、債務がないかどうか）を問わずに、その事実関係を尊重し、これをもって法律関係と認め、所有権や利用権を取得する結果となり（取得時効）、あるいは債務が消滅する（消滅時効）効果が生ずる制度です。

言い換えれば、権利の不行使が長く続くと占有物の返還や金銭の支払いを法的に強制されないという、いわば、現状維持ための制度であるともいえます（第2章第1節「第1　時効制度とは」（17頁）参照）。

Q2　（時効制度の存在理由）
国民の権利を擁護し、実現するのが法であるはずなのに、時効が成立することにより、なぜ、真実の権利者が権利を失い、無権利者が権利を取得することになるのですか？

A　時効制度の存在理由については、民法起草者たちの制度の存在理由の解説は分かりやすく簡明であり、興味深いので参考に紹介すると、時効制度の存在理由を取引の安全と証明困難からの救済であり、制度の根拠は永続した事実状態を保全する必要性であり、時効制度がないといつまでも過去の事実に基づいて権利の主張ができることとなり、紛争百出して共同生活の秩序が乱されることを理由にしています。

現在、学説は、存在理由について、一元的に説明は困難ですし、時効の存在理由の本体を何に求めるか、時効の効力と時効の援用をどのように説明するかについて、時効学説として大い

に議論をされていますが、大きく分類しますと、①社会の法律関係安定を理由とする説（法的安定説）、②取引の安全の保護を存在理由とする説（取引保護説）、③証拠保全の困難さの救済を理由とする説（法定証拠説）があります。

土地家屋調査士にとって重要なことは、土地家屋調査士が時効制度の存在理由をよく理解し、権利を失う者と取得する者の利害得失と双方の感情の高ぶりを理解しながら、時効の成立が認定された場合に、平穏な相隣関係の維持・形成に向けた対応処理及びADRにおける紛争解決に向けた運用をすることです（第2章第1節「第2　時効制度の存在理由」(17頁) 参照）。

Q3 不動産売買の買主は、自己の所有不動産について、取得時効の適用を受けられますか？

A 自己所有物についても取得時効は成立します。
所有権の取得時効の要件に関する民法第162条は、「他人の物（不動産）を占有した者」と規定していることから、文理的には時効取得者は他人が所有する物の占有者に限るとする考えがある一方で、有力学説は「時効は、何人の所有であるとを問わず事実関係を権利関係に高めるものであることから、取得時効は権原に関する法定証拠であり実体法上何人の所有であるかを先決問題として論ずるものではない」として、他人の物に限らないとします。

判例は、買主が自己の所有物につき売主に対して時効を主張することを肯定し、時効を援用する不動産を買い受け、所有権に基づいてこれを占有する買主は、売主との関係においても、自己の占有を理由として右不動産につき時効による所有権の取得を主張することができるとしています（【判例041】最判昭和42.7.21民集21-6-1643 他、【判例053】最判昭和44.12.18民集23-12-2467 他）。

Q4 不動産の売主が取得時効を主張できますか？　できるとした場合、時効の起算点はいつからになりますか？

A 売主は、取得時効を援用できます。時効の起算点は原則として売買契約締結の時です。
売主が売買契約を締結後も占有を継続する場合に、他人の物の占有者となることは当然として、売主が、条件付の売買で条件が不成就だったり、契約を解除することによって自己に所有権が戻り、売主の占有は自己の所有物となり、取得時効を援用できることは、Q3で述

べたとおりです。判例も、売主に時効の援用を認めています（【判例063】最判昭和46.11.25裁判集民104-445他）。

売主が、時効を援用することができる場合において、買主が援用する場合と異なり問題となる点があります。それは、占有開始の起算点の問題です。なぜなら、売主は占有をしていたものを売るわけですから、取得時効の援用時の占有の起算点をいつにするかが問題となります。最高裁の判例（前出【判例063】）ではその点が明確にされていませんが、下級審の判例では、不動産売買契約の当事者間における売主に取得時効が成立するための占有は、「売主と買主の間に当該不動産の所有権移転に関して、対立の関係が生ずるかもしれない事由（原則として売買契約の締結）が存するに至るまでは、民法第162条の他人の不動産を占有したる者には当たらず」（【083】札幌高判昭和52.2.28判時872-90他）とし、取得時効期間としての占有は、売買契約締結以後の占有のみで期間を計算することとなります。

Q5　取得時効完成による権利取得の日はいつですか？

A　所有権の取得時効においては自主占有を開始した日、その他の財産権（例えば用益権）はその権利行使の時点です。

時効の効力に関する民法第144条の規定によれば、「時効の効力は、その起算日にさかのぼる。」としています。したがって、この起算日がいつであるかが問題になりますが、一般的には、「時効の基礎たる事実が開始したとき」とされています（【判例023】最判昭和35.7.27民集14-10-1871他）。

所有権の取得時効でいえば「自主占有の開始した時」であり、その他の財産権（例えば、用益権）はその権利行使の時点です（第2章第2節「第2　時効完成の要件」4、(1)（27頁）参照）。しかし、実際にこの自主占有の開始日の認定が極めて困難であることは、第3章第2節「第1　取得時効認定前になすべきこと」3、(6)（86頁）で述べました。

Q6 売買により昭和53年11月29日から占有を開始した場合の時効期間の計算方法

A 登記原因となる起算日は昭和53年11月29日です。
時効期間の起算日（点）と時効期間の計算方法は厳密に区別しなければなりません。

民法の期間の計算に関する第140条によれば、「日、週、月又は年によって期間を定めたときは、期間の初日は、算入しない。ただし、その期間が午前零時から始まるときは、この限りでない。」と規定していますので、占有が11月29日の午前零時から始まったのではない限り、初日は算入せずその翌日である11月30日から計算することとなり、その応答日の前日の昭和63年11月29日の経過をもって、短期時効取得の10年の時効が完成することになるため（民第143条）、登記原因となる起算日は昭和53年11月29日です。

Q7 共有者の一人が共有地を単独占有してきたとき、他の共有者の持分を時効取得しますか？

A 単独で所有する意思を有し、かつその旨を他の共有者に伝えることを要件として時効取得します。

共有の性質については見解が分かれるところですが、単独の所有者の場合と異なるのは、自主占有を外観的に判断する場合において、共有者は、その持分権に応じて使用ができることにあります（民第249条）。

判例は、共有者の一人の単独占有が取得時効の要件たる「自主占有」であるか否かを、単なる内心の意思ではなく、占有をするに至った性質に従って決定されるとし（大判昭和6.6.2裁判例5・民99）、下級審では「共有物全体に対して、単独所有の意思を有し、かつ、それが他の共有者に表示されていなければならない」としています（東京地判昭和57.1.29判タ477-123）。学説も判例の立場を支持しています（第2章第2節「第3 時効の援用」4（35頁）参照）。

第2　公共物の取得時効

Q8　公物について、取得時効によって所有権を取得することができますか？

A　判例は当初、大審院判決で公物は公用の廃止のない限り時効取得の目的になり得ないとしてきました（【判例001】大判大正10.2.1民録27-160）。その後取得時効が認められた判例（【判例050】最判昭和44.5.22民集23-6-993他）の評価が分かれていましたので、大審院判決を変更し、一定の要件下で、もはやその物の公共用財産として維持すべき理由がなくなったときは、黙示的に公用が廃止されたものとして取得時効の成立を妨げないとしました（【判例081】最判昭和51.12.24民集30-11-1104他）（詳細は第3章第1節「第4　公共用物と時効制度」（68頁以下）及び第5章第1部第2「論点19　取得時効の目的物2（法定外公共物）」（200頁以下）を参考）。

Q9　土地改良財産の目的外使用による通行地役権の取得時効成立の可否

A　土地改良財産の目的外使用（排水路上の横断用道路開設と通行権）には、農林水産大臣の承認が必要であり、公共の目的である土地改良施設としての排水目的以外に隣地所有者が通行する地役権の取得時効の成立は認められないと判示しました（【判例157】浦和地判平成9.5.26判自168-75）。（図解時効紛争事例便覧　474頁）

第3　時効の援用

Q10 不動産の時効完成後に第三者が所有権移転登記を経た場合、再度の時効期間の経過により時効を援用できますか？　できる場合の取得原因の日付はいつですか？

A 再度の援用ができます。取得原因の日付は第三者が所有権移転登記を経た日です。

判例は登記に時効中断の効力を認める（【判例025】最判昭和36.7.20民集15-7-1903）ので、時効完成後に第三者が所有権移転登記を経た場合には、取得時効を主張する者は、取得時効完成後に第三者に対抗できないことになります（【判例019】最判昭和33.8.28民集12-12-1936）。したがって、民法第157条の規定により第三者の登記後になお、引き続き取得時効に必要な期間の占有を継続した場合は、第三者に対して対抗できる（【判例025】）とされたことから、第三者の所有権移転登記で中断した時効は、新たに時効の進行を始めることとなり、取得時効の起算日は、時効完成後に第三者が所有権移転登記を経た日とされます（第3章第1節「第1　取得時効と登記」2、(1)、③ケースⅢ（46頁）及び、④ケースⅣ（47頁）参照）。

Q11 不動産の二重譲渡において、登記を得ることができなかった他の譲受人の所有権の取得時効の起算点はいつですか？

A 対抗ができない他の譲受人の取得時効の起算日は、相手方が対抗力を備えた登記の日ではなく、土地の自主占有を開始したときです。

対抗力を備えていない、二重譲渡の譲受人の取得時効に必要な期間の起算日は、自主占有を開始したときから起算するのであり、Q10と異なり、対抗要件を備えた譲受人が登記を得たときではありません（【判例062】最判昭和46.11.5民集25-8-1087他）。

Q12 農地の売買において、売買契約の当事者の一方が農地法の許可申請協力義務の消滅時効の援用をすることはできますか？

A 権利の濫用になるとされた判例があります（東京地判平成5.12.21判時1507-144、判タ875-145他）。

農地の売買は、農地法所定の許可を得なければ売買の効力は生じません。農地を農地として売買する農地法第3条の場合には、譲受人に求められる最低耕作面積要件を充足することができずに許可が得られない場合があります。また、農地を転用することを前提にして売買する農地法第5条の場合には、都市計画法の調整区域内であるために許可にならないために農地法の許可が得られない場合があり、売買の効力が生じていないまま現地の引渡しがなされているという農地特有の問題があります。(第3章第1節「第6 時効と農地法」(75頁以下)参照)。

農地については、売主買主が協力して農地法所定の許可を申請する義務を負い当事者の一方は相手方に対して、許可申請協力請求権を有し、この請求権は売買契約に基づく債権的請求権に当たり、消滅時効に係るとされています(【判例073】最判昭和50.4.11民集29-4-417他)。また、消滅時効の起算点は原則として売買契約成立の時とされますが、他人の土地の売買のような場合の消滅時効の起算点は、売主が当該農地の所有権を取得したときからとする判例があります(【判例103】最判昭和55.2.29民集34-2-197他)。したがって、下級審の判例(東京高判昭和60.3.19判タ556-139、東京高判昭和61.6.23判時1199-70)は、許可申請協力義務がある当事者の一方が、時効の成立後の対応によっては、時効利益の放棄とみなされ、信義に反して消滅時効の援用は権利の濫用となり、許されないと判示しました。

Q13 土地賃借人は、土地賃貸人の有する敷地所有権の取得時効を援用できますか？

A 最近の下級審では援用できるとする判決が出されており、ADRや筆界特定の業務処理においては、援用ができる可能性を含めて対応をする必要があります。

無権利者から土地を賃借している者が、真の所有者から不法占拠を理由に土地の明渡しを求められたときに、賃借人が真の土地所有者に対して賃借権そのものの取得時効を主張できる(【判例046】最判昭和43.10.8民集22-10-2145他)ことは異論をみません。問題は、借地人が、無権利者である土地の賃貸人の取得時効の援用をすることができるかについては、大審院の判例は、民法第145条の援用権者の範囲を時効によって直接に利益を受ける者とその承継人に限定していましたが(大判大正8.6.19民録25-1058)、現在の学説は援用権者の範囲を拡大する傾向にあり、実体法的援用については時効を援用すれば権利を取得する者及び時効を援用しなければ自己の権利が覆されるものとし、訴訟法的援用については時効について訴訟上の利益を有する者であれば誰でも良いとするのが多数説であるため、最高裁になって、物上保証人や抵当物件の第三取得者には援用権を肯定しています(最判昭和43.9.26民集22-9-2002他、【判例072】最判昭和48.12.14民集27-11-1586他)。問題は、設問のケースである借地人からの援用についての

判例がないため、下級審では判断が分かれています。援用権を否定するものに、判例（前橋地判昭和43.10.8判時561-65）があり、肯定するものに、【判例058】（東京地判昭和45.12.19判時630-72他）、判例（東京地判平成元.6.30判時1343-49）があり、ADRや筆界特定の業務処理においては、援用ができる可能性を含めて対応をする必要があります。

なお、取得時効の援用を行い土地の所有権を時効取得すべき者から、その土地上に同人の所有する建物を賃借しているにすぎない者（借家人）は、右土地の取得時効の完成によって直接利益を受ける者ではないから、右土地の取得時効を援用することはできない（【判例052】最判昭和44.7.15民集23-8-1520他）とされています（第2章第2節「第3　時効の援用」2（32頁）参照）。

Q14 土地の登記名義人がその所有地を第三者に譲渡したが、未だ所有権移転登記を完了していない場合に、当該土地に対する取得時効の援用を行使する相手は誰ですか？

A 取得時効の対象不動産が第三者に売却され、所有権移転登記が未済のときには、時効を援用する相手方は登記名義人に行えばよいと考えられます。

判例は、時効の効果は援用したときに初めて確定的に生ずる（【判例120】最判昭和61.3.17民集40-2-420他）とする停止条件説をとっております。この設問は、時効の援用の意思表示を真の所有者になすべきか、それとも、登記名義人になせばよいのかが問題となった事例において、(1) 不動産の所有権を時効取得した者は、現在の登記簿の所有名義人に対して時効取得を原因として所有権移転登記手続きを求めることができる、(2) 時効援用の意思表示の相手方は、その時効により当該所有権移転登記手続をすべき義務を負うことになって不利益を受ける者であり、当該不動産の現在の登記簿上の所有名義人に対して行えば足りると判示（東京地判平成15.3.3公刊物未登録（平14（ワ）9148号）、図解時効紛争事件便覧472ノ7頁）しました。ただし、登記を経ていない真の所有者から所有権確認等の請求がなされ、これに対して、時効を援用するとき、取得時効援用の意思表示は真の所有者に対してすべきとされていることに留意が必要です。

第4 時効利益の放棄・援用権の喪失

Q15 「時効の利益の放棄」と「時効援用権の喪失」との違いは何ですか？

A 各々の法的な効果は同じですが、要件、権限及び認める根拠が異なります。
相互の関係を分類すると次のようになります。

	「時効の利益の放棄」	「時効援用権の喪失」
意味	時効の利益の放棄は、時効の利益を享受できるものが、その利益を受けない旨の意思表示をすること。	消滅時効でいうと、消滅時効完成後に、債務者が債権者に対して承認等をした場合、時効完成の事実を知らなくても、その後の援用ができないとするもの。
根拠	民法第146条を根拠とする。	【判例036】（最判昭和41.4.20民集20-4-702他）、信義則を根拠とする。
行使の時期	時効完成後。	時効完成後。
双方の違い	時効の完成を知っていること。	時効の完成を知っていなくてもよい。
処分能力と権限	個人の自由意思に根拠を置く時効の放棄においては、処分能力と権限が必要。	債権者の信頼を根拠にする信義則上のものであるから、処分能力及び権限は必要でなく、管理能力及び権限があればよい。
効果（双方とも変わらない）	1. 既に経過した時効期間がなかったことになり、以後改めて進行する。 2. 法的効果は相対効である。	1. 既に経過した時効期間について消滅時効を援用できないことにとどまり、再び改めて時効期間が進行する（最判昭和45.5.21民集24-5-393）。 2. 法的効果は相対効である。

　最高裁は、時効完成後に債務者がその債務を承認した場合には、別段の事情なき限り、その承認は、時効完成の事実を知ってなしたものと推定し、債務者に知らなかったことの立証を求めていました（大判昭和8.6.29評論22・民837）。これには、学説の批判を受け、信義則を根拠に時効の援用権の喪失という理論構成により、時効の成立を援用できないとする結論を導き出しています（前述【判例036】、第2章第2節「第4　時効の利益の方法」、2、(2)、①（36頁）参照）。

Q16
土地の一部について取得時効が成立し、隣地所有者に取得時効により所有権を取得する余地がある場合、境界確認書の作成等により取得時効の成立していることを知らずに合意した境界の合意を、時効成立を理由に覆すことができますか？

A
判例は、Q15で解説した、時効援用権の喪失の法理で時効の完成を知っていなくても良いとされており、設問の場合、境界確認書の作成行為により、信義則上、時効援用権を喪失し、取得時効の利益を放棄したものとして、覆すことはできないと思われます（東京地判平成16.11.29公刊物未登録（平成15（ワ）6038号・21966号））。ただし、援用権の喪失は、信義則の働く局面の問題であることから、時効の援用を認めないことが信義則に照らし相当でないと考えられる場合には、援用権の喪失を認めないのですが、私見では明確に取得時効の完成をうかがわせるような工作物（ブロック塀）があり、その時工作物を越境しているような場合に、筆界確認書を作成する場合等には、原則として時効の利益の放棄は、時効の完成を知っているか、知っているのが当然の状況の中でなされないと、信義則は働かないため、援用権の喪失の法理は適用しないほうがよい場合もあることに注意すべきです。

したがって、土地家屋調査士は、境界確認書の作成行為に当たっては、いろいろな法律関係があるとしても、平穏な相隣関係形成又は維持のため行う等の説明を行った上ですべきであり、この行為がとても大きな法的効果を生ずることを肝に銘じて業務処理を行うべきです（図解時効紛争事例便覧552ノ1頁）。

第5　時効の中断・承認

Q17　時効の中断事由にはどのようなものがありますか？

A　時効の法定中断事由は民法第147条に具体的に次のように列記されています。
（1）請求（2）差押え、仮差押え又は仮処分（3）承認

　土地家屋調査士が取り扱う境界に関していえば、確認された筆界を前提として、土地の明け渡しを求めるのが（1）請求であり、筆界を越境するような造成工事を差し止めるために行う仮処分も（2）仮処分に該当します。さらに、確認された筆界を理解したうえで、越境を認めると（3）承認になるといえます（第2章第2節「第5　時効完成の障害」1（37頁）参照）。

Q18　催告を受けた相手方が回答の猶予を求めた場合、6か月の期間はいつから起算しますか？

A　相手方から相応の回答があった日の翌日から起算されると考えられます。
　催告を行うと、調査のため等の理由を付して回答の猶予を求められることがあります。このような場合、いつから起算すべきかというのが設問です。民法第153条に規定される催告は、法定中断事由である請求の予備的措置にすぎないので、催告後6か月以内に、民法第153条に規定される裁判上の請求等その他の確定的な行為をすることを条件に、時効を中断するものであるため、判例（最判昭和43.2.9民集22-2-122、判時515-58）は改めて回答がなされるまでは、債務が承認されるか否認されるか未確定の状態であり、直ちに訴えの提起等を強いるのは債権者に酷であるからとしています。ただし、回答の猶予期間が長期にわたったり、ない場合には停止しない場合もあり得るので、具体的な事情を考慮する必要があります。

Q19　催告を6か月おきに繰り返せば、時効中断の効力は続きますか？

A　一度催告をした後、6か月以内に再び催告しても、時効の中断の効力は生じません。
　法定中断事由である請求の予備的措置にすぎないものであり、催告のみでは裁判外で

履行を求める意思表示にすぎず、公の手続によって権利の明確化を図る意思ではないからです。判例（大判大正 8.6.30 民録 25-1200）も債権者が債務者に毎年弁済の督促をしたにとどまる場合には、その都度時効が中断しないとしています。

Q20 瑕疵ある意思表示でなく、正常な状況で債務承認がなされた場合において、債務承認を撤回すると、一度生じた時効中断の効力は失われるのでしょうか？

A 時効の中断の効力は失われないと思われます。

瑕疵ある意思表示でない一方的な撤回の効果は、承認の効果としての時効中断の効果は失われないとします（最判昭和 35.12.23 民集 14-14-3166、判タ 114-34）。判例の事例は、訴訟において、債務の存在を前提として、相殺の主張を行った後にその相殺の主張の撤回がなされても、相殺の前提である債務の存在を承認した時効中断の効力は失われないとするものです。私見では、これを、調査士業務にあてはめると、相手方が越境の事実を承認の上、越境部分の売買を撤回したり、境界確認書の署名段階で署名を拒否する場合等に時効中断の効力が生じるのではないでしょうか。

Q21 共有者間において、他の共有者からの時効の中断の請求は、他の共有者に及びますか？

A 「共有者の一人が提起した共有物分割請求訴訟において、共有者の一人から取得時効を主張したとき、他の共有者が自己の持分を主張した場合には、取得時効が中断する」とされています。

判例は、当初、原告の請求に対する被告の主張に対して裁判上の請求に準ずる効力を認めてきましたが（【判例 047】最判昭和 43.11.13 民集 22-12-2510 他）、他の共有者からそれぞれ異なる持ち分を主張した場合には、裁判上の請求と同じ効力を認めました（【判例 054】最判昭和 44.12.18 判時 586-55）。土地共有者が多数存在するとき、時効の中断の効力は請求若しくは承認をした者及びその承継人の間でのみ生ずる相対効力であるとされていますので（民第 148 条）、調査士はその旨留意して業務処理をする必要があります（第 2 章第 2 節「第 5 時効完成の障害」1、(5)、②（39 頁））。

第6 所有の意思・排他的支配

Q22 農地の売買において、買主が取得時効を主張する際の自主占有が認められる要件は何でしょうか？

A 売買代金の支払いが要件になると思われます。
　農地に関する売買は、農地法所定の許可がないと所有権移転の効力が発生しないことはQ12で解説したとおりです。一方、取得時効は原始取得であるため、農地法所定の許可がなくても、取得時効を援用するものが所有権を取得することになります。したがって、農地以外の売買契約を締結すれば原則として所有権が移転する場合と異なり、農地の売買の場合には所有権が移転しないため、「所有の意思をもってする占有」（後述Q24参照）といえるかどうか、すなわち、取得時効が成立する要件の一つである自主占有を認めることができるかどうかが問題になります。一般に、自主占有であるかどうかは、占有者の内心の意思によって判断されるのではなく、事実上の占有の根拠（原因）となった権原の性質によって決せられるとされており、設例の場合、【判例084】（最判昭和52.3.3民集31-2-157 他）は、「買主は、特段の事情のない限り、売買契約を締結し、代金を支払った時に民法第185条の新権原により所有の意思をもって農地の占有を始めたというべきである。」と判示しています。

Q23 取得時効の要件である排他的支配状況の例には、どのような形態がありますか？

A 時効制度の存在理由等についてはQ1、Q2で説明したところですが、取得時効は、事実状態が継続したときに、この状態が真実の権利関係に合致しているかどうか（果たして所有者であるかどうか、債務がないかどうか）を問わずに、その事実関係を尊重することにあり、それにふさわしい、客観的であり明確な排他的支配が認められる必要があります。判例による排他的支配の例は、第5章第1部第2「論点11　占有の状態・排他的支配の状態」（181頁以下）の例示がありますので参考にしてください。
　ただし、下級審では、土地の境界の専門家である土地家屋調査士から見れば、排他的占有とみなし得る、次のような事例（【判例126】東京地判昭和62.1.27判タ639-165 他）では、「土地の一辺に鉄条網を設置し、測量を行い、植えた雑木の枝打ちをするなどの管理を行った事実があっても、土地についての客観的に明確な程度の排他的な支配状況を示すものとはいえず、取得時効の成立を認めない」（その他【判例012】（福島地判昭和27.8.30下民3-8-1186）参照）とされて

いることから、土地家屋調査士の本来業務、筆界特定及びADRにおいては、時効の成立の認定には慎重な対応が求められると思います（第3章第2節「第1　取得時効認定前になすべきこと」（83頁以下）参照）。

Q24　「所有の意思をもってする占有」の有無の判断方法

A　民法第162条に規定される「所有の意思をもってする占有」とは物について所有者と同様な支配をする意思をもって行う占有であり、一般的に「所有の意思をもってする占有」の有無は、占有者の内心の意思によって決まるのではなく、占有取得の原因たる事実により、外形的客観的に定めるべきである（【判例055】最判昭和45.6.18裁判集民99-375他）とされ、必ずしも、占有者がその物の所有者であると信じること（占有者が自己の所有でないことを知っていた場合でも）は必要ではないとされています（第2章第2節「第2　時効完成の要件」2（25頁）及び第5章第1部第2「論点4　所有の意思」（162頁以下）、「論点5　自主占有」（166頁以下）を参照）。

Q25　所有の意思をもってする占有が認定されるための能力年齢は、何歳ぐらいでしょうか？

A　自主占有には「所有の意思」が必要であることから、意思能力の要素を検討しなければなりません。特に、時効における占有期間が10年、20年であることから、相続が開始した場合も含めて、占有開始時の年齢が所有の意思の認定の大きなポイントになるところです。

　最高裁は15歳に所有の意思を認めています（【判例038】最判昭和41.10.7民集20-8-1615他）。ここで、注意を要するのは、下級審の判例（【判例145】仙台高判平成4.7.24判時1494-108、判タ824-172他）が、11歳の者であっても、取得時効の要件である自主占有をする能力を認めた事例があり、もちろん、調査士業務の筆界確認業務及びADRにおいては、未成年者の意思意思能力も問題にも関連して、慎重に対応する必要があります。

Q26 自主占有とは「所有の意思をもってする占有」ですが、「所有の意思の有無」は、いかなる事実・資料から判断するのでしょうか？

A 占有者は所有の意思をもって占有すると推定されます（民第186条第1項）が、時効制度が事実上の占有状態の外観の継続により、占有者が新たに所有権を取得する制度であることから、占有における所有の意思の有無を、占有者の内心の意思に委ねるのではなく、外形的・客観的に、占有者が他人の所有権を排斥して排他的に占有支配しているかを判断すべきと考えます。判例も「占有における所有の意思の有無は、占有取得の原因たる事実によって、外形的客観的に定めるべきである」（【判例055】最判昭和45.6.18裁判集民99-375他）としており、売買や贈与のように所有権の移転を前提とする法律行為を原因にする場合は所有の意思を認めることができると考えます。

Q27 不法占有者でも所有の意思を認定されるのでしょうか？

A 民法第186条第1項の所有の意思の推定は、土地を不法占拠していることが証明されれば否定されるものと思われます。

盗人も所有の意思ある自主占有者であるとするのが通説（我妻榮・有泉亨補訂「新訂 物件法」、（岩波書店、1983）471頁、舟橋諄一「物権法」（有斐閣、1960））です。

判例（大阪高判平成15.5.22判タ1151-303）は、「占有者は所有の意思をもって占有すると推定される（民第186条第1項）ものの、土地の占有者が建物のみを買い受け、土地については何らの権原取得していないことが立証した場合、すなわち不法占拠であることが立証された場合には、占有者がその性質上所有の意思のないものとされる権原に基づき占有を取得したと解すべきである。」として否定しました。ただし、占有者には「所有の意思で占有する者」と推定しており（民第186条第1項）、自主占有に当たらないことを理由に取得時効を争うものが立証責任を負うとしていることから（【判例097】最判昭和54.7.31裁判集民127-315他、【判例154】最判平成7.12.15民集49-10-3088他）、不法占有者ならすべて所有の意思をいつでも否定する趣旨ではないことに注意が必要と考えます。

第7 他主占有から自主占有への転換・立証責任

Q28 農地を小作（他主占有）していた者が自主占有へ転換するとは、どのような場合ですか？

A 占有の開始時点で他主占有であっても、(1) 占有者が所有の意思を表示したとき、例えば、賃借人が賃貸人に所有の意思を有することを表示する場合（民第185条前段）、又は (2) 新権原（例えば賃借人が賃借物を売買契約の締結により取得する。）により所有の意思をもって占有を開始（民第185条後段）すれば、その占有は、取得時効の要件である自主占有になります。これを他主占有から自主占有への転換といいます。ただし、占有の始めにおいて悪意であることを意味することが多いと思われます。具体的には、農地の小作人が、農地解放後に最初に地代を支払うべき時期にその支払いをせず、これ以降、所有者は小作人が一切支払わずに農地を自由に耕作し占有することを容認していた場合には、小作人は、所有者に対して所有の意思のあることを表示したものとして自主占有に転換が認められています（【判例148】最判平成6.9.13判タ867-155、判時1513-99）（第2章第2節「第2 時効完成の要件」2、(2)（26頁）を参照）。

Q29 （自主占有から他主占有への転換否定された事例）
売買代金を分割払いとし、分割払いを怠った場合には売買契約を解除できるとする解除条件付の売買契約で自主占有を開始したものが、分割払い代金の支払いを怠り、売買契約を解除された場合、買主は他主占有となるのでしょうか？

A 契約の解除によって、ただちに、他主占有になるものではないと考えます。
判例は、「解除条件付売買契約に基づき、土地の占有が開始された場合、解除条件の成就によって売買契約が失効した場合、買主の占有は、当初の所有権取得の権限が売買のため所有の意思の有無を占有取得の原因たる事実によって、外形的客観的に認定する判例（【判例055】最判昭和45.6.18裁判集民99-375）の考え方から、ただちに自主占有から他主占有に転換したとはいえない」（【判例118】最判昭和60.3.28裁判集民144-297 他）としています。

停止条件による売買契約締結により開始された占有は、自主占有とはいえないとする意見があるので注意が必要です（藤原弘道　判タ313-18（判例タイムズ社、1975））。

Q30 自主占有を主張する者に対して、他主占有である旨の立証責任を負うのは、誰でしょうか？

A 他主占有であるとして、取得時効の成立を争う者が立証責任を負うことになります。民法第186条により、所有の意思が推定されることから、他主占有を主張する者が、占有者に所有の意思がないことを証明しなければならない（【判例097】最判昭和 54.7.31 裁判集民 127-315 他、【判例154】最判平成 7.12.15 民集 49-10-3088 他）とされます。

具体的には、占有の取得原因である権原から、客観的外形的に所有の意思がないことを証明するか、所有者であれば通常取らない態度があったとか、占有者が他人を排除してまで占有する意思を有していない事情を証明することとなると思われます。

判例で他主占有を認められなかった事例を後記に列挙するので、参考にしてください。

① 【判例154】では、土地の占有者が所有権移転登記手続き求めなかったこと及び固定資産税を負担しなかったことをもって、他主占有事情として十分であるということはできないと判示した。

② 本件土地の公租公課を負担しておらず、かつ、自己名義への所有権移転手続きをすることなく放置していたとしても、自主占有の推定を覆すに足る事情は認められない（東京地判平成 16.10.19 公刊物未登録（平成 15（ワ）2521 号））。

③ 取得した建物の一部が隣地にはみ出していた場合、そのはみ出していた部分の取得時効について、占有者に、真の所有者あれば通常は取らない態度を示し、もしくは、所有者であれば当然取るべき行動に出なかったなど外形的客観的にみて、他人の所有権を排除して占有する意思を有していなかったものと解される事情を認めることができないとして、自主占有を認めた（東京高判平成 12.3.22 判タ 1091-263）（図解時効紛争事例便覧 978 ノ 1 頁）。

第8　取得時効のための占有形態

1．平穏な占有

Q31　取得時効の要件である平穏な占有とはいかなる状態をいうのですか？

A　平穏な占有というのは、強暴（強迫暴行）の占有に対する占有であり、占有者がその占有の取得又は保持するために、法律上許されざる強暴行為をいうとされます。したがって、占有者が所有者より返還を求められたり、異議をとなえられたりしても、強暴の占有であるとはいえないと思われます（大判大正5.11.28民録22-2320）。他に【判例035】（最判昭和41.4.15民集20-4-676他）があります。なお、当初、強暴をもって開始した占有も、強暴が止めば平穏な占有となるとするのが有力説であることに注意が必要です（川島武宜編『注釈民法第5 総則』（有斐閣、1967）203頁）。

　なお、平穏な占有を否認された下級審の判例では、「占有者が、本件土地に立ち入った土地所有者の代理人に対して、金槌で殴打した」事例（名古屋高判昭和51.8.9下民34-9-12-1062、判時840-73他）があります。また、平穏な占有として認定された判例として、「占有者自身が、本件土地が占有者の土地ではないのではないかと考えたり、測量士の立入り強く拒んだ」事例があります。

　したがって、平穏な占有であるか否かの認定に当たっては、慎重な対応が必要であると考えます（第2章第2節「第2　時効完成の要件」3（26頁）の項を参照）。

Q32　取得時効を主張する者が、当該不動産を第三者への賃貸借等を原因として、賃借人に当該土地を直接占有ならしめ、取得時効を間接占有のみでも取得時効は成立するのでしょうか？

A　成立すると考えられます。

　民法は、第181条で「占有権は、代理人によって取得することができる。」としています。

　したがって、間接占有（代理占有）の成立要件は、①占有代理人が所持を有すること、②占有代理人が本人のためにする意思を有すること、③本人と占有者の間に代理関係が存在することであり、間接占有（代理占有）の効果は、本人が間接占有によって占有権を取得することができることです（我妻榮・有泉亨補訂『新訂 物権法』（岩波書店、1983）474頁）。

【判例135】（最判平成元.9.19 裁判集民 157-581）は、当該係争地の所有権を贈与を受けたと信じていた者が間接占有による取得時効を主張したケースにおいて、当該係争地を第三者に賃貸し、賃料を受領し、公租公課金を納付してきた事実から、所有の意思を認め時効取得を肯定しました（第5章第1部第2「論点6 他主占有・代理占有」（169頁）を参考）。

2．善意・無過失

Q33 判例において、善意無過失の事例があれば教えてください

A 占有の善意・無過失は原則として占有の開始時を検討することになります。
占有すること自体は、平穏・公然と「善意」を推定する（民第186条）ことですが、短期取得時効の10年の取得時効の要件である無過失までは推定されるわけではありません。「無過失」も短期取得時効10年の取得時効の要件となっており、「無過失」とは信じたことについて過失がないことであり、言い換えれば、善意であることについて過失がないことです。

善意・無過失の認定は、単に主観的要素のみではなく、自主占有認定の諸条件と取引の対応に、当事者の能力に応じて判断しなければならないと思われます。

以下に、善意・無過失を理解するために事例を挙げておきます。

【無過失が認定された事例】

事例1：所有者の無権代理人から土地を取得した者が代理権の有無を調査しなかった場合でも時効取得の要件としての無過失が認められた事例で、所有者の無権代理人から土地を買い受けた者が代理権の有無を調査しなかった場合でも、無過失が認められる場合がある（【判例080】最判昭和51.12.2民集30-11-1021 他）。

事例2：不動産の売主が6年間にわたって隣地の一部を含む土地を占有し、その間、隣地所有者との間で、境界に関する紛争のないままに、同地の買主が、自主占有を取得した場合には、たとえ、買主が、買受けに際して、登記簿等の調査をしなかったとしても、無過失に当たる（【判例085】最判昭和52.3.31 裁判集民 120-363 他）。

事例3：国有地である水路が、既に埋め立てられ、建物が水路に食い込んでいることを疑わせる状況にない場合、土地の買主において、登記簿、公図等を閲覧し、それに基づいて実地に調査しても対象地が、他人の土地であることが容易に知り得ない場合は、無過失に当たる（東京地判平成13.1.19 公刊物未登録（平9（ワ）200001号））（図解時効紛争事例便覧968頁）。

【過失が認定された事例】

事例1：無過失とは、自己に所有権があると信じ、かつ、そのように信じるにつき過失がないことをいう。原則として、隣地との境界については、両地の登記簿、測量図により容易

に知ることができる場合には、相続の場合でも、調査をしない場合には無過失とはいえない（【判例045】最判昭和43.3.1民集22-3-491他）。

事例2：農業委員会作成の図面または法務局備付けの図面を閲覧し、それらに基づいて実地に調査をすれば、一番の一の土地と一番の二の土地との境界を比較的容易に了知し得たものであるのに、Xは右図面等を閲覧したこともなく、また、自己の買い受けた一番の一の土地を実測したこともないのであるから、Xが本件土地を占有するに当たって自己の所有と信じたことには過失がなかったとは言えない（【判例059】最判昭和46.3.9裁判集民102-233他）。

事例3：賃借地に隣接する第三者の土地の一部を占有するものが、国に物納された賃借地の払下げを受け、以後、所有の意思をもって第三者の所有地を占有開始に至っただけでは、これをもって、自己の所有と信じるについて、過失がなかったとすることはできない（【判例074】最判昭和50.4.22民集29-4-433他）。

事例4：公図のない地域において、不動産会社が他人の土地を自己所有地の分筆後の地番の土地と称して多数の者に別荘地として分譲した事案について、不動産会社の同土地に対する占有の開始は善意・無過失とはいえず、被分譲者らの時効取得の主張は認められない（【判例093】東京高判昭和53.9.26訟月24-12-2525）。

事例5：農地の取得時効について無過失とはいえないとされた事例で、農地の譲受人が、当該農地について必要な農地調整法（ただし昭和24年法律第215号による改正前のもの）第4条第1項所定の知事の許可がないときは特段の事情がない限り、当該農地の所有権を取得したと信じても無過失とはいえない（【判例115】最判昭和59.5.25民集38-7-764他）。

（第2章第2節「第2　時効完成の要件」3、（2）（26頁）及び第5章第1部第2「論点10　占有の善意・無過失・平穏・公然等（民法第186条）」（175頁以下）を参考）

Q34　抵当権が設定されている不動産を、第三者が短期取得時効した者の善意・無過失とは、いかなる状況でしょうか？

A　民法では、「債務者又は抵当権設定者でない者が抵当不動産について取得時効に必要な要件を具備する占有をしたときは、抵当権は、これによって消滅する。」（民第397条）と規定され、判例（大判大正9.7.16民録26-1108）も、抵当不動産の取得時効により、所有権を原始取得した結果、抵当権が消滅すると判示しています。そこで、取得時効成立に必要な要件のひとつである民法第162条第2項の善意・無過失の内容が問われるわけです。

【判例049】（最判昭和43.12.24民集22-13-3366他）は、短期取得時効（民第162条第2項）の善

意・無過失は、自己に所有権があるものと信じ、かつ、そのように信じるについて、過失がないことであると判示し、さらに、占有者において、占有の対象不動産に抵当権が設定されていることを知り、又は不注意で知らなかった場合でも、善意・無過失を認定しています。ちなみに、前出の判例（大判大正 9.7.16 民録 26-1108）は、「抵当権の存在を知りたるときは、抵当権については悪意なりということを得べきも、所有権に対しては善意の占有者なり」と判示しています（第 3 章第 1 節「第 2　一筆の土地の一部についての取得時効」7（57 頁）を参考）。

第9　取得時効の成立と登記

Q35 取得時効完成後に登記なくして対抗できる第三者とは誰ですか？

A 時効取得者は、時効完成時の登記名義人に対しては、当事者であることにより、対抗の問題を生じないため、登記なくして対抗できると思われます（ケースⅠ）。なお、時効完成前に登記名義人が変更になった場合（ケースⅡ）、登記名義人の変更が時効完成前に行われたが登記が時効完成後に行われた場合（ケースⅢ）のコメントの例があります（詳細は、第3章第1節「第1　取得時効と登記」2、(1)、①ケースⅠ以下（45頁以下）参照）。

Q36 取得時効完成後に、対象物件が第三者に譲渡され、第三者が所有権移転登記を完了した場合、時効取得者は第三者に対し、取得時効を原因として所有権移転登記手続を請求できるのでしょうか？

A 判例の考え方では、時効取得者と第三取得者は二重譲渡と同じ関係となり、対抗要件としての登記の前後で優劣を決定しますので、登記のない時効取得者は第三取得者に対し対抗できないことになります（詳細は、第3章第1節「第1　取得時効と登記」2、(1)、③ケースⅢ（47頁）参照）。

Q37 ある不動産について、時効取得者が存在していることを知っている者が、あえて、土地に関して、売買を登記原因として所有権移転登記を完了しても、背信的悪意者として時効取得者に対抗できない場合があると聞きましたが、本当ですか？

A 判例理論によれば、取得時効完成後に当該不動産の譲渡を受けて所有権移転登記を完了した第三者には、時効取得者は登記なくしては、対抗できないものとされています（Q36）。しかし、一方では、「背信的悪意者」というのは、登記をしていないことを主張することについて、正当な利益を有しない、民法第177条の第三者に当たらない者を指します。判例は、「当該土地に付いて多年にわたり占有者があることを認識している」等の事情があり、登

記の欠陥を主張することが信義に反するものと認められる事情の存在を知る場合は、背信的悪意者に当たると判示しました（最判平成 18.1.17 裁時 1403-4、判時 1925-3 他）。

注意すべきは、民法第 177 条の背信的悪意者の背信的悪意者の定義の要件である「実体上物権変動があった事実を知るもの」であるのに対して、取得時効においては、取得時効の事実を知ることが必要であるところ、取得時効の成否は要件の充足の有無が容易に認識判断できないことから、「少なくとも、多年にわたる占有継続の事実を知ることとされる」点に注意が必要であるとされる点に注意が必要となります（図解時効紛争事例便覧 992 ノ 2 頁）。調査士は、時効の成立している者が、その相手方の売買等により二重譲渡の類型になったために、対抗できないという不測の事態も予測されますので、この事例を参考にして下さい。

Q38 時効取得者は、時効完成後に所有権移転登記を受けた第三者に対して、所有権移転登記を起算点として再度取得時効を認めることができますか？

A 認めることができます。
【判例 025】（最判昭和 36.7.20 民集 15-7-1903）は、従来の理論である判例の起算点を占有の開始に確定する事による弊害を回避するために、時効取得者は第三者の所有権移転登記後から再度の取得時効が進行し、時効の要件を満たせば、再度の取得時効を認めることができます（第 3 章第 1 節「第 1　取得時効と登記」2、(1)、④ケースⅣ（47 頁）参照）。

Q39 対象不動産の所有者から売買予約の仮登記を経ていた仮登記権者が存在する不動産について、取得時効成立により所有権を取得した者は、時効取得完了後に売買予約の仮登記権者より、仮登記を譲受けた第三取得者に対して、所有権の取得を登記なくして対抗できるのでしょうか？

A 対抗できると思われます。
【判例 107】（最判昭和 56.11.24 裁判集民 134-261 他）は、売買予約の仮登記権者より仮登記を譲受けた仮登記譲受人は、仮登記権者の地位がそのまま仮登記譲受人の地位になったものであり、時効の当事者であると判示しました（第 3 章第 1 節「第 1　取得時効と登記」2、(1)、②ケースⅡ（46 頁）参照）

Q40 時効期間の進行中に差し押さえ又は抵当権の設定がなされた場合において、時効取得者は時効取得による所有権取得原因とする所有権登記なくして、これらの者に対抗できますか？

A これらの者は、物権変動の当事者と解されるので、対抗できると思われます。

時効取得は原始取得であり、時効完成時の関係人は当事者であることから、登記なくして対抗できることになると思われます（第3章第1節「第2　一筆の土地の一部についての取得時効」7（57頁）を参考）。

第10 農地に関する問題

Q41 農地の取得時効に農地法所定の許可は必要でしょうか？

A 農地法所定の許可は不要です。

判例は、時効取得は原始取得であると解し、これを理由として時効による農地所有権の取得については、農地法第3条（第5条も該当する）の適用はないとしています（【判例076】最判昭和50.9.25民集29-8-1320他）。

登記実務においては、知事の許可書を添付することなく、取得時効を原因とする所有権移転登記の申請を受理しても差し支えない（昭和38.5.6民事甲第1285号民事局長回答）とするのが取扱いです。ただし、このようなケースで時効を原因とする場合は、許可を要しないとされていることから、真実は売買であるのに、通謀して時効を登記原因とする移転登記の申請が、実務上しばしば行われていたため、登記簿の地目が田又は畑である土地について時効取得を原因とした権利移転又は設定の登記申請があった場合は、登記官からその旨を関係農業委員会に対して通知することとされ、また司法書士が申請代理人の場合には、同人から事情聴取の上、必要があるときはしかるべく注意を喚起するのが相当であるとされています（昭和52.8.22民三第4239号民事局第三課長依命通知）（第3章第1節「第6 時効と農地法」2、(1)（76頁）、第5章「第2部 関連通達」5-1 別紙2（235頁）参照）。

Q42 農地法所定の許可等（届出を含む）が必要な場合に、農地法の許可書等が添付されていない所有権移転・地目変更登記申請がなされた場合に、農業委員会と法務局はどのような連絡調整をすることになっていますか？

A 農林省及び法務省から通達が出ています（詳細は第5章「第2部 関連通達」5-1-1～2（236頁以下）を参照）。

農地法所定の許可書等（農地に該当しない旨の知事（農業委員会）の証明書又は転用許可があったことを証する書面）を添付しないで、農地以外の地目への変更登記の申請があった場合は、登記官は関係農業委員会に対し、農地法所定の許可の有無、対象土地の現況等について照会をし、原則として、回答があるまでは、当該登記申請の処理を留保するものとされています。ただし、照会後2週間を経過したときはこの限りではありません。

また、農業委員会から、原状回復命令が発せられる見込みである旨の回答があった場合は、

その原状回復命令が発せられた旨又は原状回復命令が発せられる見込みがなくなった旨の通知がされるまでの間、さらに当該登記申請に係る事件の処理を留保するものとされています。ただし、農業委員会の原状回復命令が発せられる見込みであるとの回答後、2週間を経過したときはこの限りではないとされています。

Q43 農地の買主が売主に対して有する、農地法の許可権者（届出受理権者）である知事（農業委員会）に対する農地の所有権移転許可申請（農地法第3条・第5条）協力請求権は何年の時効にかかりますか？

A 農地の所有権移転許可申請（農地法第3条・第5条）協力請求権は、原則10年の時効にかかります。

農地の売買契約としては有効であり、売主は買主に対し、所有権移転を完成させるため、農地法所定の許可申請に協力すべき義務があり、かつ買主に所有権移転登記を得させる義務を負うものとされています。売主の買主に対する義務は、所有権移転許可申請協力義務といわれ、これに対応する買主の売主に対する権利を「所有権移転許可申請協力請求権」といわれます。

判例は、許可申請協力請求権は、許可により初めて移転する農地所有権に基づく物件的請求権ではなく、また所有権に基づく登記請求権に随伴する権利でもなく、売買契約に基づく債権的請求権であり、民法第167条第1項の債権に当たると解すべきであって、右請求権は売買契約成立の日から10年の経過により、時効によって消滅するとしています（【判例073】最判昭和50.4.11民集29-4-417 他）。

Q44 農地が非農地化した場合に、農地法の許可が必要でしょうか？

A 農地法の許可は必要ないと考えられます。

農地を目的とする売買契約締結後に、目的物が買主の責に帰すべからざる事情によって農地でなくなった場合には、知事の許可なしに売買契約の効力が生じ、所有権が買主に移転します（最判昭和42.10.27民集21-8-2171 他）。

Q45 農地の賃借権の時効取得は認められますか？

A 原則として認められます。

民法第163条の規定によって、土地の継続的な用益という外形的事実が存在し、かつそれが賃借の意思に基づくことが客観的に表現されているときは賃借権の時効取得も可能である【判例046】（最判昭和43.10.8民集22-10-2145）としています。その他、賃借権の時効取得と許可について、寺院から境内地を賃借し占有してきたが、当時の法令によると、主務官庁の許可がなければ賃貸借は無効であった場合、原審がこのような場合、許可がなければ賃貸借の取得時効はあり得ないと判決したのを破棄差し戻した判例（最判昭和45.12.15民集24-13-2051他）があります。また、農地の賃貸借契約については、本件賃貸借契約のなされた当時から知事（後に農業委員会）の許可のない限り、その効力はないものとされ、本件についても所定の許可のないことは前記のとおりです。しかし、右の許可の制度は農地法所定のとおり、国の農業政策等の公益的目的に出たものですので、時効の場合においても、許可のない限り、権利を取得し得ないのではないかとの疑問が生じます。しかし、同法の規定する許可は任意取引に基づく賃借権等の権利の移動を統制する趣旨であって、時効による権利の取得を禁止したものとは解せられません。また、実質的にも、その後の経済的、社会的事情の変遷、同法の改正経過等に照らしても、平穏、公然に用益を継続した者の事実的支配を保護すべき時効制度による賃借権の取得をも知事の許可のない限り、認め得ない程強い公益的要請があるものとは解し難いとする判例（高松高判昭和52.5.16判時866-144、判タ359-276）があります（第3章第1節「第6 時効と農地法」2、(2)（77頁）参照）。

第11 税金に関する問題

Q46 隣地所有者が住宅を建築するに当たり、土地境界について問題が生じました。境界の専門家である土地家屋調査士が調査した結果、時効が成立していることが判明し、相手方も承認していただけたので、隣地の土地の一部を取得時効により所有権を譲り受けることによって解決しましたが、何か税金が課税されますか？

A 隣接地の一部を無償で所有権を取得するわけですが、時効取得を登記原因として所有権移転登記を行うと、課税実務の運用は、個人は一時所得、法人は益金（法税第22条第2項）として課税されることに注意すべきです。なお、課税は時効を援用したときに発生し、時効を援用したときの資産の価値に対して課税する運用です（詳細は、第3章第1節「第5 時効と税金」2（72頁）を参照）。

第12 時効取得と表題登記

Q47 時効取得された土地を時効取得後の形状に地図を訂正（地積更正を併せて行う）することによって、分筆登記と所有権移転登記を省略することはできないでしょうか？

A 地図訂正により結果的に境界の移動と同じ結果になることは認められないと考えられます。

筆界は公法上の境界であり、当事者の合意で変更することができないため、時効取得した範囲を確定の上、分筆をして時効取得を原因として所有権移転することになると思われます（詳細は、第3章第1節第2、7「《一寸休憩3》 1．地図訂正と地積更正」（59頁）を参照）。

第13　ADRと時効

Q48 ADR基本法に基づき、民間紛争解決手続の業務に関する認証を得た機関において、土地の権利を主張すると、時効中断の効果が生ずるといわれましたが、本当ですか？

A ADR基本法に基づく民間紛争解決手続の業務に関する認証を受けた機関で行われる場合には、時効の中断（ADR基本法第25条）、訴訟手続の中止（同第26条）及び調停の前置に関する特則（同第27条）の特例が認められています（詳細は第2章第2節「第5　時効完成の障害」1、(3)（38頁）を参照）。

第14　筆界特定制度と時効

Q49 筆界特定手続において、関係人が時効の援用をした場合の法律効果は何ですか？

A 時効の援用の効果が生じます。ただし、関係人が、時効の成立を認めないときは、訴訟手続が必要です。

Q50 筆界特定手続において、所有権の主張をすると時効の中断の効果が生じますか？

A 民法第153条の催告として時効の中断の効果が生じます。ただし、ADRのように時効の中断効（ADR基本法第25条）があるわけではないので、6か月以内に裁判上の請求手続等、第153条所定の手続をしなければ事項を中断する効果は失われますので注意が必要です。

【出典】
- 酒井廣幸「時効の管理」（新日本法規出版、1988）
- 酒井廣幸「時効の管理　続」（新日本法規出版、1991）
- 酒井廣幸「時効の管理　続」（新日本法規出版、増補改訂版、2001）
- 時効実務研究会編「図解時効紛争事例便覧」（新日本法規出版、2000）

第2部　事例から学ぶ土地調査測量の留意点

　この事例は、筆者が行った土地の調査測量の事例をヒントに、土地家屋調査士が通常経験する問題を甲乙及び丙の間で交わされる会話を想定して作った仮想事例である。

　土地家屋調査士Xは、平成19年9月1日、土地所有者甲より○市○町2番の土地を売却するため、土地の調査測量を依頼され、図1（地図）を基に、現況測量の結果として図2（現況測量図）のような調査結果となった。

図1　地図　縮尺1/1000

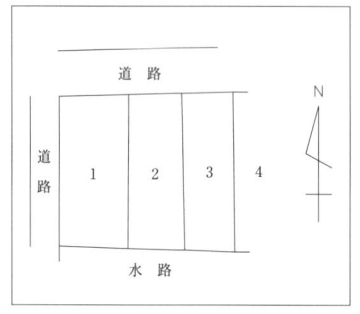

図2　現況測量図　縮尺1/500

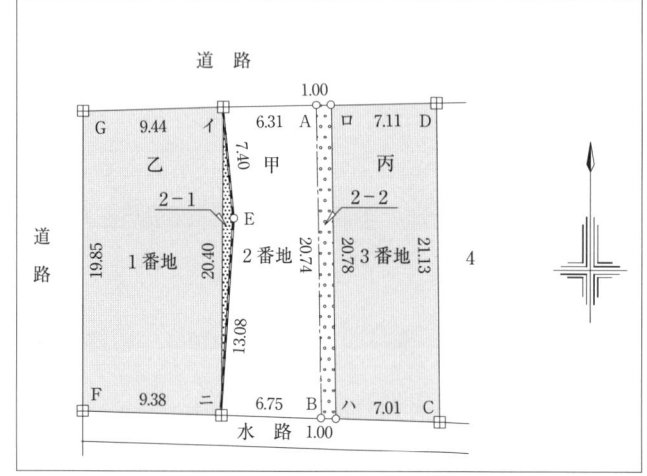

第1　調査測量作業のプロセスと結果

1．占有状況

（1）　依頼人甲は、イ、A、B、ニ、E、イを順次直線で結んだ範囲を占有している。

（2）　隣地1番地の所有者乙は、G、イ、E、ニ、F、Gを順次直線で結んだ範囲を占有している。

（3）　隣地3番地の所有者丙は、A、ロ、D、C、ハ、B、Aを順次直線で結んだ範囲を占有している。

2．面積及び登記記録情報との対比

　現況測量結果による登記記録情報、地図の読取地積及び現況実測地積の対比結果は、別表3-1現況測量結果と登記記録情報との対比一覧表及び3-2修正後の地積対比表のとおりである。

別表 3-1　現況測量結果と登記記録情報との対比一覧表

地番	地目	A 登記記録情報地積	B 地図の読取地積	地積対比 B/A	C 現況実測	C-A 対比	所有者
1	宅地	186.80 m²	190.45 m²	1.019	197.38 m²	＋10.58 m²	乙
2	宅地	153.56 m²	154.71 m²	1.007	126.42 m²	－27.14 m²	甲
3	宅地	146.50 m²	147.58 m²	1.007	168.80 m²	＋22.30 m²	丙
合計		486.86 m²	492.74 m²	平均 1.012	492.60 m²	＋5.74 m²	

別表 3-2　修正後の地積対比表

地番	範囲	D 修正後地積	A 登記記録情報の地積	差分 D-A	対比 D/N
1	G、イ、ニ、F、G を直線で結んだ範囲	189.42 m²	186.80 m²	2.62 m²	1.014
2	イ、ロ、ハ、ニ、イ を直線で結んだ範囲	155.12 m²	153.56 m²	1.56 m²	1.010
3	ロ、D、C、ハ、ロ を直線で結んだ範囲	148.04 m²	146.50 m²	1.54 m²	1.010
合計		492.58 m²	486.86 m²	5.72 m²	平均 1.011

参考表

2-1	イ、E、ニ、イを直線で結んだ範囲	7.95 m²		
2-2	A、ロ、ハ、B、Aを直線で結んだ範囲	20.75 m²	合計	28.70 m²

　上記の参考表からは、2番の土地のうち、乙が占有している2-1の範囲の地積及び丙が占有している2-2の範囲の地積を集計したもので、この地積に相当する地積が、別表3-1現況測量結果と登記記録情報との対比一覧表中の2番の土地の不足分比較表中のC-A対比（－27.14 m²）に概ね相当する範囲であることがわかる。

3．筆界の確認（特定）結果

　土地家屋調査士Xが出した、2の面積及び登記情報との対比結果は以下のとおりである。

(1)　甲の所有地2番地の土地の筆界は、イ、A、ロ、ハ、B、ニ、イを順次直線で結んだものである。

(2)　乙の所有地1番地の土地の筆界は、G、イ、ニ、F、Gを順次直線で結んだものである。

(3)　丙の所有地3番地の土地の筆界は、ロ、D、C、ハ、ロを順次直線で結んだものである。

と推測し、別図3（修正図）の筆界を作成のうえ、まずは依頼人である甲に対し、実施した

作業と作業の結果、判別できる内容を説明のうえ、図3修正図を示し筆界確認（特定）結果を報告し、今後の各々の立会いの対応を協議した。

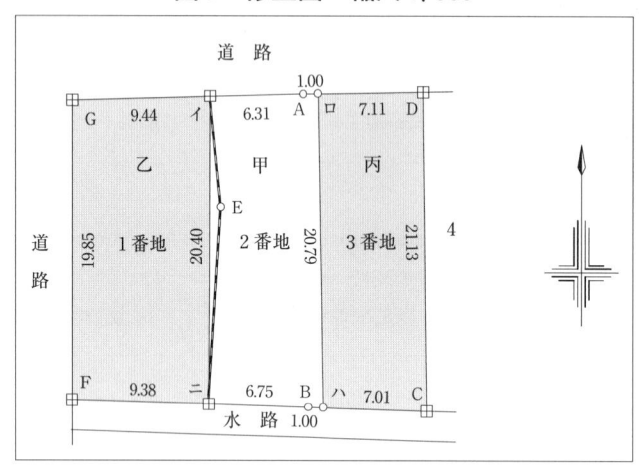

図3　修正図　縮尺1/500

```
           道　路
              1.00
    G  9.44 イ 6.31 A ロ 7.11 D
       ┌────┬────┬────┐
       │ 乙  │ 甲  │ 丙  │
  道 19.85│    │   E│    │21.13
  路    │1番地│2番地│3番地│    4
       │20.40│20.79│    │
       │    │    │    │
       └────┴────┴────┘
    F  9.38 ニ 6.75 B ハ 7.01 C
           水　路
              1.00
```

第2　甲及び関係人（乙及び丙）との対話

この項目は、第1の3．筆界の確認（特定）結果に基づき、土地家屋調査士Xが、隣接地所有者であるところの乙及び丙との筆界確認作業において遭遇するであろう、関係人の主張を対話方式で想定し、これに、法的評価を試みたものである。

調査士Xは、乙に対し、図1地図、図2現況測量図及び登記記録情報並びに別表3-1、3-2を対比しながら作成した図3修正図を示し、乙が所有している土地1番地の東側のコンクリートブロックが、2番地の土地にはみ出していることを、さらに、3番の土地所有者丙に対しては、丙の所有する建物の一部が甲所有の2番地に越境している旨を説明した。

以下、甲乙各々の想定される主張とその法的評価を試みる。

関係人乙の想定される主張内容	主張に対する法的評価
ケース(1) 乙は、あくまで、ブロック塀の東面までは自己所有地であると主張するケース 　関係人乙は、甲に対して次のように答えた。 「私は、平成8年9月1日に1番地の土地を売買を原因として取得し、引渡しを受けると同時に、ブロック塀を設置するに当たり、	①　筆界は、当事者の合意で変更できるものではない（【判例017】最判昭和31.12.28民集10-12-1639、【判例027】東京高判昭和37.7.10下民13-7-1390）とされる。 　乙は、「甲の承諾を得て、ブロック塀を

甲の立会を得て、甲の承認のもと、私の費用で設置したものである。したがって、ブロック塀の東面までが私の所有地である。」と主張した。

設置した」と主張する。乙の主張が事実であれば、少なくとも甲がイーEーニーイを結ぶ三角形の範囲については、特別の意思表示のない限り、甲から乙へ、三角形の部分の所有権を譲渡する暗黙の合意がなされたと見るのが相当であるとされている（【判例031】大阪高判昭和38.11.29下民14-11-2350）。

② 万一、乙の主張する、「甲の承諾を得た事実」を乙が証明できない場合には、三角形部分を譲渡する合意は認定できなくなるので、次に、乙は取得時効の主張を行うことが予想される。この場合の論点は、時効成立のための要件である。以下の論点を検討すべきである。

（ア） 乙の占有は、平穏、公然、善意、無過失といえるかについては、第2章第2節「第2 時効完成の要件」3（26頁）参照。

（イ） 取得時効の起算日はいつになるのかについては、第2章第2節「第2 時効完成の要件」4、（1）（27頁）参照。

（ウ） 時効成立の要件として必要な占有期間としての占有期間は何年かの問題がある（第2章第2節「第2 時効完成の要件」4、（2）（27頁）参照）。

ケース(2)
時効利益の放棄・援用権の喪失と評価される行為があったケース

　関係人乙は、甲に対して、次のように答えた。

　「私の設置したブロック塀は設置して30年になるが、土地家屋調査士Xの資料に基づく説明により、私のブロック塀が、甲の所有地に越境していたことが理解できた。ついては、いまさらブロック塀を撤去できないので、私の越境しているブロック塀の越境している範囲（イーEーニーイ）を譲っていただけないだろうか。」と答えた。

　「時効は、当事者が援用しなければ、裁判所がこれによって裁判をすることができない。」（民第145条）としている。

　時効完成後の、時効の利益の放棄は、民法146条の反対解釈として有効であり、相手方の権利を承認したこととなり時効中断効を生ずる（第2章第2節「第3 時効の援用」（31頁以下）、「第4 時効の利益の放棄」（35頁以下）参照）。

　問題は、乙が「譲って欲しい」とか「明渡しの猶予を求める」旨の意思表示をいかに評価するかということになる。

　通常、甲に対して行った乙の意思表示は、

時効利益の放棄とか援用権の喪失と評価されることになり、もはや取得時効の援用は許されなくなる（【判例022】最判昭和35.6.23民集14-8-1498、【判例036】最判昭和41.4.20民集20-4-702 他、【判例112】神戸地判昭和58.11.29訟月30-5-773）可能性が大きい。

ここで問題となるのは、時効の完成後の放棄は時効の完成の事実を知った上でしなければならないかが問題となる。

当初判例（【判例022】最判昭和35.6.23民集14-8-1498）は、時効利益の放棄は、時効の完成の事実を知っていることを要するとしていたが、その後の判例（【判例036】最判昭和41.4.20民集20-4-702 他）で、「債務者は、消滅時効が完成したのちに債務の承認をする場合には、その時効完成の事実を知っているのはむしろ異例で、知らないのが通常であるといえるから、債務者が商人の場合でも、消滅時効完成後に当該債務の承認をした事実から右承認は時効が完成したことを知ってされたものであると推定することは許されないものと解するのが相当である。……しかしながら、債務者が、自己の負担する債務について時効が完成したのちに、債権者に対し債務の承認をした以上、時効完成の事実を知らなかったときでも爾後その債務についてその完成した消滅時効の援用をすることは許されないものと解するのが相当である。けだし、時効の完成後、債務者が債務の承認をすることは、時効による債務消滅の主張と相容れない行為であり、相手方においても債務者はもはや時効の援用をしない趣旨であると考えるであろうから、その後においては債務者に時効の援用を認めないものと解するのが、信義則に照らし、相当であるからである。また、かく解しても、永続した社会秩序の維持を目的とする時効制度の存在理由に反するものではない。」としている。したがって、土地家屋調査士Xは、このような承認と認められるような意思表示があれば、遅滞なく、分筆して、売買等により所有権の移転登記により解決するのが得策であると考えたが、あなたならどの

ケース(3)
明確な時効の援用があったケース

関係人乙は、甲に対して、次のように答えた。

「私は、平穏・公然・善意・無過失で、すでにブロック塀を設置して、13年以上も経過している。既に時効取得が成立していると思うので、至急、分筆して所有権を時効を原因として私に所有権を譲渡されたい。」

ように対応するだろうか。(第4章「第1部Q&A集」Q15（105頁）を参照）。

乙は、時効取得を援用（民第145条）したものと思われる。そこで甲としては、時効期間を10年とする短期取得時効の要件を満たした占有であるのか、はたまた長期取得時効の20年なのかを検討することになる。この場合、乙は乙の前所有者の占有期間も主張できることに注意すべきである。（民第187条第1項）（第2章第2節「第2　時効完成の要件」1（25頁）、4（27頁）参照）。次に、時効の起算点は時効の基礎たる占有の事実が開始されたときであり、乙の主張する占有がいつから開始したかを明確にしなければならないことになる。甲は、甲の記憶では10年は経過していないと主張する場合、土地家屋調査士Xは、ブロック塀の設置した時期をどのような資料で認定するのだろうか。また、あなたなら、どのような事実により認定が可能と考えるだろうか。

ケース(4)
不明確な時効の援用があったケース

関係人乙は、甲に対して、次のように答えた。

「私の父が30年前にブロック塀を設置し、私が1番地の土地を平成元年に相続し占有を継続してきたのであり、設置して30年もたってから、越境していると主張されても、にわかに納得できるものではなく、返還するつもりはなく、土地家屋調査士Xの説明は認めることができない。」と主張した。

このような場合は、乙の主張する抗弁がいかなる要件事実であるのか慎重に分析する必要がある。つまり「30年も経ってから、越境していると言われても納得できないとの主張」の趣旨が「時効により所有権を取得している」と言っているのか、単に土地家屋調査士Xの説明した筆界が納得できないとしているのかを、その主張の真意を慎重に検討することが重要である。

一般的に訴訟や調停の場において、裁判官や調停委員が当事者の主張をいわば先回りして「それは時効の主張ですか。」と尋ねたりすることはしていないし、調査士会の行うADRにおいても調停員から積極的に時効主張の有無を確認したりするようなことはしていないと思われるが、それは、時効主張の有

無を確認することが、結果として当事者に対して時効の援用を勧めたり、促したりすることになるのは相当ではないと考えられているからである。

　土地家屋調査士Ｘは、依頼人甲と協議の上、甲と乙とは今まで、平穏な隣人関係であったこともあることから、乙の時効の主張を認める方向で協議するとのことだが、あなたならどのように対応するだろうか。また、そのときの判断のポイントになる要素としてどのようなことが考えられるだろうか（第3章第2節「第1　取得時効認定前になすべきこと」4、(1)（87頁）参照）。

ケース(5)
時効取得した土地を、売買を原因として所有権を取得した乙が現れたケース（対抗要件としての登記の問題）

① 時効完了後に第三取得者が現れた場合
　図2のイーＥーニーイを順次直線で結ぶ三角形及びＡーローハーＢーＡを順次直線で結ぶ、四角形の部分について時効取得の要件を充足し、乙及び丙の時効が完成している時において、2番地をいわゆる公簿売買で取得した丁が、住宅建築のため土地の調査測量を、土地家屋調査士Ｘに依頼した場合において、図3の修正図の結果、時効が成立していることが判明した場合に、丁の、乙及び丙に対する所有権に基づく土地返還明渡請求が認められるだろうか。

② 背信的悪意者といえるかどうかのケース
　丁が2番地の土地の売買に当たり、現地で説明を受けた時に、図1の地図によると、2番地の形状（四角形）が異なり、一見して、三角形の部分が越境している事を認識していた場合はどうか。

① 時効完成後に土地の所有権取得を登記した丁に、乙及び丙は時効取得を主張できない。判例は、時効によって2番地の土地の一部の所有権を取得した乙及び丙と売買によって2番地の土地全部の所有権を取得した丁とは民法第177条の対抗要件の問題となり、先に登記を完了した丁に、乙及び丙は、対抗できないことになる（【判例019】最判昭和33.8.28民集12-12-1936）。

② ①の原則によれば、乙及び丙は丁に対抗できないことになるのだが、判例の背信的悪意者の理論（対抗要件である登記欠缺を主張する正当な利益を有しない者を指す）で、丁が、時効取得者である乙及び丙に対して、時効取得の登記のないことを主張できないケースがあるのではないかということが問題となる。
　判例（最判平成18.1.17民集60-1-27）は「甲が時効取得した不動産について、その取得時効完成後に乙が当該不動産の譲渡を受けて所有権移転登記を了した場合におい

	て、乙が、当該不動産の譲渡を受けた時点において、甲が多年にわたり当該不動産を占有している事実を認識しており、甲の登記の欠缺を主張することが信義に反するものと認められる事情が存在するときは、乙は背信的悪意者に当たるというべきである。(略)乙において、甲が取得時効の成立要件を充足していることをすべて具体的に認識していなくても、背信的悪意者と認められる場合があると言うべきであるが、その場合であっても、少なくとも、乙が甲による多年にわたる占有継続の事実を認識している必要があると解すべきであるからである。」としている。したがって、どの程度の認識が背信的悪意者になるかの問題だが、上記最高裁判例の趣旨に照らすと時効取得の要件のすべてについてまで認識していなくても良いが、少なくとも多年にわたる占有の事実については認識している必要があると思われる（第4章「第1部　Q＆A集」Q37（118頁）を参照）。
ケース(6) **権利の濫用のケース** 　ケース(5)の丁は、四角形A－ロ－ハ－B－Aで囲まれた部分に丙所有の建物がまたがって建っている場合に、所有権に基づき丙所有建物の越境部分の収去明渡しを主張した場合、認めることができるだろうか。	相談された土地家屋調査士Xは、「丁の所有権に基づく明渡請求権行使は原則として認められると考えられる。ただし、丙所有建物の収去に、過分な費用を要する等の事情がある場合には、丁の請求は権利の濫用になることもあり得る（大判昭和10.10.5民集14-1965）ので、占有されている部分により丁の目的が果たせないのか等を考慮し、土地家屋調査士Xは平穏な相隣関係の形成に向けて話合いをされたらどうか。」と提案したが、あなたならどのように対応するだろうか。
ケース(7) **善意・無過失の事例** 　関係人乙は、土地家屋調査士Xに対して、次のように答えた。	この乙の主張の場合、一見して、地図の形状と相違する現地に関して、時効取得を乙が主張する場合に、乙に過失があるといえるか

「私は、1番地の土地を売買にて取得したものである。取得した際には、既に、イーEーニにブロック塀は存在していたが、乙は前所有者から、ブロック塀は自分の所有であり、ブロック塀の東側が境界であると教えられていた。」と主張した。

判例は、土地取得に当たり、事前に地図等の調査を行わないのは、過失があるとしているが（【判例005】大判大正14.3.23新聞2394-3、【判例045】最判昭和43.3.1民集22-3-491他、【判例061】名古屋地判昭和46.9.30判タ271-217、判時652-63、【判例102】東京地判昭和52.2.6下民35-1～4-190他）。境界について、隣接所有者間において、特段の紛争等がない状況においては、事前の調査不足があっても過失を認定しないとする判例（【判例085】最判昭和52.3.31裁判集民120-363他、【判例128】東京地判昭和62.6.24判時1266-104、ジュリ931-108）もある（第5章第1部「論点10　占有の善意・無過失・平穏・公然等（民法第186条）」（175頁以下）の判例及び第2章第2節「第2　時効完成の要件」3（26頁）を参照）。この場合、あなたなら、どのように考えるだろうか。

ケース(8)
土地の一部の売買

説明を受けた丙は、次のように主張した。

「A－ロ－ハ－B－Aを結ぶ四角形の部分は、丙が甲の先代より買ったものであり、既に代金も支払い、所有権を取得している。この機会に分筆をして、所有権移転登記を丙にされたい」旨の主張がなされた。

判例は、一筆の土地の一部の売買を認めている（【判例014】最判昭和30.6.24民集9-7-919）。したがって、丙の主張が事実であれば、丙の所有権に基づく所有権移転登記請求権に応じなければならないことになる。

土地家屋調査士Xは、丙の主張を確認できる領収書と売買契約書を見せていただき、甲に納得していただくことができたが、甲の理解が得られない場合、あなたならどのように対応するだろうか。

ケース(9)
自己所有地の時効取得

ケース(8)の事例において、甲が丙の主張を否定し、丙が要件事実を立証できなかった場合、A－ロ－ハ－B－Aを結ぶ範囲の時効取得の主張ができるか。

一筆の土地の一部の売買を判例が認めていることはケース(8)のとおりである。ここで問題となるのは、時効取得の条文によれば、時効は他人の物の所有権を取得すると規定している（民第162条）。丙は甲より土地の所有権を取得しており、他人の物ではないということである。判例は、自己所有地の時効制度

	を認めているので（【判例053】最判昭和44.12.18民集23-12-2467他）、丙が既に売買で土地の所有権を取得しているにもかかわらず、時効取得の要件を充足していれば、主張できることになると思われる。 　なお、この場合は、丙は善意・無過失の認定をされることが多い思われる（【判例080】最判昭和51.12.2民集30-11-1021他）。
ケース(10) **農地時効取得と農地法の許可の必要** 　ケース（8）において、2番地の土地が現況田である時、甲が丙の主張を認め、A－ロ－ハ－B－Aの範囲を分筆して所有権移転登記をするのに農地法の許可が必要か。	時効による所有権の取得は、原始取得であるから、農地法の許可は必要ない（【判例076】最判昭和50.9.25民集29-8-1320他、【判例084】最判昭和52.3.3民集31-2-157他）（第3章第1節「第6　時効と農地法」（75頁以下）参照）。
ケース(11) **排他的占有** 　丙は、2番地の土地の一部に建物をまたがって建築している事が判明した時点で、建物の庇の先端までのA－Bを結んだ線上までが時効取得の範囲であると主張するがどうか。	時効取得が成立するための占有は時効制度の趣旨から、外見的にその占有支配が第三者から分かる程度の排他的支配が必要とされている。 　庇の場合には、地上に境界を画する明確な囲いがなく、広大な土地の中にある建物の庇の場合には占有を認めたものがある（【判例009】大判昭和16.12.12新聞4753-9他）が、庇が重なり合っているような市街地のようなケースには認定が困難な場合があると思われる。特に、林野の場合には、必ずしも常時を立ち入って管理することをしないため、時効の要件である排他的占有を認定するのは、困難が伴う。 　具体的には判例から読み取っていただきたい（第3章第2節「第1　取得時効認定前になすべきこと」3、(3)、①（79頁）及び第5章第1部「論点11　占有の状態・排他的支配の状態」（181頁以下）の各判例【判例006】大判大正14.12.12裁判拾遺1・民11、【判例009】大判昭和16.12.12新聞4753-9他、【判例037】佐賀地判昭和41.6.16訟月12-7-1068、【判例051】盛岡地判昭和44.6.19訟月15-8-900を参照）。

第5章
資料編

第1部　土地境界紛争処理のための取得時効制度概説　判例要旨集

第1　判例分類項目

　判例は、争点になった部分に対する法令の解釈や学説を踏まえながら、絶えず時代の求めに対応する解決方法を示し積み重ねられていくものである。

　この第5章資料編第1部判例要旨集の中で引用した判例要旨は時効制度で問題とされた取得時効成立の可否についての種々の論点に関わるものである。

　今回、判例要旨を分類した各論点は、判決がなされた年代順に並べてある。従って、時効制度で問題とされた各種の論点が何時頃問題にされたのか、又、どのように判断が変遷してきたか（たとえば、法定外公共物の取得時効や農地と取得等は顕著である。）を垣間見ることは、時効制度の存在意義や社会秩序の中での遷り変わりを見るのに有効であると共に、論点に関して判例の考え方の変化を一覧して理解するためにも有効であると考えるので、論点とは別に掲載した判例の年表を作成しておいたので、効率良くこの判例分類集を利用頂ければ幸いである。

論点1．筆界と所有権界等 ･･･ 153
　「判例番号」004、011、013、014、017、027、031、033、034、043、044

論点2．隣接地の取得時効と当事者適格 ･･ 156
　「判例番号」016、044、065、067、078、111、113、149、152、158、159、161、164

論点3．時効の効果等 ･･ 160
　「判例番号」032、041、057、106、144

論点4．所有の意思 ･･ 162
　「判例番号」024、038、048、055、056、071、080、092、109、110、136、145、148、155、
　　　　　　　167

論点5．自主占有 ･･ 166
　「判例番号」053、061、068、075、082、084、097、105、118

論点6．他主占有・代理占有 ･･ 169
　「判例番号」002、021、098、135、154

論点 7．他主占有から自主占有への転換 ……………………………………………… 171
「判例番号」064、069、132

論点 8．占有の承継 ………………………………………………………………………… 172
「判例番号」026、091、137

論点 9．時効の期間・時効の開始時期・起算点等 ……………………………………… 173
「判例番号」023、028、062、073、084、089、099、103、169

論点 10．占有の善意・無過失・平穏・公然等（民法第 186 条）……………………… 175
「判例番号」005、024、028、030、035、045、049、059、061、069、070、071、074、080、085、086、093、102、105、115、128

論点 11．占有の状態・排他的支配の状態 ………………………………………………… 181
「判例番号」006、009、010、012、037、051、060、075、114、126、160

論点 12．時効の援用の意義 ………………………………………………………………… 184
「判例番号」053、063、141

論点 13．時効の援用権者 …………………………………………………………………… 185
「判例番号」052、058、066、072、162、163、171

論点 14．時効の援用権の喪失 ……………………………………………………………… 188
「判例番号」079、112、116、151、156、165、166

論点 15．時効の利益の放棄 ………………………………………………………………… 191
「判例番号」022、036、124、142

論点 16．取得時効の中断・停止 …………………………………………………………… 193
「判例番号」002、024、029、047、049、054、077、083、131

論点 17．時効完成と登記 …………………………………………………………………… 195
「判例番号」019、025、039、042、100、107、143

論点 18. 取得時効の目的物 1（所有権以外の権利の取得時効） ················· 198
　「判例番号」032、046、090、094、127、157

論点 19. 取得時効の目的物 2（法定外公共物） ····························· 200
　「判例番号」001、008、020、040、050、081、086、087、088、095、096、101、103、104、
　　　　　　108、112、117、119、121、122、123、124、125、129、130、133、134、138、
　　　　　　139、140、146、150、153、167

論点 20. 官民確定協議の成立と時効取得の主張及び自主占有から他主占有への転換 ······ 209
　「判例番号」156、166

論点 21. 農地と時効 ··· 210
　「判例番号」028、073、076、084、120、147、148、168、170

論点 22. 地役権の時効取得 ····································· 213
　「判例番号」003、007、015、018

■時効制度に関する論点の年譜（論点/年代別判例索引）

	大正10年～昭和20年		昭和21年～30年		昭和31年～40年	
	大正10年～	昭和10年～	昭和21年～	昭和26年～	昭和31年～	昭和36年～
1. 筆界と所有権界等	004		011	013, 014	017	027, 031, 033, 034
2. 隣接地の取得時効と当事者適格					016	
3. 時効の効果等						032
4. 所有の意思					024	
5. 自主占有						
6. 他主占有・代理占有	002				021	
7. 他主占有から自主占有への転換						
8. 占有の承継						026
9. 時効の期間・時効の開始時期・起算点等					023	028
10. 占有の善意・無過失・平穏・公然等（民法第186条）	005				024	028, 030
11. 占有の状態・排他的支配の状態	006	009, 010		012		
12. 時効の援用の意義						
13. 時効の援用権者						
15. 時効の利益の放棄					022	
16. 取得時効の中断・停止	002				024	029
17. 時効完成と登記					019	025
18. 取得時効の目的物1（所有権以外の権利の取得時効）						032
19. 取得時効の目的物2（法定外公共物）	001, 008				020	
21. 農地と時効						028
22. 地役権の時効取得	003, 007			015	018	

☐ ＝論点

昭和41年～50年		昭和51年～60年		昭和61年～平成7年		平成8年～	
昭和41年～	昭和46年～	昭和51年～	昭和56年～	昭和61年～	平成3年～	平成8年～	平成13年～
043, 044							
044	065, 067	078	111, 113		149, 152	158, 159, 161, 164	
041, 057			106		144		
038, 048, 055, 056	071	080, 092	109, 110	136	145, 148	155	167
053	061, 068, 075	082, 084, 097	105, 118				
		098		135	154		
	064, 069			132			
		091		137			
	062, 073	084, 089, 099, 103					169
035, 045, 049	059, 061, 069, 070, 071, 074	080, 085, 086, 093, 102	105, 115	128			
037, 051	060, 075		114	126		160	
053	063				141		
052, 058	066, 072					162, 163	171
14. 時効の援用権の喪失		079	112, 116		151	156, 165, 166	
036				124	142		
047, 049, 054	077	083		131			
039, 042		100	107		143		
046		090, 094		127		157	
040, 050		081, 086, 087, 088, 095, 096, 101, 103, 104	108, 112, 117, 119	121, 122, 123, 124, 125, 129, 130, 133, 134, 138, 139	140, 146, 150, 153		167
				20. 官民確定協議の成立と時効取得の主張及び自主占有から他主占有への転換		156, 166	
	073, 076	084		120	147, 148		168, 170

判例要旨集目次

【判例 001】　大判大正 10.2.1 民録 27-160 ……………………………………………… 200
【判例 002】　大判大正 10.11.3 民録 27-1875 ……………………………………… 169, 193
【判例 003】　大判大正 13.3.17 民集 3-5-169 …………………………………………… 213
【判例 004】　大判大正 13.10.7 民集 3-12-509 ………………………………………… 153
【判例 005】　大判大正 14.3.23 新聞 2394-3 …………………………………………… 175
【判例 006】　大判大正 14.12.12 裁判拾遺 1・民 11 …………………………………… 181
【判例 007】　大判昭和 2.9.19 民集 6-10-510 …………………………………………… 213
【判例 008】　大判昭和 4.12.11 民集 8-12-914 ………………………………………… 200
【判例 009】　大判昭和 16.12.12 新聞 4753-9、評論全集 31・民 60、法学 11-718 ……… 181
【判例 010】　大判昭和 17.2.26 法学 12-432 …………………………………………… 181
【判例 011】　広島高判昭和 23.7.21 高民 1-2-152 ……………………………………… 153
【判例 012】　福島地判昭和 27.8.30 下民 3-8-1186 …………………………………… 181
【判例 013】　最判昭和 28.4.16 民集 7-4-321 …………………………………………… 153
【判例 014】　最判昭和 30.6.24 民集 9-7-919 …………………………………………… 153
【判例 015】　最判昭和 30.12.26 判タ 54-27、判時 69-8、民集 9-14-2097 …………… 213
【判例 016】　最判昭和 31.2.7 民集 10-2-38、判タ 57-35 ……………………………… 156
【判例 017】　最判昭和 31.12.28 民集 10-12-1639 ……………………………………… 153
【判例 018】　最判昭和 33.2.14 民集 12-2-268 ………………………………………… 213
【判例 019】　最判昭和 33.8.28 民集 12-12-1936 ……………………………………… 195
【判例 020】　山形地判昭和 33.10.13 訟月 4-12-1502 ………………………………… 200
【判例 021】　東京高判昭和 34.12.21 東高民時報 10-12-307 ………………………… 169
【判例 022】　最判昭和 35.6.23 民集 14-8-1498 ………………………………………… 191
【判例 023】　最判昭和 35.7.27 民集 14-10-1871、判時 232-20、判タ 107-49 ………… 173
【判例 024】　最判昭和 35.9.2 家月 12-12-65、判タ 110-55、民集 14-11-2094 … 162, 175, 193
【判例 025】　最判昭和 36.7.20 民集 15-7-1903 ………………………………………… 195
【判例 026】　最判昭和 37.5.18 民集 16-5-1073、裁判集民 60-669、判タ 135-65、
　　　　　　　判タ 140-86、判時 307-25 ………………………………………………… 172
【判例 027】　東京高判昭和 37.7.10 下民 13-7-1390 …………………………………… 154
【判例 028】　東京地判昭和 37.10.31 行集 13-10-1712 …………………………… 173, 175, 210
【判例 029】　最判昭和 38.1.18 裁判集民 64-25、判タ 142-49、民集 17-1-1 ………… 193
【判例 030】　東京地判昭和 38.11.5 訟月 10-5-669 …………………………………… 175
【判例 031】　大阪高判昭和 38.11.29 下民 14-11-2350 ………………………………… 154
【判例 032】　最判昭和 38.12.13 裁判集民 70-245、判タ 159-88、民集 17-12-1696 … 160, 198

【判例 033】	最判昭和 40.2.23 裁判集民 77-549、判タ 174-98、判時 403-31 …………	154
【判例 034】	盛岡地裁一関支判昭和 40.7.14 判時 421-53 ………………………………	154
【判例 035】	最判昭和 41.4.15 裁判集民 83-211、判タ 191-79、民集 20-4-676 ………	175
【判例 036】	最判昭和 41.4.20 民集 20-4-702、裁判集民 83-251、裁時 448-1、判タ 191-81、判時 442-12、金判 7-12、金法 441-6 ………………………………………………	191
【判例 037】	佐賀地判昭和 41.6.16 訟月 12-7-1068 …………………………………………	181
【判例 038】	最判昭和 41.10.7 裁判集民 84-563、判タ 199-124、民集 20-8-1615 ……	162
【判例 039】	最判昭和 41.11.22 裁判集民 85-207、判タ 200-92、民集 20-9-1901 ……	195
【判例 040】	最判昭和 42.6.9 訟月 13-9-1035 ………………………………………………	200
【判例 041】	最判昭和 42.7.21 金判 77-11、裁時 480-11、裁判集民 88-113、判タ 210-151、判時 488-21、民集 21-6-1643 ………………………………………………	160
【判例 042】	最判昭和 42.7.21 民集 21-6-1653、裁判集民 88-123、判タ 210-152 ……	195
【判例 043】	最判昭和 42.12.26 裁判集民 89-613、判タ 216-126、民集 21-10-2627 …	154
【判例 044】	最判昭和 43.2.22 民集 22-2-270、裁判集民 90-343、判タ 219-84 …	155, 156
【判例 045】	最判昭和 43.3.1 金判 98-2、裁判集民 90-549、判タ 221-115、民集 22-3-491 ………………………………………………………………………………	176
【判例 046】	最判昭和 43.10.8 金判 136-12、裁判集民 92-483、判タ 228-96、判時 538-44、民集 22-10-2145 ………………………………………………………………	198
【判例 047】	最判昭和 43.11.13 民集 22-12-2510、裁判集民 93-173、裁時 509-4、判タ 230-156、判時 536-16、金判 151-12、金法 531-30 ………………………………	193
【判例 048】	最判昭和 43.12.17 判時 544-36 …………………………………………………	162
【判例 049】	最判昭和 43.12.24 金判 151-18、金法 536-22、裁判集民 93-933、判タ 230-167、判時 545-51、民集 22-13-3366 ………………………………………	176, 193
【判例 050】	最判昭和 44.5.22 裁判集民 95-323、判タ 236-118、民集 23-6-993 ………	200
【判例 051】	盛岡地判昭和 44.6.19 訟月 15-8-900 …………………………………………	182
【判例 052】	最判昭和 44.7.15 裁判集民 96-287、判タ 242-158、民集 23-8-1520 ……	185
【判例 053】	最判昭和 44.12.18 金判 203-14、裁判集民 97-781、判タ 243-194、判時 582-57、民集 23-12-2467 ………………………………………………………	166, 184
【判例 054】	最判昭和 44.12.18 判時 586-55 …………………………………………………	194
【判例 055】	最判昭和 45.6.18 裁判集民 99-375、判タ 251-185、判時 600-83 …………	162
【判例 056】	最判昭和 45.10.29 裁判集民 101-243、判タ 255-156、判時 612-52 ………	162
【判例 057】	最判昭和 45.12.18 金判 249-13、裁判集民 101-761、判タ 257-136、判時 617-50、民集 24-13-2118 ………………………………………………………	160
【判例 058】	東京地判昭和 45.12.19 判タ 261-311、判時 630-72 …………………………	185
【判例 059】	最判昭和 46.3.9 金判 262-10、裁判集民 102-233、判タ 261-189 …………	176
【判例 060】	最判昭和 46.3.30 裁判集民 102-371、判時 628-52 ……………………………	182
【判例 061】	名古屋地判昭和 46.9.30 判タ 271-217、判時 652-63 ……………………	166, 176

【判例 062】 最判昭和 46.11.5 金判 294-2、金法 634-44、裁判集民 104-161、判タ 271-168、判時 652-34、民集 25-8-1087 ………………………………………………………… 173

【判例 063】 最判昭和 46.11.25 裁判集民 104-445、判時 654-51……………………………… 184

【判例 064】 最判昭和 46.11.30 民集 25-8-1437、裁判集民 104-503、家月 24-7-55、判タ 271-179、判時 652-37 ………………………………………………………………… 171

【判例 065】 最判昭和 46.12.9 民集 25-9-1457、裁判集民 104-599、判タ 277-151、判時 667-27 ………………………………………………………………………………… 156

【判例 066】 東京高判昭和 47.2.28 金判 314-10、判時 662-47……………………………… 185

【判例 067】 最判昭和 47.6.29 裁判集民 106-377 …………………………………………… 157

【判例 068】 最判昭和 47.9.8 家月 25-3-91、裁判集民 106-711、民集 26-9-1348 …… 166

【判例 069】 大阪地判昭和 47.11.30 下民 23-9～12-670、判タ 291-325…………… 171, 177

【判例 070】 和歌山地判昭和 47.12.27 判タ 296-285、判時 706-70……………………… 177

【判例 071】 最判昭和 48.1.26 裁判集民 108-61、判時 696-190 ……………………… 162, 177

【判例 072】 最判昭和 48.12.14 民集 27-11-1586、裁判集民 110-709、裁時 634-1、判タ 304-160、判時 724-45、金判 399-5、金法 708-29 …………………………… 185

【判例 073】 最判昭和 50.4.11 金判 454-2、金法 759-24、裁時 664-2、裁判集民 114-509、判タ 323-147、判時 778-61、民集 29-4-417 ………………………………… 173, 210

【判例 074】 最判昭和 50.4.22 金法 760-26、裁判集民 114-549、民集 29-4-433 ……… 177

【判例 075】 東京高判昭和 50.8.22 東高民時報 26-8-151、判タ 333-206 ………… 166, 182

【判例 076】 最判昭和 50.9.25 金法 773-27、裁判集民 116-73、判タ 329-124、判時 794-66、民集 29-8-1320 ……………………………………………………………………… 210

【判例 077】 最判昭和 50.11.28 金判 491-6、裁判集民 116-667、訟月 22-2-517、判タ 332-199、判時 801-12、民集 29-10-179 ………………………………… 194

【判例 078】 東京高判昭和 51.1.28 東高民時報 27-1-14、判タ 337-223、判時 805-65、金法 807-26 ………………………………………………………………………… 157

【判例 079】 最判昭和 51.5.25 民集 30-4-554、家月 28-11-61、裁判集民 117-547、判タ 337-176、判時 819-41、金判 501-17、金法 803-30……………………… 188

【判例 080】 最判昭和 51.12.2 金判 516-16、裁時 706-1、裁判集民 119-291、判タ 346-191、判時 841-32、民集 30-11-1021……………………………………………… 163, 178

【判例 081】 最判昭和 51.12.24 金判 515-8、金法 815-27、裁時 706-3、裁判集民 119-397、訟月 22-12-2742、判タ 345-192、判時 840-55、民集 30-11-1104………… 200

【判例 082】 東京高判昭和 52.2.24、金判 528-26、東高民時報 28-2-38、判タ 352-192、判時 851-186 …………………………………………………………………… 167

【判例 083】 札幌高判昭和 52.2.28 高民 30-2-33、下民 35-1～4-256、判タ 347-151、判時 872-90、金判 538-28 ………………………………………………………… 194

【判例 084】 最判昭和 52.3.3 金判 521-19、金法 841-37、裁時 712-1、裁判集民 120-209、判タ 348-195、判時 848-61、民集 31-2-157 ……………………… 167, 173, 210

【判例 085】 最判昭和 52.3.31 金判 535-40、裁判集民 120-363、判時 855-57 ………… 178

【判例 086】	大阪高判昭和 52.3.31 下民 35-1〜4-162、訟月 23-4-678 ……………	178, 201
【判例 087】	最判昭和 52.4.28 金判 535-47、裁判集民 120-549 …………………	201
【判例 088】	金沢地判昭和 52.5.13 判時 881-136 …………………………………	201
【判例 089】	福岡高裁那覇支判昭和 52.9.14 下民 35-1〜4-262、金判 538-35、 高民 30-3-226、判タ 362-239、判時 908-59 ………………………	174
【判例 090】	最判昭和 52.9.29 NBL 151-47、金判 536-18、裁判集民 121-301、 判時 866-127、判時 866-127……………………………………………	198
【判例 091】	最判昭和 53.3.6 NBL 167-45、金判 547-19、金法 858-33、裁時 738-1、 裁判集民 123-167、訟月 24-2-308、判タ 362-208、民集 32-2-135 ………	172
【判例 092】	名古屋高判昭和 53.6.12 判タ 368-235、判時 913-92 ………………	163
【判例 093】	東京高判昭和 53.9.26 訟月 24-12-2525 ………………………………	178
【判例 094】	最判昭和 53.12.14 民集 32-9-1658、裁判集民 125-831、裁時 755-1、 判タ 377-82、判時 915-54、金法 891-38、金判 565-21 ………………	198
【判例 095】	函館地判昭和 54.3.23 訟月 25-10-2522 ………………………………	201
【判例 096】	福岡地判昭和 54.7.12 訟月 25-11-2775 ………………………………	202
【判例 097】	最判昭和 54.7.31 金判 583-32、金法 923-42、裁判集民 127-315、判タ 399-125、 判時 942-39 ………………………………………………………………	167
【判例 098】	最判昭和 54.7.31 金判 583-32 …………………………………………	169
【判例 099】	最判昭和 54.9.7 民集 33-5-640、裁判集民 127-431、裁時 774-2、判タ 399-118、 金判 584-10、判時 943-54、金法 919-30 ………………………………	174
【判例 100】	東京高判昭和 54.12.26 下民 34-9〜12-1162、高民 30-12-383、判時 956-60 ………………………………………………………………………………	196
【判例 101】	山口地判昭和 55.1.23 訟月 26-3-463 …………………………………	202
【判例 102】	東京地判昭和 55.2.6 下民 35-1〜4-190、判タ 416-156、判時 967-80 ……	178
【判例 103】	最判昭和 55.2.29 民集 34-2-197、裁判集民 129-223、裁時 786-1、判タ 409-69、 判時 958-58、金判 592-17、金法 929-37 ………………………………	174, 202
【判例 104】	東京高判昭和 55.4.15 判時 964-51、訟月 26-9-1491 ………………	202
【判例 105】	最判昭和 56.1.27 金判 621-22、金法 957-32、裁判集民 132-33、判タ 441-107、 判時 1000-83 ……………………………………………………………	167, 179
【判例 106】	最判昭和 56.6.4 金判 626-17、金法 972-43、裁時 819-1、裁判集民 133-33、 判タ 446-88、判時 1009-51、民集 35-4-735 ……………………………	160
【判例 107】	最判昭和 56.11.24 金判 637-10、金法 997-41、裁判集民 134 261、判タ 457 81、 判時 1026-85 ……………………………………………………………	196
【判例 108】	横浜地判昭和 57.8.31 判タ 487-103、訟月 29-2-213 ………………	202
【判例 109】	最判昭和 58.3.24 金判 676-3、金法 1055-86、裁時 859-1、裁判集民 138-373、 判タ 502-95、判時 1084-66、民集 37-2-131 ……………………………	163
【判例 110】	最判昭和 58.3.24 民集 37-2-131、裁判集民 138-373、裁時 859-1、判タ 502-95、 金判 676-3、金法 1055-86、判時 1084-66 ………………………………	163

【判例 111】 最判昭和 58.10.18 金判 701-26、裁時 875-4、裁判集民 140-127、判タ 524-210、
          判時 1111-102、民集 37-8-1121 ……………………………………………………… 157
【判例 112】 神戸地判昭和 58.11.29 訟月 30-5-773 ………………………………………… 188, 203
【判例 113】 最判昭和 59.2.16 裁判集民 141-227、判タ 523-150、金判 696-32 ………… 157
【判例 114】 宮崎地判昭和 59.4.16 判タ 530-206 …………………………………………… 183
【判例 115】 最判昭和 59.5.25 裁時 890-1、裁判集民 142-53、判タ 540-186、判時 1133-70、
          民集 38-7-764 ……………………………………………………………………… 179
【判例 116】 最判昭和 59.9.20 民集 38-9-1073、裁判集民 142-333、裁時 897-1、
          判タ 540-182、判時 1134-81、金法 1090-38、金判 708-3 ………………… 188
【判例 117】 東京地判昭和 59.11.26 判時 1167-60、判タ 546-149 ……………………… 203
【判例 118】 最判昭和 60.3.28 金判 730-3、裁判集民 144-297、判タ 568-58 ………… 168
【判例 119】 東京地判昭和 60.9.25 判タ 612-49 …………………………………………… 203
【判例 120】 最判昭和 61.3.17 裁時 934-2、裁判集民 147-371、民集 40-2-420 ……… 210
【判例 121】 広島高判昭和 61.3.20 訟月 33-4-839 ………………………………………… 203
【判例 122】 長野地判昭和 61.4.30 訟月 33-7-1753 ……………………………………… 203
【判例 123】 東京地判昭和 61.6.26 判時 1207-67 ………………………………………… 204
【判例 124】 大阪地判昭和 61.6.27 民研 382-35―判旨・解説 ………………………… 191, 204
【判例 125】 京都地判昭和 61.8.8 判タ 623-106 …………………………………………… 204
【判例 126】 東京地判昭和 62.1.27 判タ 639-165 ………………………………………… 183
【判例 127】 最判昭和 62.6.5 裁判集民 151-135、判タ 654-124、判時 1260-7、金判 786-3、
          金法 1186-80 ……………………………………………………………………… 199
【判例 128】 東京地判昭和 62.6.24 判時 1268-104、ジュリ 931-108 …………………… 179
【判例 129】 東京地判昭和 63.8.25 判時 1307-115 ………………………………………… 205
【判例 130】 東京高判昭和 63.9.22 金判 815-28、東高民事報 39-9～12-61、判時 1291-69、
          判タ 695-191 ……………………………………………………………………… 205
【判例 131】 最判平成元.3.28 裁判集民 156-373、判タ 765-178、判時 1393-91 ……… 194
【判例 132】 東京高判平成元.5.24 判タ 725-158 …………………………………………… 171
【判例 133】 札幌地判平成元.6.21 判自 70-46 ……………………………………………… 205
【判例 134】 水戸地判平成元.7.18 公共用財産管理の手引〈判例編〉 …………………… 205
【判例 135】 最判平成元.9.19 金判 832-41、金法 1239-28、裁判集民 157-581、
          判タ 710-121、判時 1328-38 …………………………………………………… 169
【判例 136】 福岡高判平成元.12.20 判タ 725-153 ………………………………………… 164
【判例 137】 最判平成元.12.22 金判 844-3、金法 1254-30、裁判集民 158-845、
          判タ 724-159、判時 1344-129 ………………………………………………… 172
【判例 138】 東京地判平成 2.7.20 判時 1382-90 …………………………………………… 206
【判例 139】 神戸地裁姫路支判平成 2.10.26 訟月 39-8-1413、判タ 754-186 ………… 206

【判例 140】	東京高判平成 3.2.26 訟月 38-2-177 ………………………………	206
【判例 141】	伊丹簡判平成 3.4.11 公刊物未登録 訟月 47-1-171 参照一解説…………	184
【判例 142】	札幌地判平成 3.11.7 判時 1420-112 ……………………………………	192
【判例 143】	宮崎地裁延岡支判平成 3.11.29 判自 96-27 ……………………………	197
【判例 144】	東京地判平成 4.3.10 訟月 39-1-139 ……………………………………	161
【判例 145】	仙台高判平成 4.7.24 金判 957-28、判タ 824-172、判時 1494-108 ………	164
【判例 146】	大阪高判平成 4.10.29 訟月 39-8-1404 …………………………………	207
【判例 147】	最判平成 6.9.8 裁判集民 173-1、判タ 863-144、判時 1511-66 ………	211
【判例 148】	最判平成 6.9.13 判タ 867-155、判時 1513-99 ………………………	165, 211
【判例 149】	最判平成 7.3.7 民集 49-3-919、裁時 1142-8、判タ 885-156、金判 977-10 ………………………………………………………………………………	158
【判例 150】	徳島地判平成 7.3.30 訟月 42-12-2819 …………………………………	207
【判例 151】	大阪高判平成 7.7.5 判タ 897-116、判時 1563-118、金法 1451-45 ……	188
【判例 152】	最判平成 7.7.18 裁判集民 176-491 ……………………………………	158
【判例 153】	大阪地判平成 7.9.19 判自 143-78 ………………………………………	207
【判例 154】	最判平成 7.12.15 民集 49-10-3088、裁時 1161-2、判タ 898-194、判時 1553-70、金判 990-11、金法 1444-61 ………………………………	169
【判例 155】	最判平成 8.11.12 民集 50-10-2591、裁判集民 180-739、裁時 1183-293 …	165
【判例 156】	横浜地判平成 8.12.3 公刊物未登録、訟月 47-1-17 参照一解説………	189, 209
【判例 157】	浦和地判平成 9.5.26 判自 168-75 ………………………………………	199
【判例 158】	神戸地裁伊丹支判平成 10.4.27 判自 186-104 …………………………	158
【判例 159】	盛岡地判平成 10.6.26 判自 189-107 ……………………………………	159
【判例 160】	大阪地判平成 10.12.8 判タ 1011-163 ……………………………………	183
【判例 161】	最判平成 11.2.26 裁判集民 191-591、裁時 1238-42、判タ 1001-84 ………	159
【判例 162】	最判平成 11.6.24 民集 53-5-918、裁判集民 193-395、判タ 1010-241、判時 1687-70、金判 1077-21、金法 1570-81 ………………………	186
【判例 163】	最判平成 11.10.21 民集 53-7-1190、判タ 1019-88、判時 1697-53 ………	186
【判例 164】	最判平成 11.11.9 民集 53-8-1421、訟月 46-11-3919、裁時 1255-316、判タ 1021-128、判時 1699-79、金法 1572-149 ……………………	159
【判例 165】	東京地判平成 12.2.4 訟月 47-1-164 ……………………………………	189
【判例 166】	東京地判平成 12.2.8 訟月 47-1-171 ……………………………………	189, 209
【判例 167】	東京地判平成 13.10.15 訟月 48-10-2401 ………………………………	165, 207
【判例 168】	最判平成 13.10.26 民集 55-6-1001、判タ 1079-173、金判 1137-3 ………	211
【判例 169】	最判平成 15.10.31 金判 1191-28、金法 1701-60、裁時 1350-10、判タ 1141-139、判時 1846-7 …………………………………………………	174

【判例 170】 最判平成 16.7.13 判タ 1162-126、判時 1871-76、金法 1724-55 ………… 212
【判例 171】 高松高判平成 16.12.17 判タ 1191-319 ……………………………………… 187

第2　土地境界紛争処理のための取得時効制度概説　判例要旨集

　アンダーライン等は判例要旨を理解しやすくするために、要点について筆者が加えたものである。また、要旨が長文になったり分かりにくい場合には、注を加えた。

論点1　筆界と所有権界等

【判例 004】　　（大判大正 13.10.7 民集 3-12-509）
［要　　旨］　　土地の一部は分筆手続をしなくとも占有および時効取得は可能であり、その部分につき時効によって所有権を取得することができるから、自己のためにする意思で一定の物の上に事実上の支配をなす占有によって土地の一部を時効取得した場合には、その占有部分につき起算日にさかのぼって一個の物として所有権を取得する。

【判例 011】　　（広島高判昭和 23.7.21 高民 1-2-152）
［要　　旨］　　一筆の地番号の土地の売買において、当事者が任意に右地番号の地域の範囲をこえて、他の地番号の土地の一部を右地番号の範囲であると指示して売買しても、土地の所有権移転登記の効力の及ぶ範囲は、客観的に定まっている一定の境界線によって囲まれた地域の範囲に限られ、他の地番号に属する地域には及ばない。

【判例 013】　　（最判昭和 28.4.16 民集 7-4-321）
［要　　旨］　　仮処分により保全しようとする賃借権が一筆の土地の一部について存するに過ぎない場合には、その土地が一筆であっても賃借権の目的である部分についてのみ処分禁止の措置を講ずれば足りる。

【判例 014】　　（最判昭和 30.6.24 民集 9-7-919）
［要　　旨］　　一筆の土地の一部といえども、売買の目的とすることはでき、その部分が居宅の敷地として当事者間に特定されている等具体的に特定している限りは、右部分につき分筆手続未了前においても、買主はその部分につき所有権を取得することができる。

【判例 017】　　（最判昭和 31.12.28 民集 10-12-1639）
［要　　旨］　　1. 所有者から山林の伐採禁止の訴求を受けた場合に、「払下げを受けて以来 25 年間継続して占有し、植林、刈払い等の手入れをしてきたものである」と

の主張に対し、取得時効の主張を争うことなく敗訴させたとしても、釈明権不行使の違法であるとすることはできない。

2．相隣者との間で境界を定めた事実があっても、これによって一筆の土地の固有の境界自体は、当事者の合意によって変更処分することはできない。

【判例 027】　（東京高判昭和 37.7.10 下民 13-7-1390）
[要　　旨]　土地の経界は公法上のものであって、関係当事者の合意で左右することのできない性質のものであるから、関係当事者の和解で経界を定めた事実があっても、これにより固有の経界自体が変動するものでない。

【判例 031】　（大阪高判昭和 38.11.29 下民 14-11-2350）
[要　　旨]　土地の境界線が協定され、裁判上の和解と同趣旨の仮定的所有権譲渡がなされ、裁判上の和解によってこれを更に確認した場合において、真実の境界線と協定線が相違しているときは、特別の意思表示がない限り、両境界線にはさまれた土地は一方から他方へ譲渡される暗黙の合意がなされていると認めるのが相当である。

【判例 033】　（最判昭和 40.2.23 裁判集民 77-549、判タ 174-98、判時 403-31）
[要　　旨]　一筆の土地の一部についても、これを売買の取引などの対象としうるから、当事者間において、契約当時、それぞれの範囲は十分特定していたものと認めることができる場合、自然の地形を抽象的に表示して範囲不明のまま売買契約を結んだものということはできない。

【判例 034】　（盛岡地裁一関支判昭和 40.7.14 判時 421-53）
[要　　旨]　土地の地番と地番との境界は公法上のもので関係当事者の合意で左右することはできず、当事者の任意処分が許されないため、調停が成立しても無効であるが、当事者間に争いがある場合に、双方の土地所有権の限界につき当事者が合意することは何ら差し支えない。

【判例 043】　（最判昭和 42.12.26 裁判集民 89-613、判タ 216-126、民集 21-10-2627）
[要　　旨]　相隣者間において境界を定めた事実があっても、これによって、その一筆の土地の境界自体は変動しないものというべきであるから、右合意の事実を境界確定のための一資料にすることは、もとより差し支えないが、これのみにより確定することは許されない。

【判例 044】　（最判昭和 43.2.22 民集 22-2-270、裁判集民 90-343、判タ 219-84）
［要　　旨］　相隣関係にある土地の所有者間における境界画定の訴えにおいて取得時効の抗弁を提出した事案において、境界確定の訴は、隣接する土地の境界が事実上不明なため争いがある場合に、裁判によって新たにその境界を確定することを求める訴えであって、土地所有権の範囲の確認を目的とするものではないから、取得時効の抗弁の当否は、境界確定には無関係である。けだし、仮に上告人が本件 3 番地の 42 の土地の一部を時効によつて取得したとしても、これにより 3 番地の 41 と 3 番地の 42 の各土地の境界が移動するわけのものではないからである。

論点2 隣接地の取得時効と当事者適格

【判例016】　（最判昭和 31.2.7 民集 10-2-38、判タ 57-35）

[要　　旨]　所論は、*上告人等は、被上告人等を上告人の所有山林と相隣関係にある山林*、*X市 a 字 b 番の所有者として本件境界確定の訴えを提起したものであるところ*、その所有者であつた*被上告人等は*、右山林を昭和 27 年 9 月 20 日*訴外 A に譲渡し、右訴外人は原審における口頭弁論終結前*である昭和 27 年 10 月 31 日その所有権移転登記手続を完了したという事実を前提として、*上告人等と被上告人等とは相隣地の所有者の関係を有せず従って原判決には境界確定訴訟の要件の欠缺を看過した違法があると主張するものと認められるが、所論のような事実は、上告人等が原審において少しも主張しなかつたところであるのみならず、前記山林が被上告人等の所有に属しかつ上告人の所有山林と相隣関係にあることは*、*原審の口頭弁論終結に至るまで、当事者間に争いがなかつたところである*。そして*かかる場合裁判所が土地境界確定訴訟における所論の要件に欠けるところなしとして審理判断することはなんら違法ではない。*
（注：本判決は、境界確定の訴えにおいて、当事者が相隣地の所有者であることが当事者間に争いなき場合、隣地所有者でない被告を当事者としてなされた判決の適否について、境界確定の訴えにおいて、当事者が相隣地の所有者であることについて争いがない以上、たとえ被告がその所有地を、既に、他に譲渡し、原審口頭弁論終結前にその所有権移転登記を了していたとしても、右争いなき事実に基づき裁判所が当事者に関する要件に欠けるところなしとして判決しても違法でないとするものである。）

【判例044】　（最判昭和 43.2.22 民集 22-2-270、裁判集民 90-343、判タ 219-84）

[要　　旨]　相隣関係にある土地の所有者間における境界画定の訴えにおいて取得時効の抗弁を提出した事案において、境界確定の訴は、隣接する土地の境界が事実上不明なため争いがある場合に、裁判によって新たにその境界を確定することを求める訴えであって、土地所有権の範囲の確認を目的とするものではないから、取得時効の抗弁の当否は、境界確定には無関係である。

【判例065】　（最判昭和 46.12.9 民集 25-9-1457、裁判集民 104-599、判タ 277-151、判時 667-27）

[要　　旨]　土地の境界は、土地の所有権と密接な関係を有するものであり、かつ、隣接する土地の所有者全員について合一に確定すべきものであるから、*境界の確定を求める訴えは*、隣接する土地の一方または双方が数名の共有に属する場合には、共有者全員が共同してのみ訴えまたは訴えられることを要する*固有必要的*

共同訴訟と解するのが相当である。

【判例 067】　（最判昭和 47.6.29 裁判集民 106-377）
［要　　旨］　土地の境界は、土地の所有権と密接な関係を有するものであるから　境界の確定を求める訴えにつき当事者適格を有する者は、隣接する土地の所有者であると解するのが相当である。

【判例 078】　（東京高判昭和 51.1.28 東高民事報 27-1-14、判タ 337-223、判時 805-65、金法 807-26）
［要　　旨］　境界確定訴訟は、所有者を異にする両土地が隣接する場合において、境界について争いがある所有者間において境界を確定することを目的とするものであつて、所有関係をはなれ、一定の地番の土地とこれに隣接する他の地番の土地との境界を実地に即して発見しまたは設定するためのものではないから、右両土地が同一所有に属する場合において、その所有者が両土地の境界の確定を求めるについては訴えの利益を有しないものといわなければならない。

【判例 111】　（最判昭和 58.10.18 金判 701-26、裁時 875-4、裁判集民 140-127、
　　　　　　　判タ 524-210、判時 1111-102、民集 37-8-1121）
［要　　旨］　隣接する土地の所有者間の境界確定訴訟において、境界の一部に接続する部分につき所有者の時効取得を認められた場合に、境界の確定を求める必要性及びその当事者適格が問題となった事案において、時効取得が認められた土地は、公簿上、依然甲地所有者が所有者と表示されている土地の一部であって、時効取得の成立する部分がいかなる範囲でいずれの土地に属するかは、両土地の境界がどこにあるかが明確にされることにより定まる関係にあり、本件時効取得地の所有権移転登記手続のためにも両土地の境界が明確にされていることが必要であるから、両土地の各所有者にとって、両土地の境界のうち取得時効が認められた部分のほか、それ以外の部分についても、境界の確定をする必要があり、両者は本件境界確定の訴えにつき当事者適格を有する。

【判例 113】　（最判昭和 59.2.16 裁判集民 141-227、判タ 523-150、金判 696-32）
［要　　旨］　土地を前主より買い受けて所有権を取得したという者が、この土地上に建物等を所有してこれを占有している者に対し、本件係争地の所有権確認、係争地の明渡しを求めるとともに、所有地の境界の確定を求めた事案において、公簿上相隣接する二筆の土地の中間に第三者所有の土地が介在する場合に右二筆の土地の所有名義人間における境界確定の訴えは、当事者適格を欠き不適法として許されない。

【判例 149】　（最判平成 7.3.7 民集 49-3-919、裁時 1142-8、判タ 885-156、金判 977-10）
［要　　旨］　公簿上特定の地番により表示される甲乙両地が相隣接する場合に、*甲地の境界の全部に隣接する部分を乙地の所有者が時効取得した場合*においても、*甲乙両地の各所有者は、境界に争いのある隣接土地の所有者同士という関係にあることに変わりはなく*、その当事者適格を定めるに当たっては、何人をしてその名において訴訟を追行させ、また何人に対し本案の判決をすることが必要かつ有意義であるかの観点から決すべきであるから、*相隣接する土地の各所有者が、境界を確定するについて最も密接な利害を有する者として、境界確定の訴えの当事者適格を失わない。*

【判例 152】　（最判平成 7.7.18 裁判集民 176-491）
［要　　旨］　甲地の所有者が相隣接する乙地所有者に対し甲乙両地の境界確定の訴えを提起し、乙地所有者が抗弁として甲地の全部を時効取得したことを主張した事案において、境界の確定を求める訴えは、公簿上特定の地番によって表示される甲乙両地が相隣接する場合において、その境界が事実上不明なため争いがあるときに、裁判によって新たにその境界を定めることを求める訴えであって、相隣接する甲乙両地の各所有者が、境界を確定するについて最も密接な利害を有する者として、その当事者となるのであるから、*甲地全部が乙地所有者により時効取得された結果、甲地所有者は甲地全部につき所有権を喪失したというのであるから、甲地所有者は境界確定を求める訴えについての原告適格を失ったというべきであって、右訴えは不適法な訴えとして却下を免れない。*

【判例 158】　（神戸地裁伊丹支判平成 10.4.27 判自 186-104）
［要　　旨］　甲土地を持分各二分の一で共有すると主張する者らが、乙土地を所有する宝塚市に対し、甲土地と乙土地との境界確定を求め、また、甲土地について所有権を主張する国が、共有者らに対し、甲土地の所有権に基づいて真正な登記名義の回復を原因とする持分移転登記手続を求めた事案において、国は当時の所有者から甲土地を取得し、以後道路として供用しており、また、共有者らの登記簿上の前所有者は、甲土地を取得する際に自宅南側の土地を買い受ける目的であったことが認められるが、甲土地は右同所には存在しないから、訴外人は甲土地を買い受けたとはいえず、登記簿上の前所有者は、国の登記欠缺を主張する正当な利益を有しないといわなければならず、さらに、共有者らもまた、同様に国の登記欠鉄を主張する正当な利益を有しないから、その共有名義を国に移転すべき立場にあり、甲土地と乙土地の境界の確定を求める原告適格を有しない。

【判例 159】　（盛岡地判平成 10.6.26 判自 189-107）
[要　　旨]　本件係争地が自己の所有する土地であるとして、本件係争地に隣接する国鉄清算事業団所有に係る土地及び岩手県所有に係る土地との境界の確定を求め、事業団、国及び県に対して、本件係争地の所有権確認を求め、本件係争地の南側半分を国が道路とし、その北側半分を県が県立病院の敷地とし、それぞれ権原なく占有しているとして、右各土地の明渡し及び資料相当損害金の支払を求めた事案において、公図上に記載された本件係争地の表示は、過去の一定時点において何らかの誤解の下にされた分筆を前提にその後分合筆が繰り返された結果によるものと解さざるを得ず、本件係争地が現地に存在するとは認められないとして、その存在を前提として本件係争地と周辺隣接地との境界確定を求める訴えを不適法として却下するとともに、その余の請求を棄却した。

【判例 161】　（最判平成 11.2.26 裁判集民 191-591、裁時 1238-42、判タ 1001-84）
[要　　旨]　甲地のうち、乙地との境界の全部に接続する部分を乙地所有者 A が、残部分を B がそれぞれ譲り受けた場合において、*甲乙両地の境界について争いがあり、これを確定することによって初めて A 及び B がそれぞれ取得した土地の範囲の特定が可能になるという事実関係の下においては、A 及び B は、甲乙両地の境界確定の訴えの当事者適格を有する。*

【判例 164】　（最判平成 11.11.9 民集 53-8-1421、訟月 46-11-3919、裁時 1255-316、判タ 1021-128、判時 1699-79、金法 1572-149）
[要　　旨]　*境界の確定を求める訴えは、隣接する土地の一方又は双方が数名の共有に属する場合には、共有者全員が共同してのみ訴え、又は訴えられることを要する固有必要的共同訴訟と解される。したがって、共有者が右の訴えを提起するには、本来、その全員が原告となって訴えを提起すべきものであるということができる。しかし、共有者のうちに右の訴えを提起することに同調しない者がいるときには、その余の共有者は、隣接する土地の所有者と共に右の訴えを提起することに同調しない者を被告にして訴えを提起することができるものと解するのが相当である。*

論点3　時効の効果等

【判例032】　（最判昭和 38.12.13 裁判集民 70-245、判タ 159-88、民集 17-12-1696）
［要　　旨］　他人の所有する土地に権原によらずして自己所有の樹木を植え付けて、その時から右立木のみにつき所有の意思をもって平穏かつ公然に 20 年間占有した者は、植付の時に遡って時効により右立木の所有権を取得する。

【判例041】　（最判昭和 42.7.21 金判 77-11、裁時 480-11、裁判集民 88-113、判タ 210-151、判時 488-21、民集 21-6-1643）
［要　　旨］　取得時効は、当該物件を永続して占有するという事実状態を、一定の場合に、権利関係にまで高めようとする制度であるから、権利なくして占有をした者のほか、<u>所有権に基づいて不動産を占有する者</u>についても、<u>民法第 162 条の適用がある</u>。

【判例057】　（最判昭和 45.12.18 金判 249-13、裁判集民 101-761、判タ 257-136、判時 617-50、民集 24-13-2118）
［要　　旨］　一筆の従前の土地甲地の特定の一部分である乙部分を所有する意思をもって、乙部分に位置する甲地の仮換地の特定の一部分である丙部分の占有を開始し、後に、乙部分が分筆され乙地となり、これに対応して仮換地も分割による変更指定がなされ、丙部分が乙地に対応する仮換地として指定された場合に、<u>仮換地の指定後に、従前の土地を所有する意思をもって当該仮換地の占有を始めた者は、所有の意思をもって、平穏公然に仮換地を占有した期間が、右の分割による変更指定の前後を通じ換地処分の公告の日までに民法第 162 条所定の要件を満たし、右期間の満了が換地処分の公告前であるときは、時効によって右従前の土地乙地の所有権を取得する</u>。

【判例106】　（最判昭和 56.6.4 金判 626-17、金法 972-43、裁時 819-1、裁判集民 133-33、判タ 446-88、判時 1009-51、民集 35-4-735）
［要　　旨］　一筆の土地または一括された数筆の土地に対応して指定された一区画の仮換地の一部を所有の意思をもって一定期間継続して占有した者は、<u>従前の土地中右占有部分に対応する部分が特定されていないときでも、従前地につき、仮換地に対する右占有に係る土地部分の割合に応じた共有持分権を時効取得する</u>。さらに、右占有部分につき、共有持分権者の一人が現に排他的な使用収益権能を取得している場合と同様の使用収益権能を取得し、占有者が時効取得する所有権ないし共有持分権は、占有を継続している仮換地に対応する従前の土地の

それであるから、仮換地に対応する従前の土地が甲土地であるのに占有者においてこれを乙土地と誤信して占有していた場合でも、時効取得するのは甲土地の所有権ないし共有持分権である。

【判例144】　（東京地判平成4.3.10訟月39-1-139）

[要　旨]　1. *土地の時効取得による利得は*、所得税法上、一時所得として所得税の課税の対象となり、その場合の収入金額は、*当該土地の所有権取得時期である時効援用時の当該土地の価額であると解すべきである。*

2. *取得時効は*、所有の意思をもって資産を10年間又は20年間占有し、*時効の援用をすることにより当該資産の所有権を取得するものであるから*、実体法上右援用時にその所有権を取得するものであるのみならず、右援用によって占有者が当該資産につき時効利益を享受する意思が明らかとなり、かつ、時効取得に伴う一時所得に係る収入金額を具体的に計算することが可能となるものであるから、所得税法上、*右援用時に一時所得に係る収入金額が発生するものと解すべきである。*訴訟が係属しあるいは所有権登記を経ていないからといって、時効取得に伴う一時所得の発生がないものということはできない。

3. *一時所得の金額の計算において収入金額から控除し得る費用は、その収入を生じた行為をするため、又はその収入を生じた原因の発生に伴い直接要したものに限られる*から（所得税法第34条第2項）、*訴訟に関連した弁護士費用その他の費用は、本件取得土地の時効取得に伴う一時所得の金額の計算において収入金額から控除される費用には当たらない。*

論点4　所有の意思

【判例 024】　　（最判昭和 35.9.2 家月 12-12-65、判タ 110-55、民集 14-11-2094）
［要　　旨］　　*民法第160条は、相続財産の管理人の選任前、相続財産たる土地を、所有の意思をもって、平穏、公然、善意無過失で10年間占有した場合にもその適用がある*と解すべきであり、相続財産管理人の選任前に時効期間が満了した場合にも民法第160条が適用されて、時効の完成が選任後6か月猶予される。

【判例 038】　　（最判昭和 41.10.7 裁判集民 84-563、判タ 199-124、民集 20-8-1615）
［要　　旨］　　15歳くらいに達した者は、特段の事情のない限り、不動産について、所有権の取得時効の要件である*所有の意思を伴う占有をすることができる*。

【判例 048】　　（最判昭和 43.12.17 判時 544-36）
［要　　旨］　　過去に土地の賃料を支払ったことがあり、また、右土地の売却方を申し入れて拒絶され、延滞賃料の支払催告を受けたことがある場合に、右売却申入の時点までは、所有の意思をもって右土地を占有していたと認めることができない。

【判例 055】　　（最判昭和 45.6.18 裁判集民 99-375、判タ 251-185、判時 600-83）
［要　　旨］　　*占有における所有の意思の有無は、占有取得の原因たる事実によって外形的客観的に定められるべきものである*から、農地の賃貸借が、農地調整法第5条所定の認可を受けなかったため効力が生じない場合でも、*賃貸借により取得した占有は、他主占有というべきである*。

【判例 056】　　（最判昭和 45.10.29 裁判集民 101-243、判タ 255-156、判時 612-52）
［要　　旨］　　*占有における所有の意思の有無は、占有取得の原因たる事実によって客観的に定められるべきものであり、土地の所有権を譲り受けることを内容とする交換契約に基づいてその引渡しを受けた者が、右交換契約によって所有権を取得しえなかったとしても、その占有は所有の意思をもってする占有である*といわなければならない。

【判例 071】　　（最判昭和 48.1.26 裁判集民 108-61、判時 696-190）
［要　　旨］　　土地の交換契約に際して、甲が、真実は借地権を有するに過ぎない土地を、所有権を有しこれを交換物件として提供する旨述べて乙を欺罔し、乙からその土地の提供を受けて占有を取得した場合、詐欺に基づく錯誤により契約が無効となり、その原因を自らつくり出した甲は、右土地を短期時効によって取得する

ことはできない。

【判例 080】　（最判昭和 51.12.2 金判 516-16、裁時 706-1、裁判集民 119-291、判タ 346-191、判時 841-32、民集 30-11-1021）
[要　旨]　長期にわたり農地の管理人のように振舞ってきた甲に対し*小作料を支払い農地を小作してきた乙が*、甲から右*農地を買い受け*農地法所定の許可を得て登記を経由した場合、実際は甲が代理権限を有していなかった時でも、乙は農地の*移転登記の時に新権原により所有の意思をもって右農地の占有を始めたものと言うことができる*。

【判例 092】　（名古屋高判昭和 53.6.12 判タ 368-235、判時 913-92）
[要　旨]　右譲渡担保契約に基づき A のために所有権移転登記のなされたことは前認定のとおりであり B は、右譲渡担保契約の成立を否認するのみで右契約が無効であるとして従前の占有を継続したことについては何らの主張も立証もしないので、本件土地に対する占有は所有の意思のない占有となったものと認める他はなく、譲渡担保設定者の目的物に対する占有は所有の意思のない占有である。（注：譲渡担保設定者の目的物に対する占有は所有の意思のない占有であるとして取得時効の成立を認めなかつた事例であるが、【判例 089】福岡高裁那覇支判昭和 52.9.14（判時 908-59 他）は、譲渡担保の目的物の所有権の帰属について、実質的な利害関係が生じたときから取得時効が進行すると判示した。）

【判例 109】　（最判昭和 58.3.24 金判 676-3、金法 1055-86、裁時 859-1、裁判集民 138-373、判タ 502-95、判時 1084-66、民集 37-2-131）
[要　旨]　占有における所有の意思は、占有者がその性質上所有の意思のないものとされる権原に基づき占有を取得した事実が証明されるか、または占有者が占有中、真の所有者であれば通常はとらない態度を示し、もしくは所有者であれば当然とるべき行動に出なかったなど、外形的客観的にみて占有者が他人の所有権を排斥して占有する意思を有していなかったものと解される事情が証明されるときは、占有者の内心の意思のいかんを問わず、民法第 186 条第 1 項の所有の意思の推定は覆される。

【判例 110】　（最判昭和 58.3.24 民集 37-2-131、裁判集民 138-373、裁時 859-1、判タ 502-95、金判 676-3、金法 1055-86、判時 1084-66）
[要　旨]　民法第 186 条第 1 項の規定は、*占有者は所有の意思で占有するものと推定しており、占有者の占有が自主占有に当たらないことを理由に取得時効の成立を争う者は右占有が所有の意思のない占有にあたることについての立証責任を負う*

のであるが、*右の所有の意思は，占有者の内心の意思によつてではなく，占有取得の原因である権原又は占有に関する事情により外形的客観的に定められるべきものである*から、被上告人はＡからいわゆる「お綱の譲り渡し」により本件各不動産についての管理処分の権限を与えられるとともに右不動産の占有を取得したものであるが、Ａが本件各不動産を被上告人に贈与したものとは断定し難いというのであって、被上告人の管理処分行為があったとしても、被上告人は、本件各不動産の所有者であれば当然とるべき態度、行動に出なかったものであり、外形的客観的にみて本件各不動産に対するＡの所有権を排斥してまで占有する意思を有していなかったものとして、占有する意思を覆えされる。

【判例136】　（福岡高判平成元.12.20 判タ 725-153）
［要　旨］　被控訴人は、Ｘ村が本件土地の所有権を明治年間に交換によりＡから取得し、これを被控訴人において承継したとしながら、公有財産の管理上右事実を対外的にも明確にしておく必要のあるＸ村ないし被控訴人か、爾来昭和56年に至るまでの多年の間、被控訴人が占有を開始した昭和31年10月からでさえ約25年間にわたって、Ａないしその相続人に対して所有権移転登記を求めることなく放置して、登記名義人に対する固定資産税の賦課徴収を継続してきたのである。本件土地について昭和44年度から同税が非課税になったのは、それが学校用地であることを理由とする控訴人の申立に基づくのであって、被控訴人としては、登記名義人たる控訴人が自己に所有権があることを前提として行動していることを認識した筈であり、また昭和52年公立中学校の敷地である本件土地の*地籍調査に当たっても，その登記名義人が私人たる控訴人になっていることを被控訴人としても十分認識した筈であるにも拘わらず，本件土地の所有関係を明確にし，登記名義を是正するため格別の措置*を昭和56年まで*とらなかった*のである。これらの被控訴人の態度は、外形的客観的にみて、被控訴人が自らを本件土地の真の所有者であると認識していれば、当然とるべき行動（登記請求）に出ず、通常はとらない態度を示した（長期間課税）ものというべきである。

【判例145】　（仙台高判平成4.7.24 金判 957-28、判タ 824-172、判時 1494-108）
［要　旨］　被相続人が賃借耕作していた農地について、相続人が農地解放により被相続人が取得していたと誤信し自己名義で固定資産税を支払い占有していた場合において、*相続人が相続した時点において満11歳に達していたときは，その占有は所有の意思がなかったとはいえず，特段の事情のない限り，自主占有をすることができる*。

【判例 148】　（最判平成 6.9.13 判タ 867-155、判時 1513-99）
[要　　旨]　農地の小作人がいわゆる農地解放後に最初に地代を支払うべき時期にその支払いをせず、これ以降、所有者は小作人が地代等を一切支払わずに右農地を自由に耕作し占有することを容認していたなどの事実関係の下においては、小作人は、遅くとも右時期に所有者に対して右農地につき所有の意思のあることを表示したものというべきである。

【判例 155】　（最判平成 8.11.12 民集 50-10-2591、裁判集民 180-739、裁時 1183-293）
[要　　旨]　他主*占有者の相続人が独自の占有に基づく取得時効の成立を主張する場合において、右占有が所有の意思に基づくものであるといい得るためには、取得時効の成立を争う相手方ではなく、占有者である当該相続人において、その事実的支配が外形的客観的にみて独自の所有の意思に基づくものと解される事情を自ら証明すべきものと解するのが相当である。*

【判例 167】　（東京地判平成 13.10.15 訟月 48-10-2401）
[要　　旨]　原告らの所有地の北西側に隣接して存在する国有地（水路敷）につき、原告らの亡母が建物を建設して使用・占有を開始して 20 年の経過により時効取得したとして、国らに対し、土地持分権の確認と持分移転登記手続等を求めた事案において、原告らの亡母が、*隣接地の所有者がした隣接地と公共用地境界明示申請に際して、現地立会いを行い、境界につき右水路敷が国有地であることを異議なく承諾し、承諾書に署名押印した場合には、外形的客観的にみて、本件土地の真の所有者であれば通常はとらない態度であるから、本件土地に対する占有については、民法第 186 条所定の所有の意思の推定はくつがえされたものというべきであり、*右水路敷の占有につき所有の意思は認められない。

論点5　自主占有

【判例053】　（最判昭和 44.12.18 金判 203-14、裁判集民 97-781、判タ 243-194、判時 582-57、民集 23-12-2467）

[要　旨]　不動産の所有者が第三者に対しその不動産を売却した場合においても、その<u>買主が売主から右不動産の引渡を受けて、みずから所有の意思をもって占有を取得し、その占有開始の時から民法第 162 条所定の期間を占有したときには、買主は売主に対する関係でも、時効による所有権の取得を主張することができる</u>。

【判例061】　（名古屋地判昭和 46.9.30 判タ 271-217、判時 652-63）

[要　旨]　地租改正の際、改租担当官の調査漏れのため民有地と認定されなかった土地（いわゆる脱落地）であり、本件土地を表示する登記簿が存在していないことが認められ、行政財産（いわゆる公物）とする旨の決定がなされていない以上、国有財産であっても法律上は私物と同一の性質を有する土地であり、私人において取得時効の完成により、所有権を取得することができる土地であるから、贈与を受け、所有の意思をもって平穏公然に占有を開始し、自己の所有土地として本件土地内に植樹し、更に本件土地内の雑木を伐採して、薪炭として、費消して管理し、使用収益するについて附近の土地所有者から何らの異議も述べられたことがないこと等から自主占有が認められる。

【判例068】　（最判昭和 47.9.8 家月 25-3-91、裁判集民 106-711、判時 685-92、民集 26-9-1348）

[要　旨]　共同相続人の一人が、単独に相続したものと信じて疑わず、相続開始とともに相続財産を現実に占有し、その管理、使用を専行してその収益を独占し、公租公課も自己の名でその負担において納付してきており、これについて他の相続人がなんら関心をもたず、異議も述べなかったような特別の事情のもとにおいては、前記相続人はその相続の時から相続財産につき単独所有者としての自主占有を取得したものというべきである。

【判例075】　（東京高判昭和 50.8.22 東高民時報 26-8-151、判タ 333-206）

[要　旨]　取得時効の要件としての自主占有は、共有関係を主張する者に対し単独所有権の時効取得を主張するような場合は格別として、所有権者を排除し排他的になされることは要しない。

【判例 082】　（東京高判昭和 52.2.24 金判 528-26、東高民時報 28-2-38、判タ 352-192、
　　　　　　　判時 851-186）
［要　　旨］　甲と乙はともに養子であったが、甲、乙婚姻挙式の当日、乙が家出し、乙は他
　　　　　　の男と婚姻し、丙を出産ののち、乙が死亡し、さらに養親も死亡して甲および
　　　　　　丙が共同相続した場合、乙は事実上の離縁状態となっており、甲家とは全く没
　　　　　　交渉の状況で、甲は当該不動産につき唯一の相続人として、不動産の単独所有
　　　　　　者であると信じて所有者としての占有を続け、使用収益し、管理を行い、公租
　　　　　　公課を含む一切の費用を支弁した等は、過失はあるものの、甲の単独所有の意
　　　　　　思による自主占有としての性格を有するものと認められる。

【判例 084】　（最判昭和 52.3.3 金判 521-19、金法 841-37、裁時 712-1、裁判集民 120-209、
　　　　　　　判タ 348-195、判時 848-61、民集 31-2-157）
［要　　旨］　*農地を賃借していた者が所有者から右農地を買受けその代金を支払ったとき
　　　　　　は*、当時施行の農地調整法第 4 条によって農地の所有権移転の効力発生要件
　　　　　　とされていた都道府県知事の許可又は市町村農地委員会の承認を得るための手
　　　　　　続がとられていなかったとしても、買主は、*特段の事情のない限り、売買契約
　　　　　　を締結し代金を支払った時に民法第 185 条にいう新権原により所有の意思をも
　　　　　　って右農地の占有を始めたものと認められる。*

【判例 097】　（最判昭和 54.7.31 金判 583-32、金法 923-42、裁判集民 127-315、
　　　　　　　判タ 399-125、判時 942-39）
［要　　旨］　民法第 186 条第 1 項により、占有者は所有の意思で占有するものと推定され
　　　　　　るのであるから、占有者の占有が自主占有にあたらないことを理由に取得時効の
　　　　　　成立を争う者は、右占有が他主占有にあたることについての立証責任を負うと
　　　　　　いうべきであり、*占有が自主占有であるかどうかは占有開始原因たる事実によ
　　　　　　って外形的客観的に定められるものであって、賃貸借によって開始された占有
　　　　　　は他主占有とみられる*のであるから、取得時効の効果を主張する者がその取
　　　　　　得原因となる占有が賃貸借によって開始された旨を主張する場合において、相
　　　　　　手方が右主張を援用したときは、取得時効の原因となる占有が他主占有である
　　　　　　ことについて自白があったものというべきである。

【判例 105】　（最判昭和 56.1.27 金判 621-22、金法 957-32、裁判集民 132-33、判タ 441-107、
　　　　　　　判時 1000-83）
［要　　旨］　*他人の物の売買であるため直ちに所有権を取得するものでないことを買主が知
　　　　　　っていても、占有における所有の意思の有無は、占有取得原因たる事実によっ
　　　　　　て外形的客観的に定められるべきであるから、*買主において所有者から土地

の使用権の設定を受けるなど特段の事情のない限り、*買主の占有は所有の意思をもってする占有と解するのが相当*であり、売買の目的物が他人所有であることを買主が知っていたことは占有の始め悪意であることを意味するにすぎない。

【判例 118】　（最判昭和 60.3.28 金判 730-3、裁判集民 144-297、判タ 568-58）
［要　　旨］　*売買契約に基づいて開始される買主の占有は*、当該売買契約に、残代金を約定期限までに支払わないときは契約は当然に解除されたものとする旨の解除条件が付せられている場合であっても、民法第 162 条にいう*所有の意思をもってする占有であるというを妨げず、かつ解除条件が成就して売買契約が失効しても、それだけでは、右の占有が同条にいう所有の意思をもってする占有でなくなるというものではない*。

論点6　他主占有・代理占有

【判例 002】　　（大判大正 10.11.3 民録 27-1875）
[要　　旨]　　*地上権者が地上権に基づいてその土地を占有するのは、所有権については地上権設定者のために代理占有をなすものであり、取得時効の要件である占有は代理占有をも包含する*ところ、代理占有者に対する権利の行使は、同時に占有者本人に対する権利行使の意思の発現であるから、代理占有者に対する明渡請求は本人に対して時効中断の効力を生ずる。

【判例 021】　　（東京高判昭和 34.12.21 東高民時報 10-12-307）
[要　　旨]　　*取得時効完成後に管理人が選任された場合には、民法第 160 条の適用がなく*、時効完成の時期は、前記管理人の選任により異同を生じないが、*取得時効完成の要件である所有の意思をもってする占有には、代理占有も含む。*

【判例 098】　　（最判昭和 54.7.31 金判 583-32）
[要　　旨]　　民法第 186 条第 1 項によって占有者は所有の意思で占有するものと推定されるのであるから、民法第 162 条による時効取得の成立を争う者は、占有者の占有が他主占有であることについての立証責任を争うことになり、*時効取得を主張する者においてその占有が賃貸借によって開始されたと主張する場合には*、右占有開始はとりもなおさず、*他主占有であることを主張しているのであるから、右主張は相手方が立証責任を負う他主占有の主張に対する自白にあたる。*

【判例 135】　　（最判平成元.9.19 金判 832-41、金法 1239-28、裁判集民 157-581、
　　　　　　　判タ 710-121、判時 1328-38）
[要　　旨]　　米軍に接収され、軍用地として使用されている土地につき、賃貸借契約に基づき軍用地料を受領し、公租公課を負担してきた者は、その土地につき直接に占有したことがなくても、間接占有のみに基づく時効取得が認められる。

【判例 154】　　（最判平成 7.12.15 民集 49-10-3088、裁時 1161-2、判タ 898-194、
　　　　　　　判時 1553-70、金判 990-11、金法 1444-61）
[要　　旨]　　*所有の意思は、占有取得の原因である権原又は占有に関する事情により外形的客観的にさだめられるべきものである*から、占有者の内心の意思のいかんを問わず、占有者がその性質上所有の意思のないものとされる権原に基づき占有を取得した事実が証明されるか、又は占有者が占有中、真の所有者であれば通常はとらない態度を示し、若しくは所有者であれば当然とるべき行動に出なか

ったなど、*外形的客観的にみて占有者が他人の所有権を排斥して占有する意思を有していなかったものと解される事情が証明されて初めて、その所有の意思を否定することができる。*

論点7　他主占有から自主占有への転換

【判例064】　（最判昭和46.11.30民集25-8-1437、裁判集民104-503、家月24-7-55、判タ271-179、判時652-37）
[要　旨]　相続人が、被相続人の死亡により、*相続財産の占有を承継したばかりでなく、新たに相続財産を事実上支配することによって占有を開始して、その占有に所有の意思があるとみられる場合においては*、被相続人の占有が所有の意思のないものであつたときでも、*相続人は民法第185条にいう「新権原」により所有の意思をもつて占有を始めたものというべきである。*

【判例069】　（大阪地判昭和47.11.30下民23-9～12-670、判タ291-325）
[要　旨]　小作人が旧地主の管理人の教示に基づき、自作農創設特別措置法によって右小作人に売り渡されるはずであった農地を、従前の他主占有の状態から所有の意思をもってする自主占有へ変更するに当っては、右管理人に対し改めて特別の所有の意思あることを表示することを要しないが、実際には買収、売渡がなされなかったにもかかわらず、地主の管理人の教示を軽信し漫然と右農地の売渡を受けたものと誤信して何らの手続も踏まず、以後小作人が小作料も支払わず耕作し、後にその土地に建物を建築して占有を続けてきた場合には、右小作人の自主占有への変更は認められるが、その開始につき過失がある。

【判例132】　（東京高判平成元.5.24判タ725-158）
[要　旨]　甲は、平穏公然裡に本件土地の自主占有を始めたものであり、本件土地の所有権を時効取得したものというべきである。そして、同人は右時効取得をその時効の完成時に本件土地の所有者であり登記名義人であった被控訴人に主張しうるものであるところ、甲の相続人である控訴人が本訴において右取得時効を援用したことは当裁判所に顕著である。そうすると、被控訴人がなお右土地の所有権を有することを前提とする本訴請求は失当であり、棄却を免れない。

論点8　占有の承継

【判例026】　（最判昭和37.5.18 民集16-5-1073、裁判集民60-669、判タ135-65、
　　　　　　　判タ140-86、判時307-25）

［要　　旨］　民法第187条第1項は、相続の如き包括承継の場合にも適用せられ、相続人は必ずしも被相続人の占有についての善意悪意の地位をそのまま承継するものではなく、その選択に従い自己の占有のみを主張し又は被相続人の占有に自己の占有を併せて主張することができるものと解するを相当とする。

【判例091】　（最判昭和53.3.6 NBL 167-45、金判547-19、金法858-33、裁時738-1、
　　　　　　　裁判集民123-167、訟月24-2-308、判タ362-208、民集32-2-135）

［要　　旨］　10年の*取得時効の要件としての占有者の善意・無過失の存否*については占有開始の時点においてこれを判定すべきものとする民法第162条第2項の規定は、占有主体に変更があって*承継された2個以上の占有があわせて主張される場合*についてもまた適用されるものであり、この場合には*その主張にかかる最初の占有者につきその占有開始の時点においてこれを判断すれば足りる*。

【判例137】　（最判平成元.12.22 金判844-3、金法1254-30、裁判集民158-845、
　　　　　　　判タ724-159、判時1344-129）

［要　　旨］　従前から歴代住職の個人名義で所有権移転登記が経由されてきた寺院の不動産につき、同寺院が宗教法人として法人格を取得した以後も引続き占有を継続している場合には、民法第187条第1項は、*いわゆる権利能力なき社団等の占有する不動産を、法人格を取得した以後当該法人が引続いて占有している場合にも適用されるものと解すべきであるから、同寺院は、民法第187条第1項により、当該不動産の時効取得について、その法人格取得の日を起算点として選択することができる*。

論点9　時効の期間・時効の開始時期・起算点等

【判例023】　（最判昭和35.7.27 民集14-10-1871、判時232-20、判タ107-49）
[要　旨]　*取得時効完成の時期を定めるにあたっては、取得時効の基礎たる事実が法律に定めた時効期間以上に継続した場合においても、必ず時効の基礎たる事実の開始した時を起算点として時効完成の時期を決定すべきものであって、取得時効を援用する者において任意にその起算点を選択し、時効完成の時期を或いは早め或いは遅らせることはできない。*

【判例028】　（東京地判昭和37.10.31 行集13-10-1712）
[要　旨]　*売渡地に対する買受人の占有が自主占有の開始と認められるに至る時期は、売渡通知書記載の売渡期日が未到来の場合を除き、その通知書が買受人に現実に交付された時と解すべきである。*

【判例062】　（最判昭和46.11.5 金判294-2、金法634-44、裁判集民104-161、判タ271-168、判時652-34、民集25-8-1087）
[要　旨]　*不動産が二重に売買された場合において、買主甲がその引渡を受けたが、登記欠缺のため、その所有権の取得をもって、後に所有権取得登記を経由した買主乙に対抗することができないときは、民法第162条に定める甲の所有権の取得時効は、その占有を取得した時から起算すべきものである。*

【判例073】　（最判昭和50.4.11 金判454-2、金法759-24、裁時664-2、裁判集民114-509、判タ323-147、判時778-61、民集29-4-417）
[要　旨]　*農地を買い受けた者が、農地法第3条所定の許可を条件とする所有権移転登記手続等を求めた場合において、売主に対して有する知事に対する許可申請協力請求権は、売買契約に基づく債権的請求権であり、民法第167条第1項の債権に当たり、売買契約成立の日から10年の経過により時効によって消滅する。*

【判例084】　（最判昭和52.3.3 金判521-19、金法841-37、裁時712-1、裁判集民120-209、判タ348-195、判時848-61、民集31-2-157）
[要　旨]　*農地を賃借していた者が所有者から右農地を買い受けその代金を支払ったときは、*当時施行の農地調整法第4条によって農地の所有権移転の効力発生要件とされていた都道府県知事の許可又は市町村農地委員会の承認を得るための手続がとられていなかったとしても、買主は、*特段の事情のない限り、売買契約*

を締結し代金を支払った時に民法第185条にいう新権原により所有の意思をもって右農地の占有を始めたものと認められる。

【判例089】　（福岡高裁那覇支判昭和52.9.14 下民35-1〜4-262、金判538-35、高民30-3-226、判タ362-239、判時908-59）

［要　旨］　時効は、その基礎たる事実の開始した時を起算点として進行するものと解されているが、目的物が明らかに占有者の所有に属し、その所有権の帰属について実質的な利害の対立がない場合にも時効の進行を認めると、利害の対立が発生した後、短期間の経過で時効により所有権を取得することを認容せざるを得なくなり、不合理な結果をも招きかねないから、譲渡担保の目的物について設定者のために進行する取得時効の起算点は、担保契約設定時ではなく、目的物の所有権帰属につき実質的な利害の対立が発生した時である。

【判例099】　（最判昭和54.9.7 民集33-5-640、裁判集民127-431、裁時774-2、判タ399-118、金判584-10、判時943-54、金法919-30）

［要　旨］　土地改良法に基づく交換分合により農用地の所有権の得喪が生じる場合には、特定の所有者が取得すべき土地と失うべき土地とは別異のものであるが、同法が、両土地の同等性を保障しており（同法第102条）、両土地を所有権その他の権利関係について同一のものに準じて取り扱っていること（同法第106条）に鑑みれば、農用地の交換分合の前後を通じ両土地について自主占有が継続しているときは、取得時効の成否に関しては両土地の占有期間を通算することができるものと解するのが相当である。

【判例103】　（最判昭和55.2.29 民集34-2-197、裁判集民129-223、裁時786-1、判タ409-69、判時958-58、金判592-17、金法929-37）

［要　旨］　他人の農地の売買の場合における買主の売主に対する農地法第3条所定の許可申請協力請求権の消滅時効は、売主が他人から当該農地の所有権を取得したときから進行する。

【判例169】　（最判平成15.10.31 金判1191-28、金法1701-60、裁時1350-10、判タ1141-139、判時1846-7）

［要　旨］　土地所有権を時効取得し、登記をした者が、取得時効完成後に前主により当該土地上に設定された抵当権が登記された後に、時効取得を原因とする所有権移転登記を経由した場合には、時効取得者は時効の援用によりさかのぼって確定的に土地所有権を原始取得したのであるから、起算点を後の時点にずらして再度、取得時効の完成を主張、援用することはできない。

論点 10　占有の善意・無過失・平穏・公然等（民法第186条）

【判例 005】　　（大判大正 14.3.23 新聞 2394-3）
[要　　旨]　　係争地の占有を始めた当時、取引の通念に照らし、隣接地の所有者に両地の経界を問い、これに基づいて実地の坪数を調査する等をしないのは過失あるものとする。

【判例 024】　　（最判昭和 35.9.2 家月 12-12-65、判タ 110-55、民集 14-11-2094）
[要　　旨]　　<u>民法第160条は、相続財産の管理人の選任前、相続財産たる土地を、所有の意思をもって、平穏、公然、善意無過失で10年間占有した場合にもその適用がある。</u>

【判例 028】　　（東京地判昭和 37.10.31 行集 13-10-1712）
[要　　旨]　　一部は農地であっても、全体として農地とは到底認め難い土地の買収処分は、重大かつ明白な瑕疵があるものとして無効であり、農地買収処分が無効な場合には、当該農地の売渡処分もまた、無効であり、農地の売渡処分を受けた者の占有している土地が、その大半が荒地で自作農創設特別措置法の適用を受けるものでないことを知っていたか、知りうるはずであったものであり、かつ無権原で耕作しているのであるから、その占有は悪意・過失ある占有というべきである。

【判例 030】　　（東京地判昭和 38.11.5 訟月 10-5-669）
[要　　旨]　　参加人主張の一の事実及び、参加人が本件土地を府道としての供用開始以来今日に至るまで、自分の所有に属するものとして法定の管理者に砂利を敷いて補修させたりして占有管理させ、公共の用に供してきたことを認めることができ、右事実によれば、本件土地は寄附当時 A の所有に属していたのであろうから、参加人が寄附により本件土地の所有を取得したものと信じてその占有を開始することは当然で、これについて過失がなかったことは明白というべく、原告は、<u>抵当権が設定されていたから参加人に過失があった旨主張するけれども、抵当権が設定されていても、所有権を取得することには支障はないのであるから、寄附当時該抵当権が実行される虞のあったことの認められない本件においては、抵当権の存在は無過失の認定の妨げないものと解するのが相当である。</u>

【判例 035】　　（最判昭和 41.4.15 裁判集民 83-211、判タ 191-79、民集 20-4-676）
[要　　旨]　　民法第162条第2項にいう<u>平穏の占有とは、占有者がその占有を取得し、また</u>

は保持することについて，暴行強迫などの違法強暴の行為を用いていない占有を指称するものであり，不動産所有者その他占有の不法を主張する者から異議をうけ，不動産の返還，占有者名義の所有権移転登記の抹消手続方の請求があっても，これがため，その占有が平穏でなくなるものではない。

【判例 045】　（最判昭和 43.3.1 金判 98-2、裁判集民 90-549、判タ 221-115、民集 22-3-491）
[要　　旨]　相続人が，登記簿に基づいて実地に調査すれば，相続により取得した土地の範囲が甲地を含まないことを容易に知ることが困難でなかったにもかかわらず，この調査をしなかったために、甲地が相続した土地に含まれ，自己の所有に属すると信じて占有を始めたときは，特段の事情のない限り，相続人は右占有の初めにおいて無過失ではないと解するのが相当である。

【判例 049】　（最判昭和 43.12.24 金判 151-18、金法 536-22、裁判集民 93-933、
　　　　　　　判タ 230-167、判時 545-51、民集 22-13-3366）
[要　　旨]　民法第 162 条第 2 項にいう占有者の善意・無過失とは，自己に所有権があるものと信じ，かつ，そのように信ずるにつき過失のないことをいい，占有者において，占有の目的不動産に抵当権が設定されていることを知り，または，不注意により知らなかった場合でも，ここにいう善意・無過失の占有者ということを妨げないから，抵当不動産の受贈者が所有権取得登記を経ないまま，自己に所有権があるものと信じて占有した場合には，右抵当権の存在を知り，または不注意により知らなかったときでも，善意・無過失であるということができる。

【判例 059】　（最判昭和 46.3.9 金判 262-10、裁判集民 102-233、判タ 261-189）
[要　　旨]　農業委員会作成の図面または法務局備付の図面を閲覧し、それらに基づいて実地に調査をすれば本件土地が自己の買受地に含まれないことを比較的容易に了知し得たものであるのに，右図面等を閲覧したこともなく、また自己の買い受けた土地を実測したこともないので，右土地を占有するに当たって自己の所有と信じたことには過失がなかったとはいえない。

【判例 061】　（名古屋地判昭和 46.9.30 判タ 271-217、判時 652-63）
[要　　旨]　地租改正の際，改租担当官の調査漏れのため民有地と認定されなかった土地（いわゆる脱落地）であり，本件土地を表示する登記簿が存在していないことが認められ，行政財産（いわゆる公物）とする旨の決定がなされていない以上，国有財産であっても法律上は私物と同一の性質を有する土地であり，私人において取得時効の完成により，所有権を取得することができる土地であるから，贈与を受け，所有の意思をもって平穏公然に占有を開始し，自己の所有土地と

して本件土地内に植樹し、更に本件土地内の雑木を伐採して、薪炭として、費消して管理し、使用収益するについて附近の土地所有者から何らの異議も述べられたことがないこと等から自主占有が認められるが、本件<u>土地の登記簿等を調べたり、固定資産税の納付手続をなしたりしなかったことは、本件土地が自己の所有となったことを信ずるについて少なくとも過失がある</u>。

【判例 069】　（大阪地判昭和 47.11.30 下民 23-9～12-670、判タ 291-325）
[要　　旨]　小作人が旧地主の管理人の教示に基づき、自作農創設特別措置法によって右小作人に売り渡されるはずであった農地が、実際には買収、売渡がなされなかったにもかかわらず、地主の管理人の教示を軽信し漫然と右農地の売渡を受けたものと誤信して何らの手続もふまず、以後小作人が小作料も支払わず耕作し、後にその土地に建物を建築して占有を続けてきた場合には、右小作人の自主占有への変更は認められるが、その開始につき過失がある。

【判例 070】　（和歌山地判昭和 47.12.27 判タ 296-285、判時 706-70）
[要　　旨]　<u>建物の受贈者が善意でその占有を開始したとしても、贈与者が右贈与前に隠居し家督相続人が右建物の所有権を取得していたことにつき調査を怠ったときには</u>、法律上隠居者の全財産を承継取得することになることも社会生活上知らねばならないことであるし、調査すれば知り得べきことであるから、<u>受贈者は占有の開始に当たり過失がなかったものとはいえない</u>。

【判例 071】　（最判昭和 48.1.26 裁判集民 108-61、判時 696-190）
[要　　旨]　土地の交換契約に際して、甲は真実は借地権を有するに過ぎない土地を、所有権を有しこれを交換物件として提供する旨述べて乙を欺罔し、乙からその土地の提供を受けて占有を取得した場合、詐欺に基づく錯誤により契約が無効となり、その原因を自らつくり出した甲は、したがって、本件土地を所有の意思をもって善意・無過失で占有を開始したと認めえない場合のあり得べきことはいうまでもなく、右土地を短期時効によって取得することはできない。

【判例 074】　（最判昭和 50.4.22 金法 760-26、裁判集民 114-549、民集 29-4-433）
[要　　旨]　自己の賃借する土地の一部として第三者の土地の一部を占有していた者が、賃借地の払下を受けるにあたり、<u>本件係争部分を右払下げを受けた土地の一部であると信じたとしても、その払下土地の境界を隣接地所有者や公図等について確認する等の調査をしないでそう信じたとすれば過失がなかったとはいえない</u>。

【判例080】　（最判昭和 51.12.2 金判 516-16、裁時 706-1、裁判集民 119-291、判タ 346-191、判時 841-32、民集 30-11-1021）

[要　　旨]　長期にわたり*農地の管理人のように振舞ってきた甲に対し*小作料を支払い農地を小作してきた乙が、*甲から右農地を買受け農地法所定の許可を得て登記を経由した場合*、実際は甲が代理権限を有していなかった時でも、乙は*農地の移転登記の時に新権原により所有の意思をもって右農地の占有をはじめたものと言うことができ*、かつ*占有取得につき過失がなかったというべきである*。

【判例085】　（最判昭和 52.3.31 金法 839-32、裁判集民 120-363、判時 855-57）

[要　　旨]　土地を買受けその占有を始めるに先立ち、前主が、6 年余にわたって同土地の所有者としてこれを占有し、その間、隣地の所有者との間に境界に関する紛争もないままに経過していたのであって、*このような状況の下で同土地を買い受けその自主占有を取得したものである以上*、たとえ右買受けに際し、*登記簿等につき調査することがなかったとしても、自主占有を開始するにあたって過失はなかったものといえる*。

【判例086】　（大阪高判昭和 52.3.31 下民 35-1〜4-162、訟月 23-4-678）

[要　　旨]　旧陸軍による土地の占有について、同土地の所有者が、旧陸軍の強大な威力を想定し、弁護士等の言から権利行使の困難を懸念して、軍の土地占有に対して訴訟提起を断念する等の事情があつたとしても、それだけでは民法第 186 条による占有の平穏性の推定を覆すことはできない。

【判例093】　（東京高判昭和 53.9.26 訟月 24-12-2525）

[要　　旨]　*公図のない地域*において、前主の不動産会社が、隣地所有者の立会を求めることもなく、公図にかわる分筆届と異なるものを作成し、所有者の標識を無視し、縄延びのない地域であるにもかかわらず、*3 倍強にも及ぶ増歩の地積訂正を行い、しかも、右地積訂正について隣地所有者の承諾書をとつていなかった等の事実があるときは*、右不動産会社の隣地所有者に属する土地の*占有の開始をして善意・無過失のものということは到底、許されない*。

【判例102】　（東京地判昭和 55.2.6 下民 35-1〜4-190、判タ 416-156、判時 967-80）

[要　　旨]　土地買受に際し、仲介人から土地家屋調査士作成の図面および当時の隣接所有者の承諾書を示されて境界の説明を受け、現地の地形を見た上で仲介人指示の境界を所有地の境界と信じた場合、*右図面に記載された所有地の面積が公簿面積の約 1.5 倍と大きく、通常の縄延び程度ではないことが明らかであり、右図面の下部に転写されている公図写と実測図を対比するとその北側部分の地形が*

著しく異なっているなど，実測図の境界線が真実の境界線を示すか否かについて疑義を生じさせるときは、仲介人に正すなり、隣接所有者に直接当って調査するなり適当な手段をとるべきであって，これをせず軽々に自己の所有地であると信じても過失がないとはいえない。

【判例 105】　（最判昭和 56.1.27 金判 621-22、金法 957-32、裁判集民 132-33、判タ 441-107、判時 1000-83）

[要　旨]　他人の物の売買であるため直ちに所有権を取得するものでないことを買主が知っていても、占有における所有の意思の有無は、占有取得原因たる事実によって外形的客観的に定められるべきであるから、買主において所有者から土地の使用権の設定を受けるなど特段の事情のない限り、買主の占有は所有の意思をもってする占有と解するのが相当であり、売買の目的物が他人所有であることを買主が知っていたことは占有の始め悪意であることを意味するにすぎない。

【判例 115】　（最判昭和 59.5.25 裁時 890-1、裁判集民 142-53、判タ 540-186、判時 1133-70、民集 38-7-764）

[要　旨]　農地の譲受人が譲渡を目的とする法律行為をしただけで当該譲渡に必要な農地調整法第4条第1項の知事の許可を受けなかった場合、通常の注意義務を尽すときには知事の許可がない限り当該農地の所有権を取得することができないことを知りえたものというべきであるから、譲渡についてされた知事の許可に瑕疵があって無効であるが同瑕疵があることにつき善意であった等の特段の事情のない限り、農地の占有を始めるに当ってこれを自己の所有と信じても過失がなかったとはいえない。

【判例 128】　（東京地判昭和 62.6.24 判時 1266-104、ジュリ 931-108）

[要　旨]　一般に不動産取引においては、当事者は、まず当該不動産に関する登記簿謄本や権利書等を閲覧、調査することによりその権利関係を確認することはもちろん、更に隣接土地の所有者等から直接事情を聴取するとか、法務局備付けの公図その他測量図等の関係書類を調査することにより事前に隣接地との境界等その範囲をも確定しておくのが通例というべく、原則としてかかる労を全くとることもせずに、漫然前主の言葉を信用して隣接地を自己の所有に帰したものと信じたとしても、他に特段の事情が認められない限り、短期取得時効の成否を考えるにあたっては、占有の始めに過失があったと言わざるを得ない。
そこで、本件において、右 A が本件各土地を占有するにあたり、同土地が自己の所有に帰したものであると信じたことにつき、当時の状況等から判断してやむを得ないと首肯するに足りる特段の事情が存したかについて、以下検討

するのに、亡AはBへ所有権移転登記手続から自己の取得分である約200坪の土地の最終確定及びそれに伴う現地測量、その後の分筆及び自己への所有権移転登記手続その他の諸手続の一切を施工業者であるBに任せていたものであるところ、亡Aは、右200坪分に相当する土地としてBから本件係争地の引渡しを受けた昭和38年1月末日の約半年前から右係争地に出入りし、植木を移植したり、バラック小屋を建てるなどしていたが、Bはもちろん、周辺の土地所有者らから異議が出されるようなことはなかったこと等の事情が認められ、そうとすると、以上のような*本件の特殊事情のもとにおいては、不動産取引の専門家でもないいわば素人の亡Aに対して、Bから本件係争地の引渡しを受けた際、登記簿謄本等を閲覧、調査しなかったからといって、本件各土地が自己の所有に帰したものと信じたことにつき過失があるということはできないというべきである*。

論点 11　占有の状態・排他的支配の状態

【判例 006】　　（大判大正 14.12.12 裁判拾遺 1・民 11）
［要　　旨］　*取得時効の要件としての占有はその物について事実上の支配をすることを要するところ、山林の立木の適当なところに標木を立て、樹木に番号等の極印を施しているような場合には、*一般取引の観念上事実上の支配関係を設定したものであり、*取得時効の占有となすに足りる。*

【判例 009】　　（大判昭和 16.12.12 新聞 4753-9、評論全集 31・民 60、法学 11-718）
［要　　旨］　社会通念上、所有家屋の屋根の下はその上に家屋の一部たる屋根を所有することによりその範囲において家屋の所有者がこれを支配しているものとみることができるから、*家屋の屋根の下の土地は通常家屋所有者がこれを占有しているものと認められ、取得時効の基礎となる占有になり得る。*

【判例 010】　　（大判昭和 17.2.26 法学 12-432）
［要　　旨］　村が議会の決議を経て寄贈を受けた土地に*標石を建設したような場合は、その所有権の所在を明確にして管理しているものといえ、所有の意思をもって平穏かつ公然にこれを占有したものと推定される。*

【判例 012】　　（福島地判昭和 27.8.30 下民 3-8-1186）
［要　　旨］　立木所有権を留保して土地のみを売却した者も自分に留保した立木所有権について公示方法を採らなければ、その後土地所有者となった第三者に対して、立木所有権の分離留保の事実を対抗できないところ、*公示方法というためには、その所有権取得を知らせる継続的な状態が明示されていなければならず、また単なる権利行使や使用収益の行為がなされているというだけでは、明認方法が施されたものといえないから、山林立木に年数回の手入れ見回りなど単なる管理をしていただけでは、他の支配を排除する支配という客観的関係が樹立されているとはいい難い。*

【判例 037】　　（佐賀地判昭和 41.6.16 訟月 12-7-1068）
［要　　旨］　*取得時効の要件としての占有は、その物が社会観念上その人の事実上の支配内に属していると認められることを要し、土地のごときものにあっては、使用の目的、程度により、柵、塀、その他の標識を設置するとか、または全面的に田畑として耕作するとか、要するに、その範囲の明確化を伴うことが必要であるから、他人の干渉を全面的に排斥して事実上の支配をしていたと認められな*

い以上、たまたま本件土地に材木を置いていた事実があったといっても、これをもって直ちに間接占有があったと認めることはできない。

【判例051】　（盛岡地判昭和44.6.19訟月15-8-900）
［要　　旨］　*取得時効の要件である自主占有ありとするためには、社会通念上物に対して所有者としての排他的な支配を及ぼしていると認められるにたる事実状態が存しなければならず*、右事実上の支配としての所持は、占有の目的である物の性質、種類に応じて外形的に異なった型態を予想しなければならないところ、境界標識の設置が自主占有の一徴表として重要な認定資料となりうることはいうまでもないけれども、*広大な係争地域の境界線の一部に、しかも所々に杭を打ったところで排他的な事実上の支配が成立したとはいえない*。

【判例060】　（最判昭和46.3.30裁判集民102-371、判時628-52）
［要　　旨］　原判決は、（イ）X県Y市大字2182番の2山林の前々主A（一代目）が大正8年頃本件係争地に、これを自己所有の右山林の一部であると信じて、杉苗多数を植えつけ、その後その刈払い等の手入れを続けて右植林の育成に努めてきたと認定し、一方において、（ロ）右植林後間もなく、B3が、同所182番の3山林の当時の所有者B2に頼まれて、右Aが植え残した本件係争地の東南隅に杉苗若干を植えつけたこと、B4ほか一名が大正末年または昭和初年頃同所182番の3の所有者である上告人先代B1（第一審被告）の依頼を受けて前記杉苗の成長した林の刈払いをしたこと、Cが昭和初年頃右B1の承諾を得て本件係争地内から桑葉を採取したことをも認定したうえ、特段の理由を示すことなく、右（イ）（ロ）の事実の間には矛盾がないとして、右Aが昭和5年末まで本件係争地の単独占有を継続したことを認め、これを前提として、右Aの本件係争地に対する所有権の時効取得を認めたのである。しかし、*一定範囲の土地の占有を継続したというためには、その部分につき、客観的に明確な程度に排他的な支配状態を続けなければならない*のであるから、右各認定事実のもとでは、占有の範囲についても、その態様についても、直ちにAの単独占有が継続したとすることに首肯しがたいものがあり、この点に関し原判決の説示するところには、理由不備の違法があるといわなければならない。

【判例075】　（東京高判昭和50.8.22東高民時報26-8-151、判タ333-206）
［要　　旨］　取得時効の要件としての自主占有は、共有関係を主張する者に対し単独所有権の時効取得を主張するような場合は格別として、所有権者を排除し排他的になされることは要しない。

【判例114】　（宮崎地判昭和 59.4.16 判タ 530-206）
［要　　旨］　山林の時効取得の要件としての占有は、年数回の見回り、木払い、数年に1回の間伐などをなしたのみでは足りず、いわゆる明認方法を施すとか、立木周辺に柵を設けるなどのように、他人において立木が何人の支配に属するかを知りえるような施設をなし、もって客観的に明確な程度に排他的な支配状態を続けることを必要とする。

【判例126】　（東京地判昭和 62.1.27 判タ 639-165）
［要　　旨］　土地の取得時効の要件である占有とは、当該土地を排他的、独占的に支配、管理していることを要するが、係争山林につき、当初ある程度の明認方法を施したほかは、ある期間バスを置いて境界線の一部に鉄条網を張り、立札を立て、境界石を埋設するなどの行為をしたとか、時々現地を訪れて様子を見たというに過ぎないときには、時効取得の基礎となる占有があったとは認められない。

【判例160】　（大阪地判平成 10.12.8 判タ 1011-163）
［要　　旨］　本件土地は、甲土地の南側に道路を挟んで位置し、その南側には乙土地が隣接しているところ、本件土地について時効取得を原因とする所有権移転登記手続を求めた事案において、取得時効の成否が問題となった場合、時効取得の要件である占有の継続があったといえるためには、その部分につき、客観的に明確な程度に排他的な支配状態を続けなければならないとし、_土地の一辺に鉄条網を設置したり、本件土地を測量するなどしたとしても、野菜等の作付けがなされたことはなく、シュロなどの雑木が雑然と植えられているにすぎないから、年に一度枝打ちをするなどして管理していたという事実があったとしても、それだけでは土地についての客観的に明確な程度の排他的な支配状態を示すものとはいえない_から、このような占有に基づいて、取得時効の成立を認めることはできない。

論点 12　時効の援用の意義

【判例 053】　（最判昭和 44.12.18 金判 203-14、裁判集民 97-781、判タ 243-194、
　　　　　　　判時 582-57、民集 23-12-2467）
[要　　旨]　不動産の所有者が第三者に対しその不動産を売却した場合においても、その*買主が売主から右不動産の引渡を受けて、みずから所有の意思をもって*占有を取得し、その占有開始の時から*民法第162条所定の期間を占有したときには、買主は売主に対する関係でも、時効による所有権の取得を主張することができる*。

【判例 063】　（最判昭和 46.11.25 裁判集民 104-445、判時 654-51）
[要　　旨]　物件を永続して占有するという事実状態を権利関係にまで高めようとする取得時効制度の趣旨に鑑みれば、取得時効の目的物件が何人の所有に属していたかを確定する必要は、必ずしもないというべきであるから、売買契約が効力を発生しなかったとする主張について判断することなく、直ちに取得時効について判断したとしても正当である。

【判例 141】　（伊丹簡判平成 3.4.11 公刊物未登録　訟月 47-1-171 参照－解説）
[要　　旨]　官民境界確定協議を成立させたことが、その後の用途廃止申請売払申請とともに係争地の所有権獲得に向けた一連の行為の一環と認められる場合には、時効援用権の行使が違法・不当なものとは認められないとした事例。

論点13　時効の援用権者

【判例052】　（最判昭和44.7.15 裁判集民96-287、判タ242-158、民集23-8-1520）
[要　旨]　民法第145条は、時効の援用権者は当事者である旨を規定しているところ、<u>建物賃借人は</u>土地の取得時効の完成によって直接利益を受ける者ではないから、<u>建物賃貸人による敷地所有権の取得時効を援用することはできない</u>。

【判例058】　（東京地判昭和45.12.19 判タ261-311、判時630-72）
[要　旨]　自主占有者たる賃貸人が、時効完成による係争地の所有権取得の利益を放棄したものと認められるとしても、<u>占有代理人である賃借人においてその利益を放棄しない限りは、貸主の借地所有権の取得時効を援用することができる</u>。

【判例066】　（東京高判昭和47.2.28 金判314-10、判時662-47）
[要　旨]　民法第145条にいう当事者とは、時効の完成によって直接に利益を受ける者を指すのであって、これを所有権の取得時効についていえば、時効完成の結果所有権を取得する者に限られ、権利設定者が所有権を時効取得すべき不動産につき、同人から地上権、抵当権等の物権の設定を受けた者或いは賃借権等の債権的利用権を得たに止まる者は、時効の完成により間接に利益を受けるに止まるから、右の当事者に含まれないから、土地の賃借人は、土地の賃貸人による土地所有権の取得時効を援用することができない。（注：【判例058】の上級審である）

【判例072】　（最判昭和48.12.14 民集27-11-1586、裁判集民110-709、裁時634-1、判タ304-160、判時724-45、金判399-5、金法708-29）
[要　旨]　民法一四五条の規定により消滅時効を援用しうる者は、権利の消滅により直接利益を受ける者に限定されると解すべきであるところ（最高裁判所昭和42年10月27日第二小法廷判決・民集21巻8号2110頁参照）、<u>抵当権が設定され、かつその登記の存する不動産の譲渡を受けた第三者は、当該抵当権の被担保債権が消滅すれば抵当権の消滅を主張しうる関係にあるから、抵当債権の消滅により直接利益を受ける者にあたると解するのが相当</u>であり、これと見解を異にする大審院明治43年1月25日判決・民録16輯1巻22頁の判例は変更すべきものである。

【判例162】　（最判平成 11.6.24 民集 53-5-918、裁判集民 193-395、判タ 1010-241、判時 1687-70、金判 1077-21、金法 1570-81）

［要　　旨］　*被相続人がした贈与が遺留分減殺の対象としての要件を満たす場合には，遺留分権利者の減殺請求により，贈与は遺留分を侵害する限度において失効し，*受贈者が取得した権利は右の限度で当然に右遺留分権利者に帰属するに至るものであり，*受贈者が，右贈与に基づいて目的物の占有を取得し，民法第 162 条所定の期間，平穏かつ公然にこれを継続し，取得時効を援用したとしても，それによって，遺留分権利者への権利の帰属が妨げられるものではないと解する*のが相当である。ただし，民法は，遺留分減殺によって法的安定が害されることに対し一定の配慮をしながら（第 1030 条前段、第 1035 条、第 1042 条等），遺留分減殺の対象としての要件を満たす贈与については，それが減殺請求の何年前にされたものであるかを問わず，減殺の対象となるものとしていること、前記のような占有を継続した受贈者が贈与の目的物を時効取得し，減殺請求によっても受贈者が取得した権利が遺留分権利者に帰属することがないとするならば、遺留分を侵害する贈与がされてから被相続人が死亡するまでに時効期間が経過した場合には、遺留分権利者は、取得時効を中断する法的手段のないまま、遺留分に相当する権利を取得できない結果となることなどにかんがみると、*遺留分減殺の対象としての要件を満たす贈与の受贈者は，減殺請求がされれば，贈与から減殺請求までに時効期間が経過したとしても，自己が取得した権利が遺留分を侵害する限度で遺留分権利者に帰属することを容認すべきである*とするのが、民法の趣旨であると解されるからである。

【判例163】　（最判平成 11.10.21 民集 53-7-1190、判タ 1019-88、判時 1697-53）

［要　　旨］　民法第 145 条所定の当事者として消滅時効を援用し得る者は、権利の消滅により直接利益を受ける者に限定されると解すべきである（最高裁昭和 48 年 12 月 14 日第二小法廷判決・民集 27 巻 11 号 1586 頁参照）。*後順位抵当権者は，目的不動産の価格から先順位抵当権によって担保される債権額を控除した価額についてのみ優先して弁済を受ける地位を有するものである*。もっとも、先順位抵当権の被担保債権が消滅すると、後順位抵当権者の抵当権の順位が上昇し、これによって被担保債権に対する配当額が増加することがあり得るが、この配当額の増加に対する期待は、抵当権の順位の上昇によってもたらされる反射的な利益にすぎないというべきである。そうすると、*後順位抵当権者は，先順位抵当権の被担保債権の消滅により直接利益を受ける者に該当するものではなく，先順位抵当権の被担保債権の消滅時効を援用することができないものと解するのが相当である。*

【判例171】　（高松高判平成 16.12.17 判タ 1191-319）
［要　　旨］　被相続人の占有による取得時効が完成した場合において、共同相続人の1人が自己の相続分の限度において取得時効を援用した場合の権利の帰属につき、*被相続人の占有により取得時効が完成している場合、被相続人の共同相続人（法定相続分各4分の1）4名の内2名で、時効の完成により利益を受ける者であるところ、その者は自己が直接に受けるべき利益の存する限度で時効を援用することができるものと解すべきであり*、被相続人らは、自己の相続分の限度である各4分の1の限度においてのみ取得時効を援用することができるにすぎないと解するのが相当であるとして、遺産分割成立までは援用者の相続分の範囲内で共同相続人全員の共有と認められるとした。

論点 14　時効の援用権の喪失

【判例 079】　（最判昭和 51.5.25 民集 30-4-554、家月 28-11-61、裁判集民 117-547、判タ 337-176、判時 819-41、金判 501-17、金法 803-30）

［要　　旨］　*家督相続をした長男が、家庭裁判所における調停により、母に対しその老後の生活保障と妹らの扶養及び婚姻費用等に充てる目的で農地を贈与して引渡を終わり、母が20数年これを耕作し*、妹らの扶養及び婚姻等の諸費用を負担したなど判示の事実関係のもとにおいて、*母から農地法第3条の許可申請に協力を求められた右長男がその許可申請協力請求権につき消滅時効を援用することは、信義則に反し、権利の濫用として許されない。*

【判例 112】　（神戸地判昭和 58.11.29 訟月 30-5-773）

［要　　旨］　国有無番地の土地（いわゆる脱落地）の一部についても取得時効は完成するが、財務局財務部に赴いて、国有地取得手続について相談した事実は、仮に国有地であるとすれば払下げを受けたいと考えて、その手続がどうなるかを相談したのにすぎないとも考えられるので、直ちに本件土地は国有地であることを承認したものと認めることはできないが、*財務局財務部が境界明示を行った際、土地の占有者がこれに立会い、当該土地が国有地であることを承認したときは、時効の援用権を喪失したものというべきである。*

【判例 116】　（最判昭和 59.9.20 民集 38-9-1073、裁判集民 142-333、裁時 897-1、判タ 540-182、判時 1134-81、金法 1090-38、金判 708-3）

［要　　旨］　本件仮処分決定は、Ａらと上告人Ｊとの関係において、代理権のない者による本件土地の売買に基づく所有権移転登記手続請求権を被保全権利とする処分禁止の効力を有しないものといわざるをえないが、被告人らの*取得時効の完成時以降は、時効取得に基づく所有権移転登記手続請求権を被保全権利とする処分禁止の効力を有するものと解するのが相当である*。そうすると、被上告人Ａらは、右時効完成後に上告人Ｈから本件土地の売渡を受け登記を経由した上告人Ｊに対して本件仮処分決定の効力を主張することができ、したがつて、上告人Ｊは、被上告人Ａらに対し右売渡による本件土地の所有権取得の効力を対抗することができないものといわなければならない。

【判例 151】　（大阪高判平成 7.7.5 判タ 897-116、判時 1563-118、金法 1451-45）

［要　　旨］　*債務者が消滅時効完成後の一部弁済により消滅時効の援用権を喪失しても、時効援用権喪失の効果は相対的であるから*、担保不動産の第三取得者は、なお

被担保債権の消滅時効を援用して担保権の消滅を主張することができるところ、右認定事実によれば、Aは本件貸金債務の消滅時効完成後に一部弁済したのであるから、信義則上、消滅時効を援用することはできない。しかし、このような時効完成後の弁済等による時効援用権喪失の効果は相対的であり、本件のように、債務者が被担保債権の消滅時効の援用権を喪失しても、*その効果は物上保証人や物上保証の目的物件の第三取得者には及ばないと解すべきである。*したがって、本件貸金債務の物上保証人であるBの死亡後、亡B相続財産から物上保証の目的物件である本件土地を取得したCは、Aの消滅時効援用権喪失の効果を及ぼされることはない。

【判例156】 (横浜地判平成8.12.3 公刊物未登録 訟月47-1-17参照－解説)
[要　　旨] *民有地所有者が、国の担当者の不適切な対応によって、自己所有地に影響を及ぼすものではないと軽信して境界確定協議書に署名押印した場合には、その後民有地所有者が取得時効を援用しても信義則に反しない*とした事例。

【判例165】 (東京地判平成12.2.4 訟月47-1-164)
[要　　旨] *復元された境界を示す丈量図に署名押印することによって、本件土地について所有地を有していないことを確定的に認めたというべく、*その結果、*それまでの占有の継続を根拠とする取得時効の援用をすることは信義則上許されず、時効援用権を喪失するに至ったと解するのが相当である。*

【判例166】 (東京地判平成12.2.8 訟月47-1-171)
[要　　旨] 1. 夫及び亡妻が、所有地の隣地である国所有の土地（軌道用地）を所有の意思でもって30年以上にわたり占有していた事案において、当該土地を含む国有地について付近住民に払下げを行う前提として、*関係所有者の立会いのもと境界確定協議を行い、最終的には国の担当官の説明に納得して、国作成の境界確定図（丈量図）に関係所有者全員が同意し夫もこれに署名押印していた場合に*おいては、その際、*後に時効など本件土地の所有権を主張する前提として境界の確定に応じた様子は全くうかがえない等の事情の下では、夫がそれまでの占有の継続を根拠に当該土地の取得時効を援用することは信義則上許されず時効援用権を喪失するに至ったというべきである。*
2. 原告の亡母が、原告所有地に隣接する国所有の里道を40年以上にわたり自主占有していたところ、*原告が原告所有地と当該土地との境界が不明であるとして、*土地家屋調査士を代理人として東京都知事に*境界確定申請書を提出し、これに基づき都知事から送付された「境界が確定した旨の通知書」に添付された境界図（原告所有地内に国有地が存在する旨記載）に異議を述べなかったことな*

どから，原告がそれまでの占有の継続を根拠に当該土地の取得時効を援用することは信義則上許されず時効援用権を喪失していると認められる。

論点 15　時効の利益の放棄

【判例 022】　（最判昭和 35.6.23 民集 14-8-1498）
［要　　旨］　債権者の振り出した約束手形につき、債務者が消滅時効完成後に内入弁済をした事案において、*時効利益の放棄があったとするためには、債務者において時効完成の事実を知っていたことを要するところ、債務者が弁済期後にした債務の内入弁済は、時効完成の事実を知ってこれをしたものと推定すべきであり、債務者において弁済をするに当たり時効完成の事実を知らなかったということを主張かつ立証しない限りは、時効の利益を放棄したものと認められる。*

【判例 036】　（最判昭和 41.4.20 民集 20-4-702、裁判集民 83-251、裁時 448-1、判タ 191-81、判時 442-12、金判 7-12、金法 441-6）
［要　　旨］　弁済期から 9 年あまりが経過した時点での公正証書に基づく強制執行に対して、商事時効を援用できるかが争われた事案において、*時効完成後に債務の承認をした場合、商人である債務者が消滅時効完成後に債務を承認した事実から、右承認が時効完成を知ってされたものと推定するのは経験則に反して許されないと解すべきである。また、債務者が消滅時効完成後に債権者に対し当該債務の承認をした場合には、時効完成の事実を知らなかったときでも、その後その時効を援用することは許されないと解すべきである。*

【判例 124】　（大阪地判昭和 61.6.27 民研 382-35－判旨・解説）
［要　　旨］　土地が仮に里道の一部であるとしても、本件土地は前主の時代から塀によって囲まれた宅地の一部として使用され、国、府その他から里道の存在を主張されたこともないから、本件土地は 30 年以上もの長年月にわたり事実上公の目的に供されることなく、公の管理下にあったこともなく放置され、公共用財産としての形態、機能を全く喪失しており、その物の上に他人の平穏かつ公然の占有が継続したが、そのため実際上公の目的が害されることもなかったのであり、もはやその物を公共用財産として維持すべき理由がなくなったというべきであるから、黙示的にその公用が廃止されたものとして取得時効の成立を妨げないというべきであり、本件のように*時効取得を主張する者が境界確定申請をしたからといって、従前所有地と時効取得した国有地との範囲を明確にすること以上に、申請人が時効取得した土地について国の所有権を承認あるいは既に完成した時効の利益を放棄するものと解することはできない。*

【判例142】　（札幌地判平成3.11.7判時1420-112）

［要　　旨］　時効取得を原因とする所有権移転登記請求権を被保全債権として処分禁止の仮処分申請をした事案において、甲の前々主が隣地たる乙の所有地内にマンホールや板塀等を越境させ乙の土地の一部を占有し続けたが、その時効期間経過後に甲の前主が乙を立会人として自己の所有地を測量した際に、実際の占有界ではなく公図上の境界に境界石を設置した場合、*当該測量は所有権の範囲の争いからなされたものではなく*、また、その際越境している右マンホール等について議論はなく、更に、境界石設置後も甲の前主が右係争地内に木塀を設置した等の事情があるときは、境界線の問題と所有権の範囲の問題とは異なり測量により所有権の範囲が定まるものではないことから、甲の前主が測量の際に黙示の意思表示による時効の利益の放棄をしたものとは認めることはできない。

論点16　取得時効の中断・停止

【判例002】　（大判大正 10.11.3 民録 27-1875）
[要　旨]　地上権者が地上権に基づいてその土地を占有するのは、所有権については地上権設定者のために代理占有をなすものであり、*取得時効の要件である占有は代理占有をも包含するところ、代理占有者に対する権利の行使は、同時に占有者本人に対する権利行使の意思の発現であるから、代理占有者に対する明渡請求は本人に対して時効中断の効力を生ずる。*

【判例024】　（最判昭和 35.9.2 家月 12-12-65、判タ 110-55、民集 14-11-2094）
[要　旨]　民法第160条は、相続財産の管理人の選任前、相続財産たる土地を、所有の意思をもって、平穏、公然、善意無過失で10年間占有した場合にもその適用があると解すべきであり、*相続財産管理人の選任前に時効期間が満了した場合にも民法第160条が適用されて、時効の完成が選任後6か月猶予される。*

【判例029】　（最判昭和 38.1.18 裁判集民 64-25、判タ 142-49、民集 17-1-1）
[要　旨]　係争地域が自己の所有に属することの主張は前後変わることなく、*ただ単に請求の趣旨を境界確定から所有権確認に交替的に変更したに過ぎない場合は、*裁判所の判断を求めることを断念して旧訴を取り下げたものとみるべきではないから、*訴の終了を意図する通常の訴の取下げとはその本質を異にし、境界確定の訴提起によって生じた時効中断の効力には影響がない。*

【判例047】　（最判昭和 43.11.13 民集 22-12-2510、裁判集民 93-173、裁時 509-4、判タ 230-156、判時 536-16、金判 151-12、金法 531-30）
[要　旨]　所有権に基づく登記手続請求の訴訟において、*被告が自己に所有権があることを主張して請求棄却の判決を求め、その主張が判決によって認められた場合には、右所有権の主張は、裁判上の請求に準ずるものとして、民法第147条第1号の規定により原告のための取得時効を中断する効力を生ずる。*

【判例049】　（最判昭和 43.12.24 金判 151-18、金法 536-22、裁判集民 93-933、判タ 230-167、判時 545-51、民集 22-13-3366）
[要　旨]　抵当権者からの競売の申立に基づき、*競売開始決定の登記がなされて差押の効力が生じても、*不動産につき所有権取得登記を経由しておらず、前記競売手続が占有者を目的物件の所有者としてなされたものでない以上、*そのことが抵当不動産の占有者に通知されない限り、これをもって右占有者の取得時効につ*

いての中断事由とすることはできない。

【判例054】　（最判昭和44.12.18 判時586-55）
[要　旨]　甲が乙および丙を被告として提起した共有物分割請求訴訟において、乙が、請求原因事実を認め、これによって自らの共有持分がある旨の主張をすることは、その主張が認められた場合においては、裁判上の請求の準ずるものとして、民法第147条第1号の規定により、丙のための取得時効を中断する効力を生じる。

【判例077】　（最判昭和50.11.28 金判491-6、裁判集民116-667、訟月22-2-517、判タ332-199、判時801-12、民集29-10-179）
[要　旨]　二重に訴が係属した後に旧訴が取り下げられても、それが訴の提起による権利主張をやめ、かつ権利につき判決による公権的判断を受ける機会を放棄したものでもないと認められる場合には、旧訴提起による時効中断の効力は消滅しない。

【判例083】　（札幌高判昭和52.2.28 高民30-2-33、下民35-1〜4-256、判タ347-151、判時872-90、金判538-28）
[要　旨]　不動産の売主が当該不動産を引き渡さず占有を継続したときは、買主に対する関係においても、所有権の取得時効を援用することができるが、その場合、売主と買主との間に当該不動産の所有権移転の有無についての対立の関係が生ずるやもしれない事由が存するに至った時までは、売主のための取得時効は進行しないものと解するのが相当である。

【判例131】　（最判平成元.3.28 裁判集民156-373、判タ765-178、判時1393-91）
[要　旨]　所有者を異にする相隣接地の一方の所有者甲が、境界を越えて隣接地の一部を自己の所有地として占有し、その占有部分につき時効により所有権を取得したと主張している場合において、右隣接地の所有者乙が甲に対して右時効完成前に境界確定訴訟を提起していたときは、右訴えの提起により、右占有部分に関する所有権の取得時効は中断するものと解されるが、土地所有権に基づいて乙が甲に対して右占有部分の明渡を求める請求が右境界確定訴訟と併合審理されており、判決において、右占有部分についての乙の所有権が否定され、乙の甲に対する前記明渡請求が棄却されたときは、たとえ、これと同時に乙の主張するとおりに土地の境界が確定されたとしても、右占有部分については所有権に関する取得時効中断の効力は生じないものと解するのが相当である。

論点17　時効完成と登記

【判例019】　（最判昭和33.8.28民集12-12-1936）
[要　旨]　*時効により不動産の所有権を取得しても、その登記がないときは、時効完成後において旧所有者から所有権を取得し登記を経た第三者に対し*、その善意であると否とを問わず、*所有権の取得を対抗できない。*

【判例025】　（最判昭和36.7.20民集15-7-1903）
[要　旨]　時効による権利の取得の有無を考察するに当たっては、単に当事者間のみならず、第三者に対する関係も同時に考慮しなければならないから、*不動産の取得時効が完成しても、その登記がなければ、その後に所有権取得登記を経由した第三者に対しては時効による権利の取得を対抗し得ないが、第三者の右登記後に、占有者がなお引続き時効取得に要する期間占有を継続した場合には、その第三者に対し、登記を経由しなくても時効取得をもって対抗し得るものと解すべきである。*

【判例039】　（最判昭和41.11.22裁判集民85-207、判タ200-92、民集20-9-1901）
[要　旨]　時効による不動産所有権取得の有無を考察するに当たっては、単に当事者間のみならず第三者に対する関係も同時に考慮しなければならないのであるから、この関係においては、結局当該不動産についていかなる時期に何人によって登記がなされたかが問題となるのであり、*不動産の時効取得者は、取得時効の進行中に原権利者から当該不動産の譲渡を受け、その旨の移転登記を経由した者に対しては、登記がなくても、時効による所有権の取得を主張することができる。*

【判例042】　（最判昭和42.7.21民集21-6-1653、裁判集民88-123、判タ210-152）
[要　旨]　不動産の取得時効完成前に原所有者から所有権を取得し時効完成後に移転登記を経由した者に対し、時効取得者は、登記なくして所有権を対抗することができる。被上告人は本件土地の占有により昭和33年3月21日に20年の取得時効完成したところ、上告人は、本件土地の前主から昭和33年2月本件土地を買い受けてその所有者となり、同年12月8日所有権取得登記を経由したというのである。されば、被上告人の*取得時効完成当時の本件土地の所有者は上告人であり、したがつて、上告人は本件土地所有権の得喪のいわば当事者の立場に立つのであるから、被上告人はその時効取得を登記なくして上告人に対抗できる筋合であり、このことは上告人がその後所有権取得登記を経由すること*に

よつて消長を来さないものというべきである。

【判例100】　（東京高判昭和54.12.26下民34-9〜12-1162、高民30-12-383、判時956-60）
［要　　旨］　被控訴人は、昭和31年4月6日以降所有の意思をもって平穏公然に本件土地を占有したものであり、かつ右占有のはじめに右土地の所有権が自己にないことを知らず、その知らないことについては過失がなかったものというべきである。したがって、被控訴人は以後10年の経過により本件土地の所有権を時効取得したものである。
取得時効の完成によって不動産の所有権を取得した者は、その取得時効の完成より前に原所有者から所有権を取得した者に対し登記なくして所有権を対抗することができ、このことは原所有者から所有権を取得した右の者がたとえその後所有権取得登記を経由することによって消長を来さないと解するのが相当である。（最高裁判所昭和42年7月21日第二小法廷判決、民集21巻6号1653頁参照）。ところで、控訴人Aは昭和32年6月20日前記第二物件目録記載の土地の所有権を前所有者Bより譲り受けて取得し、被控訴人は取得時効の完成によって昭和41年4月6日右土地の所有権を取得したものであることは、前記のとおりであるから、控訴人AはBが第一土地につきCに対して昭和34年4月28日取得した*買受人の地位（または買受人の権利義務）*をCの承諾のもとに昭和44年4月26日*譲り受けて*（このような買受人の地位の譲渡は許されるものと解すべきである。最高裁判所昭和38年9月3日第三小法廷判決、民集17巻8号885頁参照）。右土地の*所有権を取得した*ものであること前記のとおりであるから、*Bと法律上は同一の地位に立つ*ものと解するのが相当であるところ、被控訴人は取得時効の完成によって昭和41年4月6日右土地の所有権を取得したものであることは、前記のとおりであるから、*被控訴人は同控訴人に対し登記なくして右土地の所有権を対抗することができる*ものというべきである。
（注：時効により土地所有権を取得した者が時効完成前の土地買受人の地位を時効完成後に譲受けた者に対し登記なくして時効取得を主張しうるとされた事例）

【判例107】　（最判昭和56.11.24金判637-10、金法997-41、裁判集民134-261、
　　　　　　　　判タ457-81、判時1026-85）
［要　　旨］　*売買予約上の買主の地位は、第三者の目的不動産に対する取得時効完成により消滅するものであるから、*取得時効の完成前に原所有者との間で不動産につき売買予約を締結し、*所有権移転請求権保全の仮登記を経由した甲から、取得時効完成後に乙が右売買予約上の買主たる地位を譲り受け、右仮登記につき移転の附記登記を経由した場合には、甲が有していた買主たる地位がそのまま乙の地位となり、乙のため仮登記により保全されていた右買主たる地位は丙に

つき取得時効が完成したことにより消滅したものと解すべきであるから、買主である乙は右時効の当事者であって、民法第177条にいわゆる第三者に該当するものではなく、丙に対し、時効による所有権の取得登記なくして対抗できる。

【判例143】　（宮崎地裁延岡支判平成3.11.29 判自96-27）
［要　　旨］　1. 差押・公売の関係には民法第177条の適用があるものと解されるところ、時効期間進行中に差押がなされた場合には、民法第177条の第三者に当たらないから、時効取得による所有権の取得を登記なくして対抗することができる。
2. 抵当権設定者または債権者以外の者が、抵当権の目的物を取得した場合には、当該抵当権は、民法第397条によって消滅するところ、時効期間進行中に抵当権の設定がなされた場合には、右抵当権者は、時効による物権変動の当事者と解されるから、民法第177条の第三者には当たらず、時効取得による所有権の取得を登記なくして対抗することができる。

論点18　取得時効の目的物1（所有権以外の権利の取得時効）

【判例032】　（最判昭和 38.12.13 裁判集民 70-245、判タ 159-88、判時 364-25、民集 17-12-1696）

[要　旨]　他人の所有する土地に権原によらずして自己所有の樹木を植え付けて、その時から右立木のみにつき所有の意思をもって平穏かつ公然に 20 年間占有した者は、植付の時に遡って時効により右立木の所有権を取得する。

【判例046】　（最判昭和 43.10.8 金判 136-12、裁判集民 92-483、判タ 228-96、判時 538-44、民集 22-10-2145）

[要　旨]　土地の継続的な用益という外形的事実が存在し、かつ、それが賃借の意思に基づくことが客観的に表現されているときは、民法第 163 条にしたがって土地賃借権の時効取得が可能である。

【判例090】　（最判昭和 52.9.29 NBL151-47、金判 536-18、裁判集民 121-301、判時 866-127、判時 866-127）

[要　旨]　建物賃借人に過ぎない者が、土地所有権者より建物敷地の管理を任されており他に賃貸する権限も付与されていると称して、敷地の空地部分を賃貸し、それを信じて土地を賃借した者が、地上に建物を建築して所有・居住し、土地の占有を平穏公然に継続し、賃料も建物賃借人およびその相続人に支払ってきた事情のある場合、土地の継続的な用益が賃借に基づくものであることが客観的に表現されていると認めるのが相当であり、民法第 163 条所定期間の経過により賃借権を時効取得することができる。

【判例094】　（最判昭和 53.12.14 民集 32-9-1658、裁判集民 125-831、裁時 755-1、判タ 377-82、判時 915-54、金法 891-38、金判 565-21）

[要　旨]　土地賃借権の無断譲受人が、土地の引渡しを受けながら、_賃貸人に賃料を支払つたことがなく_、また、_賃貸人に賃借権譲渡の承諾を求めたが拒絶され_、かえって譲渡人との賃貸借契約は既に解除済みであるとして_土地の明渡を求められ、その後にいたつて賃料の弁済供託を開始したという事実関係のもとにおいて_、譲受人が賃借意思に基づいて土地の使用を継続したものということはできず、_賃借権の時効取得を認めることはできない_。

【判例 127】　　　（最判昭和 62.6.5 裁判集民 151-135、判タ 654-124、金判 786-3、
　　　　　　　　　金法 1186-80）
［要　　旨］　　甲所有の土地を買い受けてその所有権を取得したと称する乙から右土地を貸借
　　　　　　　した丙が、右賃貸借契約に基づいて平穏公然に目的土地の占有を継続し、乙に
　　　　　　　対し賃料を支払っているなど判示の事情のもとにおいては、丙は、民法第163
　　　　　　　条の時効期間の経過により、甲に対して右土地の貸借権を時効取得すること
　　　　　　　ができる。（注：【判例 046】を踏襲したもの）

【判例 157】　　　（浦和地判平成 9.5.26 判自 168-75）
［要　　旨］　　土地改良施設である排水路上に横断用通路を開設して通行していた者につき、
　　　　　　　右通路の開設に際して土地改良区の代表者の承諾があったとしても、土地改良
　　　　　　　財産を他の用途又は目的に使用させる場合には、農林水産大臣の承認を受ける
　　　　　　　ことが必要であるから、右承認を得ていない以上、排水路の公共性の目的に
　　　　　　　反するから、本件水路につき通行地役権を時効取得したものと認めることはで
　　　　　　　きない。

論点19　取得時効の目的物2（法定外公共物）

【判例001】　　（大判大正10.2.1民録27-160）
[要　　旨]　道路のごとき公用物は官の所有に属する場合には、その公用を廃した後でなければ取得時効の目的となることができず、また、道路の公用廃止とは道路を管理する権限を有する官庁が公用廃止の意思を表示した場合を言う。

【判例008】　　（大判昭和4.12.11民集8-12-914）
[要　　旨]　下水溝のように広く公衆に使用させる種類の公用物について公用廃止の意思表示をするには、管理権を有する官公署の明示の決定によらなければならないから、国が暗黙のうちにその公用廃止の意思を表示したものと認定して、時効による所有権の取得を認めることはできない。

【判例020】　　（山形地判昭和33.10.13訟月4-12-1502）
[要　　旨]　要存置国有林野とされた土地は行政財産であり、公用廃止がない限り、取得時効の適用はなく、当該山林が国有であることを営林官庁から知らされ、自分らの共有であることに疑問を抱いていたのにかかわらず、あえて伐採に着手した場合には、少なくとも過失により国の立木所有権を侵害したものといえる。

【判例040】　　（最判昭和42.6.9訟月13-9-1035）
[要　　旨]　道路敷として寄附された土地を、国がその供用開始を行い、以来所有の意思をもって10年間占有管理した場合には、その所有権を時効取得したものというべきである。

【判例050】　　（最判昭和44.5.22裁判集民95-323、判タ236-118、民集23-6-993）
[要　　旨]　自作農創設特別措置法に基づいて政府から売渡を受け、その無効であることを知らず、右売渡によってその所有権を取得したものと信じて以後その占有を継続していた土地が、旧都市計画法第3条に基づき建設大臣が決定した都市計画において公園とされている市有地であっても、外見上公園の形態を具備しておらず、したがって現に公共用財産としての使命を果たしていない限り、民法第162条に基づく取得時効の成立を妨げない。

【判例081】　　（最判昭和51.12.24金判515-8、金法815-27、裁時706-3、裁判集民119-397、訟月22-12-2742、判タ345-192、判時840-55、民集30-11-1104）
[要　　旨]　公図上水路として表示されている国有地が、長年の間事実上公の目的に供用さ

れることなく放置され、公共用財産としての形態・機能を全く喪失し、その物の上に他人の平穏かつ公然の占有が継続したが、そのため実際上公の目的が害されることもなく、もはやその物を公共用財産として維持すべき理由がなくなった場合には、右公共用財産について、黙示的に公用が廃止されたものとして、これに対する取得時効の成立を妨げない。

【判例086】　（大阪高判昭和52.3.31下民35-1〜4-162、訟月23-4-678）
[要　　旨]　国のように大規模の組織を有する権利主体の占有意思は、対象物件の占有・管理に関する権限の行使を所管する機関の意思を基準としてその主体の占有意思をとらえるのを原則とすべきであり、国が公物（旧陸軍省用地）を時効取得することを認めても、公物の公共性、公益性に反することはありえないから、公物は国の取得時効の対象となり得る。

【判例087】　（最判昭和52.4.28金判535-47、裁判集民120-549）
[要　　旨]　公共用財産である道路が建物敷地の一部として順次占有を継続され、現在に至るまで道路として利用された形跡が全くなく、その必要もなくなっている等の事情にあるときは、長年の間、事実上公の目的に供用されることなく放置され、公共用財産としての形態、機能を全く喪失し、その物の上に他人の平穏かつ公然の占有が継続したが、そのため実際上公の目的が害されるようなこともなく、もはやその物を公共用財産として維持すべき理由がなくなった場合に当たり、黙示的に公用が廃止されたものとして、これに対する取得時効の成立を妨げない。

【判例088】　（金沢地判昭和52.5.13判時881-136）
[要　　旨]　市道認定がなされ、公用の開始されている市道であっても、公用開始当初から一度も道路としての形態を具有するに至らず、また長年建物の敷地となっていたため、外観上公共用財産としての形態を具備せず、そのため公共用財産としての使用を全く果たしていない場合には、その物の上に私法上の取得時効が成立しうる。

【判例095】　（函館地判昭和54.3.23訟月25-10-2522）
[要　　旨]　公有水面埋立法に基づく埋立免許は、埋立を条件として、埋立地の所有権を取得させることを終局目的とする行政処分であり、当該公用水面および海浜地の公用を廃止する効力を有するものではないから、右埋立免許処分のなされた海浜地は、それだけでは所有権および地役権の取得時効の対象とはなりえず、石積みあるいは木柵を設置したのみでは黙示の公用廃止処分があったとも認めら

れない。

【判例 096】　（福岡地判昭和 54.7.12 訟月 25-11-2775）
［要　　旨］　国有公共用財産である公図上水路と表示されている土地が、自主占有開始当時既に完全に陸地化して水路としての形態、機能を全く喪失しており、河川管理上何らの支障も来さない状態にある場合には、右土地について黙示の公用廃止の意思表示がなされていたものと認めることができる。

【判例 101】　（山口地判昭和 55.1.23 訟月 26-3-463）
［要　　旨］　里道が長い年月里道としての目的に供されず、それ自体公共用財産としての形態機能を失った場合でも、公の目的に事実上支障を生じなかったのが専ら隣接する私有地が里道と誤認されて里道同然に利用されていたためであり、右部分の所有者が第三者の通行利用に異議を唱えれば直ちに公の目的に支障を生ずる状態が顕現する等の状況下では、公共用財産たる里道につき黙示的に公用廃止処分がなされたものとみることはできず、取得時効の成立は認められない。

【判例 103】　（最判昭和 55.2.29 民集 34-2-197、裁判集民 129-223、裁時 786-1、判タ 409-69、判時 958-58、金判 592-17、金法 929-37）
［要　　旨］　他人の農地の売買の場合における買主の売主に対する農地法第 3 条所定の許可申請協力請求権の消滅時効は、売主が他人から当該農地の所有権を取得したときから進行する。

【判例 104】　（東京高判昭和 55.4.15 判時 964-51、訟月 26-9-1491）
［要　　旨］　国有地であることを知らず本山から境内地を借り受け使用を継続していた末寺が、本山に対する寄附の対価として右土地の所有権を本山から譲り受けたものと誤信した場合に、寄附行為の前後の事情から、寺院の宝物館完成と同時に、末寺の占有につき他主占有から新権原により所有の意思をもって始めた自主占有への変更があったと認められる。

【判例 108】　（横浜地判昭和 57.8.31 判タ 487-103、訟月 29-2-213）
［要　　旨］　「合衆国の軍隊の用に供する国有の財産の取扱手続について」と題する大蔵省管財局長通達に基づき用途廃止がなされた橋梁、取付道路、その擁壁および護岸は、用途廃止後も実質上の行政財産ないし予定された行政財産と認められるから、これらと構造上機能上不可分一体となっている橋梁用地は取得時効の対象とはなり得ない。

【判例112】　（神戸地判昭和 58.11.29 訟月 30-5-773）
［要　　旨］　国有無番地の土地（いわゆる脱落地）の一部についても取得時効は完成するが、*財務局財務部に赴いて、国有地取得手続について相談した事実は、仮に国有地であるとすれば払下げを受けたいと考えて、その手続がどうなるかを相談したのにすぎないとも考えられるので、直ちに本件土地は国有地であることを承認したものと認めることはできない。*

【判例117】　（東京地判昭和 59.11.26 判時 1167-60、判タ 546-149）
［要　　旨］　国有地である区道に認定されている土地であっても、長年の間、事実上公の目的に供用されることなく放置され、道路としての形態・機能を全く喪失し、そのために実際上公の目的が害されたこともない場合には、右土地は黙示的に公用が廃止されたものとして時効取得の対象となる。

【判例119】　（東京地判昭和 60.9.25 判タ 612-49）
［要　　旨］　公共用財産である里道がその形態及び機能を全く喪失し、それが長年の間事実上公の目的に供されることなく放置され私人の建物の一部として平穏かつ公然に占有使用されてきたときには、もはや黙示的に公用が廃止されていたものとして、特段の事情のない限り、時効取得の成立を妨げない。

【判例121】　（広島高判昭和 61.3.20 訟月 33-4-839）
［要　　旨］　黙示的公用廃止による公共用財産の時効取得のためには、自主占有開始時までに黙示的公用廃止があったものといいうる客観的状況が存在することを要するところ、公共用物たる国所有の里道を自己所有地の一部であると信じ、里道上に倉庫、農具小屋などを建てて占有を継続し、以来20年が経過したような場合、里道上の敷地部分については、自主占有開始当時、既に黙示的に公用が廃止されていたものとして取得時効が完成したものというべきであるが、右敷地部分を除くその余の部分については、なお隣接している宅地居住者らの一般の通行の用などに供されている以上、自主占有開始時点は勿論、その後の進行中においても、黙示的に公用が廃止されていたものと評価しうる客観的状況が存在していたと認めるのは困難である。

【判例122】　（長野地判昭和 61.4.30 訟月 33-7-1753）
［要　　旨］　善光寺の参道と宗教法人所有地との間にあり宿坊の庭として取り込まれている国有の市道敷地部分について、現況は参道と一応区別され工作物、樹木等もあって一般の通行の用に供されない形態であるといえるが、右状況の変化は主として宗教法人によってもたらされたのであり、また寺院の参道とは単に通行で

きればよいのではなく風致地区として参道と一体となって通行者に心理的余裕をあたえるべき部分も必要であり、現況でも竹垣さえ撤去すれば通行の用に供せないともいえないことを総合すると、該土地は、道路としての形態、機能を全面的に喪失したとはいえず、時効の対象とはなりえない公共用財産であるといえる。

【判例123】　（東京地判昭和61.6.26判時1207-67）
［要　　旨］　公共用財産である水路が、水路の変更工事により新水路を掘起した土砂で埋立てられて水路としての機能を喪失し、畑として耕作されて現在に至っている場合、右土地については、もはや黙示的に公用が廃止されたものとして、時効取得が成立し、この場合に、知事に対し右水路につき公共物用途廃止の申請をなしたとしても、右申請と時効取得の主張はいずれも所有権の取得を目的とする行為であるから、右申請をもって時効利益の放棄ないし援用権の喪失と解するのは相当ではない。

【判例124】　（大阪地判昭和61.6.27民研382-35－判旨・解説）
［要　　旨］　土地が仮に里道の一部であるとしても、本件土地は前主の時代から塀によって囲まれた宅地の一部として使用され、国、府その他から里道の存在を主張されたこともないから、本件土地は30年以上もの長い年月にわたり事実上公の目的に供されることなく、公の管理下にあったこともなく放置され、公共用財産としての形態、機能を全く喪失しており、その物の上に他人の平穏かつ公然の占有が継続したが、そのため実際上公の目的が害されることもなかったのであり、もはやその物を公共用財産として維持すべき理由がなくなったというべきであるから、黙示的にその公用が廃止されたものとして取得時効の成立を妨げないというべきであり、本件のように時効取得を主張する者が境界確定申請をしたからといって、従前所有地と時効取得した国有地との範囲を明確にすること以上に、申請人が時効取得した土地について国の所有権を承認あるいは既に完成した時効の利益を放棄するものと解することはできない。

【判例125】　（京都地判昭和61.8.8判タ623-106）
［要　　旨］　公共用財産が長年の間事実上公の目的に供用されることなく放置され、公共用財産としての形態、機能を全く喪失し、その物の上に他人の平穏かつ公然の占有が継続したが、そのために実際上公の目的が害されることもなく、もはやその物を公共用財産として維持すべき理由がなくなった場合には、黙示的に公用が廃止されたものとして取得時効の成立を妨げないが、河川改修工事により河川敷地から河川のコンクリート護岸擁壁と一体となりこれを実質上保護する土

居として公共の用に供されている公図に地番のない国有地について、それが占有開始後の行為によって宅地あるいは駐車場となり現在に至っているとしても、右土地について黙示的に公用の廃止があったものとみるべき基準に適合する客観的状況が自主占有開始の時点までに存在していない限り、右土地についての時効取得は認められない。

【判例129】　（東京地判昭和63.8.25判時1307-115）
［要　旨］　公共用財産であった里道につき、先代がこれを買い受けた当時既に畑状を呈しており、また、その後先代および本人の占有継続の過程で周囲が完全に宅地化され、道路が存在したことをうかがわせる痕跡すらない状態にある場合において、占有地は、公共用財産としての形態、機能を全く喪失しており、その占有により実際上公の目的が害されることもなかったので黙示的に公用が廃止されたものとして、取得時効の対象となり得る。

【判例130】　（東京高判昭和63.9.22金判815-28、東高民時報39-9～12-61、判時1291-69、判タ695-191）
［要　旨］　府県道の用地となることが予定され、それに備えた工事がなされ、ただ府県道とする認定あるいは拡幅に伴う市道区域の変更、供用開始の手続が未了の状態であり、旧市道の法面となっていたがいまだ供用開始の手続がとられていなかった土地につき、公共用財産の取得時効の法理の趣旨に準じて取得時効の成立は否定される。

【判例133】　（札幌地判平成元.6.21判自70-46）
［要　旨］　公法上の境界に基づく土地の範囲と現実の占有・取引の対象とされてきた土地の範囲がずれるという*いわゆるブロック移動現象の生じている地域内において*、国有地である市道敷地の一部につき、占有者の先々代の前主と先々代によって占有されており、かつ、右土地が実際に公道として公共のように供されていた事実が認められない以上、時効による私人の所有権取得に法律上の障害はない。

【判例134】　（水戸地判平成元.7.18公共用財産管理の手引〈判例編〉）
［要　旨］　大正のはじめに実施された耕地整理事業により無償で国有地に編入された水路敷地について、現地では境界を示す客観的な資料が発見できず、一部がすでに隣接者に占有されており、水路の両側の所有者と国との間で境界が争われた事案において、国の主張の国有水路敷について、昭和初期には水路の現況を止めていなかったとして時効取得を主張している場合、*水路の開設当時作成された*

耕地整理組合確定図では、水路の幅員のような細部まで正確であるかどうかは明らかでないとして、係争地の占有状況を主たる認定資料として境界を定め、時効については、部分的には公共用財産としての形態、機能を全く喪失しているとみえるとしても、本件水路は全体が一体としてその機能を果たすべきものであるから、これが私人に占有されることによって公の目的が害されることがないとはいえないし、もはやこれを公共用財産として維持すべき理由がなくなったともいえず、取得時効の成立は認められない。

【判例 138】　（東京地判平成 2.7.20 判時 1382-90）
[要　旨]　国有地たる区が管理する道路法上の道路で公共用財産たる土地について、長年にわたり事実上公の目的に供されることなく放置され、道路としての形態、機能を全く喪失しており、かつ、同地上に長年私人の平穏かつ公然の占有が継続していたにもかかわらず実際上公の目的が害されることもなく、もはやこれを公共用財産として維持すべき理由がなくなったときには、黙示的に公用が廃止されたものとして、同地上にまたがって建物を建てた者には同地の時効取得が認められる。

【判例 139】　（神戸地裁姫路支判平成 2.10.26 訟月 39-8-1413、判タ 754-186）
[要　旨]　新道路（新水路）の開設とともに本件水路を含む旧水路が公共用財産たる水路としての形態・機能を全く喪失して以来30年近く経とうとしており、住居や店舗の敷地又は新道路の敷地として利用されている旧水路全体を原状に回復することはもとより、長い年月にわたり平穏かつ公然と占有を継続してきた本件水路のみを原状に回復することも困難であり、他方、現在に至るまで事実上旧水路に代わる水路としての機能を果たしている新水路は、これが設置されている土地の所有者等が万一その利用を妨害しようとしたとしても、そのような妨害はもはや権利の濫用として許されず、本件水路を公共用財産として維持すべき理由も既になくなっており、既に公用が廃止されていたものというべきである。

【判例 140】　（東京高判平成 3.2.26 訟月 38-2-177）
[要　旨]　公共用財産につき取得時効を認めるための黙示の公用廃止の状況は自主占有開始の時までに生じていなければならず、また、公共用財産としての形態、機能の喪失は、公共用財産を供用された目的に即し地域的に広がりをもった全体として観察し、原状回復が可能か否かを判断して決すべきであるところ、県道として路線認定された道路敷の法面である本件係争地は、畑として耕作され、一部建物の敷地とされていたが、これを全体的にみれば、前主の占有開始当時公

共用財産としての形態、機能を全く喪失したものとはいえず、本件係争地が占有され道路の法面として使用できないために道路の歩道部分が本件係争地においてのみかなり狭くなっていることからして、本件係争地を公共用財産として維持すべき必要性がなくなったともいえないから、黙示の公用廃止があったと認めることはできず、本件係争地は取得時効の対象とはならない。

【判例146】　（大阪高判平成4.10.29訟月39-8-1404）
［要　　旨］　無権限で埋め立てられた国有水路に隣接する土地を、右水路も含まれるものとして買い受け占有していた場合において、埋立て当時右水路は農業用水として現に機能していたこと、右埋立ては県知事の許可なく行われたものであることに照らせば、右水路について公共用財産として維持すべき理由がなくなったとみることはできず、したがって、それについて自主占有開始時までに黙示の公用廃止があったとみるべき客観的状況がないときには、右占有者の右水路に対する時効取得は認められない。

【判例150】　（徳島地判平成7.3.30訟月42-12-2819）
［要　　旨］　第三者から公共用財産たる公有水面が無届で埋め立てられ陸地化した無断埋立地を買い受け占有している者らに対して国が所有権の確認、土地明渡し、物件の撤去、建物の建築禁止等を求めた事案において、占有者らに対する払下げの言明の事実が認められず、黙示の公用廃止を認めるべき客観的状況が存在したといえるのは、無願埋立人が県知事から公有水面埋立法第35条により原状回復義務を免除された時点以降であるので、それ以降に自主占有を開始し所定の時効期間が経過しなければ当該土地所有権の時効取得は認められない。

【判例153】　（大阪地判平成7.9.19判自143-78）
［要　　旨］　終戦後、その所有する土地を不法占拠していた者との間で土地賃貸借契約を締結して賃貸し、その際、同土地に隣接する大阪市が管理する道路敷地の一部もの所有地と信じて同契約を締結し、その後も同土地を占有してきている事案において、右道路は、旧道路法に基づき、市道として認定され供用開始がされたものであり、現行道路法施行後も、大阪市が引き続き管理者として維持管理しており、右道路について黙示的にも公用廃止行為をした事実を認めることができず、右道路への越境占有を公認していたと認めることもできないから、右道路敷地の一部について時効取得の成立を認めることはできない。

【判例167】　（東京地判平成13.10.15訟月48-10-2401）
［要　　旨］　原告らの所有地の北西側に隣接して存在する国有地（水路敷）につき、原告ら

の亡母が建物を建設して使用・占有を開始して20年の経過により時効取得したとして、国らに対し、土地持分権の確認と持分移転登記手続等を求めた事案において、原告らの亡母が、隣接地の所有者がした隣接地と公共用地境界明示申請に際して、現地立会いを行い、境界につき異議なく承諾し、承諾書に署名押印した場合には、外形的客観的にみて、本件土地の真の所有者であれば通常はとらない態度であるから、本件土地に対する占有については、民法第186条所定の所有の意思の推定はくつがえされたものというべきであり、右水路敷が国有地であることを承認したのであるから、右水路敷の占有につき所有の意思は認められない。

論点20　官民確定協議の成立と時効取得の主張及び自主占有から他主占有への転換

【判例156】　（横浜地判平成8.12.3 公刊物未登録　訟月47-1-17参照－解説）
[要　旨]　民有地所有者が、国の担当者の不適切な対応によって、自己所有地に影響を及ぼすものではないと軽信して境界確定協議書に署名押印した場合には、その後民有地所有者が取得時効を援用しても信義則に反しない。

【判例166】　（東京地判平成12.2.8 訟月47-1-171）
[要　旨]　1. 夫及び亡妻が、所有地の隣地である国所有の土地（軌道用地）を所有の意思でもって30年以上にわたり占有していた事案において、当該土地を含む国有地について*付近住民に払下げを行う前提として、関係所有者の立会いのもと境界確定協議を行い、最終的には国の担当官の説明に納得して、国作成の境界確定図（丈量図）に関係所有者全員が同意し夫もこれに署名押印していた場合*においては、その際、後に時効など本件土地の所有権を主張する前提として境界の確定に応じた様子は全くうかがえない等の事情の下では、夫がそれまでの*占有の継続を根拠に当該土地の取得時効を援用することは信義則上許されず時効援用権を喪失するに至ったというべきである。*

2. 原告の亡母が、原告所有地に隣接する国所有の里道を40年以上にわたり自主占有していたところ、原告が原告所有地と当該土地との*境界が不明であるとして、土地家屋調査士を代理人として東京都知事に境界確定申請書を提出し、これに基づき都知事から送付された「境界が確定した旨の通知書」に添付された境界図（原告所有地内に国有地が存在する旨記載）に異議を述べなかったこと*などから、原告がそれまでの*占有の継続を根拠に当該土地の取得時効を援用することは信義則上許されず時効援用権を喪失していると認められる。*

論点21　農地と時効

【判例028】　（東京地判昭和37.10.31 行集13-10-1712）
[要　旨]　*売渡地に対する買受人の占有が自主占有の開始と認められるに至る時期は、売渡通知書記載の売渡期日が未到来の場合を除き、その通知書が買受人に現実に交付された時と解すべきである。*

【判例073】　（最判昭和50.4.11 金判454-2、金法759-24、裁時664-2、裁判集民114-509、判タ323-147、判時778-61、民集29-4-417）
[要　旨]　*農地を買い受けた者が*、農地法第3条所定の許可を条件とする所有権移転登記手続等を求めた場合において、*売主に対して有する知事に対する許可申請協力請求権は*、売買契約に基づく債権的請求権であり、民法第167条第1項の債権に当たり、*売買契約成立の日から10年の経過により時効によって消滅する。*

【判例076】　（最判昭和50.9.25 金法773-27、裁判集民116-73、判タ329-124、判時794-66、民集29-8-1320）
[要　旨]　農地法第3条による都道府県知事等の許可の対象となるのは、*農地等につき*新たに所有権を移転し又は使用収益を目的とする権利を設定若しくは移転する行為に限られ、時効による所有権の取得はいわゆる原始取得であって新たに所有権を移転する行為ではないから、右許可を受けなければならない行為に当たらない。

【判例084】　（最判昭和52.3.3 金判521-19、金法841-37、裁時712-1、裁判集民120-209、判タ348-195、判時848-61、民集31-2-157）
[要　旨]　*農地を賃借していた者が所有者から右農地を買受けその代金を支払ったときは*、当時施行の農地調整法第4条によって農地の所有権移転の効力発生要件とされていた都道府県知事の許可又は市町村農地委員会の承認を得るための手続が取られていなかったとしても、買主は、*特段の事情のない限り、売買契約を締結し代金を支払った時に民法第185条にいう新権原により所有の意思をもって右農地の占有を始めたものと認められる。*

【判例120】　（最判昭和61.3.17 裁時934-2、裁判集民147-371、民集40-2-420）
[要　旨]　農地の売買に基づく県知事に対する所有権移転許可申請協力請求権の時効による消滅の効果は、10年の時効期間の経過と共に確定的に生ずるものではなく、

売主が右請求権についての時効を援用したときに初めて確定的に生ずるものというべきであるから、右時効の援用がされるまでの間に当該農地が非農地化したときには、その時点において、右農地の売買契約は当然に効力を生じ、買主にその所有権が移転するものと解すべきであり、その後に売主が右県知事に対する許可申請協力請求権の消滅時効を援用してもその効力を生ずるに由ないものである。

【判例147】 (最判平成 6.9.8 裁判集民 173-1、判タ 863-144、判時 1511-66)
[要　旨] 地方公共団体が、使用目的を定めないで農地を買い受ける契約をした後、右農地を農地法5条1項4号、農地法施行規則7条6号所定の用途に供することを確定したときは、右売買契約は、その時点において農地法所定の許可を経ないで効力を生ずるため、*本件土地を中学校敷地として使用することを確定した後に、売主より本件許可申請協力請求権の消滅時効の援用がされたのであれば、本件売買は、右使用目的が確定した時点において当然に効力を生じ、被上告人は本件土地の所有権を喪失するに至ったというべきであって、本件許可申請協力請求権の時効消滅は問題とする余地がない*こととなる。

【判例148】 (最判平成 6.9.13 判タ 867-155、判時 1513-99)
[要　旨] 農地の小作人がいわゆる農地解放後に最初に地代を支払うべき時期にその支払いをせず、これ以降、所有者は小作人が地代等を一切支払わずに右農地を自由に耕作し占有することを容認していたなどの事実関係の下においては、小作人は、遅くとも右時期に所有者に対して右農地につき所有の意思のあることを表示したものというべきである。

【判例168】 (最判平成 13.10.26 民集 55-6-1001、判タ 1079-173、金判 1137-3)
[要　旨] *転用目的の農地の売買につき農地法5条所定の許可を得るための手続が執られていないとしても、特段の事情のない限り、代金を支払い農地の引渡しを受けた時に、所有の意思をもって農地の占有を始めたものと解するのが相当で*あり、これを本件についてみると、上告人は、本件売買契約を締結した直後に本件農地の引渡しを受け、代金を完済して、自らこれを管理し、その後は被上告人に管理を委託し、又は賃貸していたのであるから、本件許可を得るための手続が執られなかったとしても、上告人は、所有の意思をもって本件農地を占有したものというべきである。

【判例170】　（最判平成 16.7.13 判タ 1162-126、判時 1871-76、金法 1724-55）

［要　　旨］　他人の土地の継続的な用益という外形的事実が存在し、かつ、それが賃借の意思に基づくものであることが客観的に表現されているときは、民法 163 条の規定により、土地賃借権を時効により取得することができるものと解すべきである。他方、農地法第 3 条は、農地について所有権を移転し、又は賃借権等の使用及び収益を目的とする権利を設定し、若しくは移転する場合には、農業委員会又は都道府県知事の許可を受けなければならないこと（第 1 項）、この許可を受けないでした行為はその効力を生じないこと（第 4 項）などを定めている。同条が設けられた趣旨は、同法の目的（第 1 条）からみて望ましくない不耕作目的の農地の取得等の権利の移転又は設定を規制し、耕作者の地位の安定と農業生産力の増進を図ろうとするものである。そうすると、*耕作するなどして農地を継続的に占有している者につき、土地の賃借権の時効取得を認めるための上記の要件が満たされた場合において、その者の継続的な占有を保護すべきものとして賃借権の時効取得を認めることは、同法第 3 条による上記規制の趣旨に反するものではない*というべきであるから、同条第 1 項所定の賃借権の移転又は設定には、時効により賃借権を取得する場合は含まれないと解すべきである。

論点 22　地役権の時効取得

【判例 003】　（大判大正 13.3.17 民集 3-5-169）
要役地の所有権が移転する場合、時効による地役権の取得はその登記がなくても、承役地の所有者およびその一般承継人に対抗することができ、その場合には、地役権の移転もまた登記なくして対抗することができる。

【判例 007】　（大判昭和 2.9.19 民集 6-10-510）
地役権は継続かつ表現のものに限り時効により取得し得るものであるから、通行権は特に通路を設けなければ継続のものとならず、通路の設けのない一定の場所を永年通行しても、地役権を時効取得しない。

【判例 015】　（最判昭和 30.12.26 判タ 54-27、判時 69-8、民集 9-14-2097）
民法第 283 条による通行地役権の時効取得については、いわゆる「継続」の要件として、承役地たるべき他人所有の土地の上に通路の開設を要し、その開設は要役地所有者によってなされることを要するものと解すべきである。

【判例 018】　（最判昭和 33.2.14 民集 12-2-268）
空地に既に通路が設けられており、その当時から相当の根拠にもとづいてこれを一般の通路であると信じ所有地から公路に出入するため 10 年以上通行して来たものであって、その間その他何人からも異議がなかったという事情の下においても、通行地役権の時効取得に関する継続の要件としては、承役地たるべき他人の土地の上に通路を開設し、その開設は要役地所有者によってなされることを要するものと解すべきである。

第2部　関連通達

資料 1

○不法占拠財産取扱要領

（平成13年3月30日財理第1266号
財務省理財局長から各財務（支）局長、
沖縄総合事務局長宛通達）

　財務省所管普通財産のうち不法占拠されている不動産の取扱いについては、下記によることとしたから通知する。

　おって、昭和41年10月20日付蔵国有第2674号「不法占拠等処理を要する普通財産の処理について」は廃止する。

記

目　次
第1　定　義
　1．不法占拠財産
　2．使用者
第2　取扱方針
第3　具体的措置
　1．不法占拠財産の返還及び損害金の請求手続
　2．損害金の算定及び請求期間等
　3．履行延期の特約
　4．損害金に対する異議申立等があった場合の措置
　5．留意事項
第4　その他
　1．債権の種類及び歳入科目
　2．進行管理
　3．報告
第5　例外的措置

別添　不法占拠財産の損害金算定要領

第1　定　義

1．不法占拠財産

　この通達において不法占拠財産とは、自己の権原に基づかない者により不法に使用されている不動産であって、平成13年3月30日付財理第1267号「誤信使用財産取扱要領」通達第1に定義する使用者等により使用されている誤信使用財産に該当しないものをいう。

2．使用者

　この通達において使用者とは、不法占拠財産を使用している者をいう。

第2　取扱方針

　財務局長、福岡財務支局長及び沖縄総合事務局長（以下「財務局長」という。）は、原則として、所有権に基づく所有物返還請求権を行使するとともに、不法行為に基づく損害賠償請求権又は不当利得返還請求権を行使するものとし、これに応じない場合においては、実情に応じて訴訟により解決を図るものとする。

第3　具体的措置

1．不法占拠財産の返還及び損害金の請求手続

（1）使用者に対し、「国有財産の返還請求及び損害金の支払いについて」（別

紙第1号様式）により、通知の日から2か月以内の期限を指定して不法占拠財産の返還請求を行うとともに（内容証明郵便）、「国有財産の返還及び損害金の支払債務確認書」（以下「返還等確認書」という。）を徴するものとする。

① 返還等確認書の提出があった場合
返還等確認書の提出があった場合においては、指定期間内において速やかに不法占拠財産の返還を受けられるよう一層努力するとともに、損害金は遅滞なく調査決定するものとする。

② 返還等確認書の提出がない場合
使用者が返還等確認書を提出しない場合においては、1か月以内に再度「国有財産の返還及び損害金債務の督促について」（別紙第2号様式）をもって督促し、これにも応諾しない場合においては、次の措置を行うものとする。
（イ）損害金の調査決定を行うこと。
（ロ）不法占拠財産を近く公用又は公共の用に供する必要があるものについては、速やかに訴訟に移行すること。
（ハ）前記（ロ）以外については、文書により出頭を求め不法占拠財産の返還意思の有無を確認することとし、また出頭しない場合においては、現地調査を行うとともに不法占拠財産の返還意思の有無を確認すること。

(2) 損害金について使用者から異議がある旨の申出等があり返還等確認書を徴することができない場合においては、国有財産を占有していることを確認する旨の文書を徴するものとする。

2．損害金の算定及び請求期間等
(1) 損害金の算定

損害金は、原則として、不法占拠財産の不法占拠期間に対応する使用料相当額に年5％の割合で計算した利息相当額の延滞金及びその他の損害がある場合にはその額を加算した金額とする。なお、使用料相当額及び延滞金の算定については、別添「不法占拠財産の損害金算定要領」によるものとする。

(2) 損害金の請求期間等
不法行為に基づく損害金を請求すべき期間は、民法第724条の規定により20年間（不法占拠期間に限る。）となるが、財務省所管となる以前の不法占拠期間に係る損害金については財務局等から請求しないものとする。

なお、国が当該不法行為による損害及び加害者を知ったときから3年を経過している場合においては、不法行為に基づく損害賠償の請求によらず、不当利得返還請求によらなければならないので留意すること。

(3) 不法行為の挙証責任
不法行為（又は不当利得）の挙証責任は国にあることから、使用始期、期間、使用状況、故意過失の有無等について十分調査し確証を得るよう努力するものとするが、やむを得ない場合においては、立証しうる時点以後に係る請求にとどめる。

3．履行延期の特約
使用者が損害金を一時に支払うことが困難であり、かつ、支払いについて誠意を有すると認められる場合においては、「国の債権の管理等に関する法律」（昭和31年法律第114号）の規定に基づく履行延期の特約を行うことができる。

(注) 履行延期の特約を行うに当たっては、昭和38年10月14日付蔵会第2899号「財務省所管債権に係る国の債権の管理等に関する法律第21条第1項の措置及び履行延期の特約又は処分に関する実施基準について」通達を参照すること。

4．損害金に対する異議申立等があった場合の措置

使用者から損害金に対する異議申立があった場合等については、次の措置をとり、措置未了のまま放置することのないよう努めるものとする。

① 損害金の金額又は請求期間等について異議申立があった場合において、直ちに訴訟移行することなく、その具体的な実情を聴取し使用者を説得する等適切な措置をとること。

② 不法占拠財産を返還する意思はあるが移転先がないため猶予期間が必要な場合については、原則として、3か月以内で必要な猶予期間を認めることができるが、猶予期間が経過しても当該財産を返還しない場合においては、その実情に応じ訴訟移行等適切な措置を速やかにとること。

③ 不法占拠財産の返還及び損害金の支払いに応ずる意思が全く認められない場合においては、遅滞なく訴訟に移行すること。

④ 使用者が前記1（1）の返還請求を受けた後、損害金を支払わないまま何等の通知なく転居した場合には、住民票を調査する等の方法により転居先を調査して損害金の請求を行うものとし、これに応じない場合においては速やかに訴訟を提起すること。

5．留意事項

(1) 使用料相当額の不受領

前記1の規定により不法占拠財産の返還等を請求（通知）する前に、使用者から使用料相当額について納付申出があった場合において、これを受領することは当該財産の使用収益を容認したものと誤解される恐れがあるから、当該請求前の申出には応じないものとする。

(2) 使用収益の非容認

不法占拠財産の返還が実現するまでの間は、当該財産の使用収益を容認したものと誤解されることを防ぐため、原則として、文書により少なくとも3か月ごとに当該財産の返還督促を行うものとする。この場合において、督促文書には「国はいかなる場合においても不法占拠財産の使用を容認しない」旨を付記するものとする。

資料 2
○誤信使用財産取扱要領

> 平成13年3月30日財理第1267号
> 財務省理財局長から各財務（支）局長、
> 沖縄総合事務局長宛通達

　財務省所管普通財産のうち誤信により使用が開始された等の経緯を有する不動産の取扱いについては、下記によることとしたから通知する。

　おって、次の通達は廃止する。

1　昭和30年9月26日付蔵管第3131号「国有畦畔について」
2　昭和41年1月7日蔵国有第21号「畦畔、のり地等の取扱いについて」
3　平成7年3月8日付蔵理第758号「契約未済財産に係る当面の措置について」

記

目　次
第1　定義
　1．誤信使用財産
　2．使用者等
第2　取扱方針
　1．基本方針
　2．処理方針
第3　評価
第4　評価の特例等
　1．国有畦畔
　2．国有畦畔以外の誤信使用財産
第5　その他
　1．進行管理
　2．報告

第1　定義

1．誤信使用財産
　　この通達において誤信使用財産とは、自己所有の財産その他自己が正当に使用することができる財産であるとの誤信により使用が開始された等の経緯を有する不動産をいう。

2．使用者等
　　この通達において使用者等とは、次に掲げるいずれかの通達に基づき誤信使用財産を取得することが可能な随意契約適格者をいう。

① 　平成13年10月29日付財理第3660号「財務省所管一般会計所属普通財産の管理及び処分を行う場合において指名競争に付し又は随意契約によることについての財務大臣との包括協議について」の別紙1の第1の（三）

② 　昭和41年3月31日付蔵国有第995号「予算決算及び会計令第102条の4本文の規定による随意契約についての大蔵大臣との包括協議の特例について」

③ 　昭和41年10月12日付蔵国有第2571号「予算決算及び会計令第102条の4本文の規定による随意契約についての大蔵大臣との包括協議の特例の運用について」

第2　取扱方針

1．基本方針
　　財務局長、福岡財務支局長及び沖縄総合事務局長（以下「財務局長」という。）は、管理処分事務全体の業務計画等を考

慮するとともに、誤信使用財産の効率的かつ確実な処理を図る観点から、次の方針に基づいた取扱いを行うものとする。

① 使用者等の申請により、当該年度において売却等の要請を受けた財産、及び前年度に売却等の要請を受けた財産のうち同年度末現在において処理が未済となっている財産（以下「新規事案」という。）については、新たに滞留化することを避けるため、極力、速やかに処理に努める。

② 新規事案以外の財産（以下「既存事案」という。）については、財産の沿革等に鑑み、また事務の経済性を考慮し、事案の管理を中心としつつ当該財務局等の事務の繁閑に応じ対応するものとする。

ただし、使用者等から申請があった場合又は当該財産の事情等により処理の可能性が高まり若しくは早急な処理の必要性等が生じた場合には、速やかに対応する。

2．処理方針

誤信使用財産の処理に当たっては、原則として業務委託制度を積極的に活用し、事務処理の効率化に努めるものとする。

また、使用者等から民法第162条に基づく取得時効を援用された場合においては、平成13年3月30日付財理第1268号「取得時効事務取扱要領」通達（以下「取得時効事務取扱要領」という。）に定める処理を行うものとする。

(1) 売却等の処理

① 新規事案については、売買等契約を締結すべく使用者等と折衝を行い、可及的速やかに処理するものとする。

② 既存事案のうち使用者等から申請があったもの又は当該財産の事情等により処理の可能性が高まり若しくは早急な処理の必要性等が生じたものについては、前記(1)と同様に処理するものとする。

③ 誤信使用財産を売却等する場合においては、別添に定める既往使用料を併せて徴するものとする。

(2) 貸付

前記(1)の手続を行ったものの、結果として契約不調となった事案については、貸付移行の措置をとるものとする。

(3) 管理

前記(2)の結果貸付契約の締結も困難な事案については、使用者等に対し、「国有財産の使用に基づく既往使用料の支払いについて」（別紙第1号様式）により、期限を指定して既往使用料の支払を求める旨を通知するよう努めるものとする。

(4) 買受勧奨

次の各号のいずれかに該当する場合においては、使用者等に対し毎年定期に文書により買受を勧奨するものとする。

① 特定の地域等において住民等の関心が強いと考えられるもの

② 当該使用者等の使用する誤信使用財産の総体としての面積又はその総体としての評価額が比較的多いもの

③ その他財務局長が必要と認めるもの

第3 評価

誤信使用財産については、使用の態様

により借地権、借家権、賃借小作権、永小作権又は地上権のいずれかの権利が付着している事例に準じ評価するものとし、これらの権利相当額は、占用許可の日又は使用許可の日若しくは使用開始の日から評価時までの期間に応じ、別添の定めるところにより評価する。

第4 評価の特例等

1．国有畦畔

　国有畦畔の使用者等に対しては、取得時効が明らかに完成していないと推定される場合を除き、取得時効事務取扱要領に基づく処理を説明することとし、その上で、当該使用者等が売却を希望する場合においては、当該財産を前記第3の定めるところにより評価した額から5割相当額を控除した額をもって売却することができる。

　この場合において、既往使用料は徴さないものとする。

2．国有畦畔以外の誤信使用財産

　次に掲げる資料等から時効取得が明らかに完成していると推定される財産にあっては前記1に準ずる取扱いとする。

(1) 占有の始期、継続及び態様

① 近隣の居住者又は隣接地所有者の証言

② 建物敷地として利用している場合においては、建物の不動産登記簿又は家屋台帳謄本

③ 相続、売買、又は贈与等による占有の承継がある場合においては、戸籍簿謄本又は契約書の写し

(2) 時効中断の有無

　占有の侵奪又は国有財産であることの確認の有無

第5 その他

1．進行管理

　財務局長は、誤信使用財産の現況等を把握するため、第2号様式による「誤信使用財産整理カード」（以下「整理カード」という。）を作成し、担当課に備え付けるものとする。

　使用者等と交渉等を行った場合においては、整理カードにその記録をもれなく整理しその現況を常に把握しておくものとする。

　ただし、既に別紙第2号様式にかわる整理カードを作成している場合においては、従来のものを活用して差し支えない。

2．報告

　財務局長は、誤信使用財産の処理計画及び処理実績について、別紙第3号及び第4号様式により作成し、第3号様式にあっては年度当初4月末日、第4号様式にあっては翌年度5月末日までに理財局長に提出するものとする。

　なお、第4号様式による報告については、平成元年6月22日付蔵理第2635号「普通財産電子計算システムの実施について」通達の別紙第2に定める出力表（NO.55）をもって代えることができる。

（参考）

　誤信使用財産は、歴史的に様々な取得等経緯を有するが、主なものの起源を次のとおり例示する。

① 旧国有財産法施行に伴い各省から引き継いだ雑種財産

　旧国有財産法（大正10年法律第43号）の施行に伴い、各省所管の国有財産

のうち不要な財産を雑種財産として引き継いだもの
② 国会議事堂等建設費に充てるために脱落地調査により新規登載等された財産
　　大正7年度から昭和16年度にわたる国会議事堂及び中央省庁庁舎等の建設に係る費用を調達するために、国有財産を売却する目的で脱落地調査を行い、国有財産と判明したものを国有財産台帳に新規登載等した財産のうち売却に至らなかったもの
③ 旧陸軍、海軍省等から引き継いだ旧軍財産
　　昭和20年に、旧陸軍省及び海軍省等が所管していた財産を引き継いだもの
④ 財産税等物納財産
　　昭和21年に終戦の財政再建等のため個人の資産に対する一時的な課税等が行われたことにより、税務署に収納された物納財産を引き継いだもの
⑤ 社寺財産
　　昭和22年に、神社及び寺院の境内地等の国有財産が「社寺等に無償で貸し付けてある国有財産の処分に関する法律」（昭和22年法律第53号）により、宗教法人に対して譲与等された際、申請漏れあるいは申請者が法人格を有さないなどの条件不備等により、譲与等の対象とならなかったもの
⑥ 昭和32年度以降の実態調査により新規登載された財産
　　昭和32年度以降の普通財産の実態調査により判明した国有畦畔等の脱落地を国有財産台帳に新規登載したもの
⑦ 法定外公共物が用途廃止され引き受けた財産
　　民有地内に介在する法定外公共物（里道・水路等）を、その使用者等が取得を前提に用途廃止の申請を行ったこと等により用途廃止され国土交通省（旧建設省）より引き受けたもの
⑧ 国有畦畔その他の脱落地
　　主として、田畑等の間に介在し、一般的に「畦（あぜ）」及び「法（のり）」と称されるもので、公図上二本の狭長線で表示されているいわゆる二線引畦畔であり、明治初年の地租改正時に民有地とされなかった土地

資料 3
○取得時効事務取扱要領

(平成13年3月30日財理第1268号
財務省理財局長から各財務(支)局長、
沖縄総合事務局長宛通達)

　　　改正　平成15年2月27日財理第658号
　　　改正　平成17年3月24日財理第1111号

　財務省所管普通財産のうち民法（明治29年法律第89号）第162条により取得時効が援用された不動産に関する事務取扱は、下記によることとしたから通知する。
　おって、次の通達は廃止する。
1. 昭和41年4月21日付蔵国有第1305号「普通財産にかかる取得時効の取扱について」
2. 昭和41年6月15日付蔵国有第1640号「国有財産時効確認連絡会の設置運営について」
3. 昭和46年7月20日付蔵理第3100号「国有畦畔（二線引）の時効取得申請および時効取得による土地の表示の登記申請における地籍調査の成果の活用について」
4. 昭和54年12月5日付蔵理第4479号「国有畦畔に係る取得時効の取扱いの特例について」

記

目　次
第1　定　義
　1. 取得時効
　2. 申請者
　3. 誤信使用財産
　4. 不法占拠財産
第2　処理方針
　1. 国有畦畔
　2. 国有畦畔以外の普通財産
第3　処理手続
　1. 提出書類
　2. 提出書類の受付
　3. 提出書類の審査等
　4. 国有財産時効確認連絡会への付議
　5. 先例基準による処理
　6. 取得時効の確認通知
　7. 台帳整理等
　8. 会計検査院への報告等
　9. 登記手続き
　10. 返還請求等
第4　特例処理
　1. 提出書類
　2. 地籍図原図及び地籍簿案の活用による一括処理

別添　国有財産時効確認連絡会設置運営要綱

第1　定　義

1. 取得時効
　　この通達において取得時効とは、民法第162条に基づく所有権の取得時効をいう。

2. 申請者
　　この通達において申請者とは、所有権の取得時効を援用しようとする個人又は法人をいう。

3. 誤信使用財産
　　この通達において誤信使用財産とは、平成13年3月30日付財理第1267号「誤信使用財産取扱要領」通達（以下「誤

信使用財産取扱要領」という。）第1に定義する誤信使用財産をいう。

4. 不法占拠財産

この通達において不法占拠財産とは、平成13年3月30日付財理第1266号「不法占拠財産取扱要領」通達（以下「不法占拠財産取扱要領」という。）第1に定義する不法占拠財産をいう。

第2 処理方針

財務局長、福岡財務支局長及び沖縄総合事務局長（以下「財務局長」という。）は、取得時効が援用された普通財産について、次に定めるところにより、取得時効の成否について国有財産時効確認連絡会（以下「連絡会」という。）に付議し意見を求め、その結果、取得時効の完成が認定された場合においては、国有財産台帳から除却することができるものとし、また取得時効の完成が否認された場合においては、時効中断の措置を講ずるとともに財産の返還請求又は売却等処理の促進を図るものとする。

1. 国有畦畔

国有畦畔について取得時効が援用された場合においては、証拠書類等からみて明らかに取得時効が完成していないと認められるものを除き、可及的速やかに連絡会に付議するものとするほか、後記第3の5に定める先例基準により取得時効の成否を認定することが出来るものとする。

2. 国有畦畔以外の普通財産

（1）誤信使用財産

誤信使用財産について取得時効が援用された場合においては、証拠書類等からみて取得時効が完成していると推定されるものは連絡会に付議するものとする。

（2）不法占拠財産

不法占拠財産については、原則として不法占拠財産取扱要領の定めるところにより厳正な処理を行うものとするが、取得時効が援用された場合において、証拠書類等からみて明らかに取得時効が完成していると推定され、財務局長等が連絡会に付議することが相当と認めるものにつき付議するものとする。

第3 処理手続

1. 提出書類

取得時効を援用しようとする申請者がある場合において、当該財産の所在地が財務局及び福岡財務支局（以下「財務（支）局」という。）又は沖縄総合事務局の直轄区域内であるときは財務（支）局長又は沖縄総合事務局長、財務事務所の管轄区域内であるときは財務事務所長、また出張所の管轄区域内であるときは財務（支）局出張所長、沖縄総合事務局財務出張所長又は財務事務所出張所長（以下「財務局長等」という。）宛に、次の書類を提出させるものとする。

（1）国有財産時効取得確認申請書（別紙第1-1号様式。以下「1号申請書」という。）

（2）添付資料

次の各号に掲げる書類のうち各々必要なものを前記申請書に添付させる。ただし、国有畦畔の場合においては、次の①から⑥に掲げるもののほか、財

務局長等が必要と認める資料の添付で差し支えないものとする。
① 申請者が取得時効を援用する国有財産（以下「申請財産」という。）の登記事項証明書

ただし、申請財産が旧法定外公共物、国有畦畔及びその他脱落地で国有に属する土地である場合においては、隣接土地の登記事項証明書（必要に応じて閉鎖登記記録に係る登記事項証明書）
② 申請財産を含む周辺の土地台帳付属地図（申請財産が国有畦畔である場合においては、旧土地台帳法施行細則（昭和25年法務府令第88号）第2条に規定する地図の写し）又は不動産登記法（平成16年法律第123号）第14条に定める地図の写し
③ 申請者の住民票の写し（又は商業・法人登記簿抄本）及び印鑑証明
④ 申請財産の実測図

ただし、国土調査法に基づく地籍調査が実施されている場合においては、地籍図による求積図によることができる。
⑤ 隣接土地所有者が所有及び占有する土地でない旨及び境界について隣接土地所有者の異存がない旨を証する書面
⑥ 申請財産の沿革及び占有並びに利用状況を証する資料等

ただし、旧法定外公共物の場合においては、申請財産（周辺土地を含む。）が自主占有開始時点で既に長年の間（おおむね10年前）公共の用に供されていないことを証する資料を併せて提出させるものとする（例えば、航空写真（占有開始前及び占有開始後）、古老・精通者等の証言等）。
⑦ 申請財産上に建物がある場合においては、当該建物の不動産登記簿又は家屋台帳の謄本
⑧ 前主の占有を承継している場合においては、その事実を証する戸籍謄本（除籍謄本を含む。）又は契約書の写し等
⑨ その他財務局長等が必要と認める資料

2．提出書類の受付

財務局長等は、申請者より提出書類の送付を受けた場合において、受付印を捺印し受付の整理を行うものとする。

3．提出書類の審査等

（1）財務局長等は、申請者の提出書類を受付けた場合において、取得時効の成否を推定するために必要な事実が1号申請書に記載されているか及び添付資料が整備されているかについて審査するものとする。

また、財務局長等が提出書類によって取得時効の成否を推定することができない場合においては、その補正を求めるとともに必要とされる資料を申請者に追加提出させるものとする。なお、当該審査は、原則として提出書類を受付けた日から2週間以内に行うものとする。

（注1）旧法定外公共物について取得時効が援用された場合において、当該財産が法定外公共物であった期間は時効取得の目的とならないことに留意したうえで、前記の処理を行うものとする。ただし、事実上用途廃止があったものとみなされ（黙示の公用廃止）、かつ占用料等も徴されていない場

合においてはこの限りでない。
　(参考1) 公共用財産の黙示の公用廃止の4要件（最高裁昭和51年12月24日第二小法廷判決）
　　① 長年の間事実上公の目的に供用されることなく放置されていること。
　　② 公共用財産としての形態、機能を全く喪失していること。
　　③ その物の上に他人の平穏かつ公然の占有が継続したが、そのため実際上公の目的が害されるようなことがないこと。
　　④ もはやその物を公共用財産として維持すべき理由がなくなったこと。
　(参考2) 4要件を具備すべき時点
　　自主占有開始の時点までには4要件に適合する客観的状況が存在していることを要するものと解するのが相当であり、占有開始後時効期間進行中のいずれかの時点ではじめて4要件を具備したというだけでは足りない（島田禧介・最高裁判所判例解説民事篇昭和51年度485頁）。
　　なお、上記参考1の判決後の下級審判決は、4要件は遅くとも時効取得の起算点である自主占有開始の時点までに存在しなければならないとしている。
　(注2) 現況地目が山林又は原野である普通財産については、占有の事実、継続の有無、期間、意思等が明確でなく取得時効の完成を立証することが困難な場合が多く、明らかに取得時効が完成しているものと推定するには極めて慎重を要することに留意する。

(2) 財務局長等は、提出書類の審査及び次に掲げる事項を確認するために必要があると認める場合においては、現地を調査し又は関係者の証明若しくは証言を求めるものとする。
　① 1号申請書の添付図面が申請財産の現状と合致しているか
　　　境界は判然としているか
　② 1号申請書の記載事項に誤りがないか
　③ 申請財産に建物その他の工作物が含まれている場合においてはその現状及び設置年月日
　④ その他財務局長等が必要と認める事項
(3) 財務局長等は、前記(2)に定める現地調査を行う場合において、同(1)に定める審査終了後、原則として2週間以内に行うものとする。
　なお、財務局長等は、前記(2)の①に定める調査に当たって申請者の立会を求めるものとし、また、第三者の土地に立ち入る必要がある場合においては、昭和33年4月25日付蔵管第1222号「普通財産実態調査事務の処理について」通達の別冊「普通財産実態調査事務処理要領」の第19から第21までの規定を準用するものとする。
(4) 財務局長等は、誤信使用財産及び不法占拠財産について前記(1)及び(2)の規定により審査及び現地調査を行った場合において、その結果を「時効確認調査記録カード」（別紙第2号様式）に記録しておくものとする。
(5) 財務事務所長又は出張所長が審査及び現地調査を行った場合においては、取得時効の成否にかかわらず、速やかに提出書類の正本に時効確認調査記録カードの写しを添えて財務局長に送付するものとする。

4．連絡会への付議
(1) 財務局長は、申請財産に係る取得時

効の完成及びその範囲を認定する場合において、連絡会に付議し意見を求めるものとする。
(2) 財務局長は、申請者の提出書類を受付した場合において、事前に申請財産の所在地を管轄する法務局長に対し関係資料を送付しあらかじめ審査を求めておくものとする。
(3) 財務局長は、法務局長との協議及び法務局における審査を終了した事案について、「国有財産時効確認連絡会議案」(別紙第3号様式)として連絡会に付議するものとする。
(4) 財務局長は、連絡会において申請財産に係る取得時効の成否が認定された場合において、その結果等を「国有財産時効確認連絡会議事録」(別紙第4号様式)に記録しておくものとする。

5．先例基準による処理

　財務局長は、国有畦畔について取得時効が援用された場合において、次の方法により先例基準を作成し、連絡会への付議を省略し取得時効の成否を認定することができるものとする。
(1) 既に連絡会に付議し取得時効の成否について調査審議した類似的先例により、一定の処理基準を作成する。
(2) 財務局長が当該処理基準に従った取得時効の成否を認定することについて、連絡会の了承を得る。

6．取得時効の確認通知

(1) 財務局長は、申請者に対し次により通知するものとする。
　① 申請財産について取得時効の完成が認定された場合
　　(イ) 当該財産が、国の名義で表示登記されている場合(後記9(2)ただし書きにより登記手続を必要とするものを除く。)においては、別紙第5号様式(その1)による。
　　(ロ) 当該財産が、国の名義で表示登記されていない場合(後記9(2)ただし書きにより登記手続を必要とするものを含む。)においては、別紙第5号様式(その2)による。
　② 申請財産について取得時効の完成が否認された場合
　　別紙第6号様式による。
(2) 財務局長は、前記(1)により申請者に通知した場合において、申請財産が財務事務所又は出張所の管轄区域に所在する場合には、連絡会の議案、議事録及び申請者への通知書の写しを、当該財務事務所長又は出張所長に送付するものとする。
(3) 財務事務所長又は出張所長は、前記(2)により送付された資料等に基づき、後記7から9までに定める手続きを行うものとする。

7．台帳整理等

　申請財産について連絡会により取得時効の完成が認定された場合においては、当該財産を国有財産台帳から除却するための決議を行ったうえ、次により措置を行うものとする。
(1) 国有財産台帳から当該財産を除却する場合において、異動年月日は決議をした日とし、増減事由用語は「取得時効による喪失」とする。
　また、当該財産が国有財産台帳に未登載の場合においては、国有財産台帳に登載した後除却する。

(2) 当該財産の既往使用料相当額は調査決定を行わない。

8．会計検査院への報告等
(1) 取得時効の完成が認定された財産に係る亡失の報告について
① 当該財産が国有畦畔である場合
財務局長は、「普通財産亡失報告書」（別紙第7号様式）により、普通財産取扱規則（昭和40年大蔵省訓令第2号）第51条の規定に従い普通財産の亡失を報告するものとする。
② 当該財産が国有畦畔以外である場合
財務局長は、昭和33年3月28日付蔵管第912号「普通財産の滅失き損の通知について」通達による亡失報告ほか議事録の写しを添えて普通財産の亡失を報告するものとする。
(2) 取得時効の完成が認定された財産に係る証拠書類の提出について
① 当該財産が国有畦畔である場合
財務局長は、普通財産亡失報告書の写しを「計算証明規則」（昭和27年会計検査院規則第3号）第65条第2号に定める調書として証拠書類を提出するものとする。
② 当該財産が国有畦畔以外である場合
前記①を準用するものとする。

9．登記手続き
取得時効の完成が認定された財産は、次により所有権移転登記等の手続きを行うものとする。
(1) 当該財産が、国の名義で保存登記されている場合
財務局長は、申請者に対し、「所有権移転登記嘱託請求書」（別紙第8号様式）に登録免許税現金納付領収書及び住民票又は商業・法人登記簿謄本を添えて提出させ、登記原因を「時効取得」として所有権移転登記を行い、当該登記完了後は、申請者に対し速やかに登記識別情報を通知する。
ただし、当該財産が取得時効の完成日以後に国の名義で保存登記されていた場合においては、登記原因を「錯誤」として、不動産登記法第77条の規定による保存登記の抹消登記を行う。
(2) 当該財産が、国の名義で保存登記されていないが表示登記されている場合
財務局長は、国の名義で保存登記を行ったうえで、前記（1）本文の手続きを行う。
ただし、当該財産が取得時効の完成日以後に国の名義で表示登記されていた場合においては、不動産登記法第33条の規定により申請者において表示登記の更正登記及び保存登記を行わせる。
(3) 当該財産の表示登記が行われていない場合においては、直接、申請者において表示及び保存登記を行わせる。

10．返還請求等
取得時効の完成が否認されたものについては、誤信使用財産取扱要領又は不法占拠財産取扱要領の定めるところにより速やかに処理するものとする。

第4　特例処理
取得時効を援用された国有畦畔が地籍調査の実施されている地域内に所在する場合においては、前記第3の処理手続によるほか以下の取扱によることができるものとし、これにより事務の簡素化を図

るとともに、国土調査法（昭和26年法律第180号）に基づく地籍調査の円滑な実施に寄与するものとする。

1．提出書類

　申請者のほか地籍調査実施機関（以下「実施機関」という。）の長等がとりまとめて財務局長等宛に次の書類を提出することができるものとする。

(1) 国有財産時効取得確認申請書（別紙第1-2号様式。以下「2号申請書」という。）

(2) 添付資料

　前記第3の1の(2)を準用する。

　ただし、同⑤については、これに代わると認められる書面を実施機関が作成している場合においては当該書面を利用して差し支えない。

2．地籍図原図及び地籍簿案の活用による一括処理

　国有畦畔が国土調査法第2条第5項に規定する地籍調査を実施中の地域に所在する場合で、地籍図原図（地籍調査作業規程準則（昭和32年総理府令第71号。以下「準則」という。）第41条に規定する地籍図原図をいう。以下同じ。）及び地籍簿案（準則第88条第1項に規定する地籍簿案をいう。以下同じ。）が作成された場合には、次によることができるものとする。

(1) 添付資料の省略

① 前記第3の1の(2)の①から④に係る資料（隣接本地に係る登記事項証明書を除く。）

　財務局長等は、申請者から地籍図原図及び地籍簿案の写しを活用する旨の申出があった場合において（実施機関が提出書類をとりまとめて提出する場合を含む。）、実施機関に対しこれら資料の送付を依頼し、実施機関から当該資料が送付された場合においては、添付資料のうち前記第3の1の(2)の①から④の添付を必要としない。ただし、同①のうち隣接本地に係る登記事項証明書は添付を必要とする。

　なお、地籍図原図及び地籍簿案の写しは、証拠として保存する必要があるので、実施機関の原本証明を受けたものでなければならない。

② 前記第3の1の(2)の①のうち隣接本地に係る登記事項証明書

　次のいずれかで市町村長の協力が得られる場合には当該登記事項証明書の添付を省略できる。

（イ）市町村長から「時効取得確認申請財産の隣接本地に係る登記一覧表」（別紙第9号様式）（以下「一覧表」という。）の送付があった場合

　なお、2号申請書別添記載事項のうち、一覧表では確認できないが隣接本地に係る登記事項証明書により確認できる事項（申請者以外の者の占有開始の状況及び占有承継に関する事項）については、財務局職員が登記事項証明書を徴し、一覧表に添付する。

（ロ）2号申請書別添記載事項について相違がない旨の市町村長の確認が得られた場合（欄外に「上記記載事項について相違がないことを確認する。○○市町村長○○○○印」との記入を求めること）

(2) 取得時効の確認通知

① 申請者に対する通知

　財務局長は、地籍図原図及び地籍簿

案の写しに記載された国有畦畔の取得時効が完成していることを確認した場合において、「国有財産に係る時効取得の確認について」（別紙第10号様式）により申請者に対し通知するものとする。

② 実施機関に対する通知

　財務局長は、前記①により申請者に対し通知した場合において、「国有財産に係る時効取得の確認について」（別紙第11号様式）により実施機関に対し通知するものとする。

③ その他

　前記①及び②の通知は、実施機関が提出書類をとりまとめて提出している場合でかつ実施機関から申出があった場合において、実施機関を経由して送付して差し支えない。

(3) その他

① 提出書類の受付及び審査等に係る事務

　提出書類の受付及び審査等に係る事務は、前記第3に掲げる規定を準用する。

　ただし、現地調査が行われる場合で、立会に非常に多くの事務量を要する場合においては、事前に境界の確認に関する基本的な事項を打合せし、現地における境界の確認について、実施機関の判断を尊重して差し支えない。

② 一括処理により申請のなかった場合の取扱い

　一括処理後に取得時効確認申請がされた場合においては、一括処理とは切離して取得時効の成否を審査のうえ判断するものとする。

資料 4

○法定外公共物に係る国有財産の取扱いについて

(平成11年7月16日蔵理第2592号
大蔵省理財局長から各財務(支)局長、
沖縄総合事務局長宛通達)

改正　平成12年12月26日付蔵理第4631号

　法定外公共物である里道・水路のうち現に公共の用に供しているものにあっては、当該法定外公共物に係る国有財産を市町村（都の特別区を含む。以下同じ。）に譲与し、機能管理及び財産管理とも自治事務とするものとし、機能の喪失しているものについては、国が直接管理事務を執行することが地方分権推進計画（平成10年5月29日閣議決定）において決定されているところである。

　この地方分権推進計画の内容を実施するため、本日付で公布された「地方分権の推進を図るための関係法律の整備等に関する法律」（平成11年法律第87号。以下「地方分権一括法」という。）第113条により、国有財産特別措置法第5条第1項が改正され、法定外公共物に係る国有財産を市町村に譲与するための根拠規定が設けられることとなった。この改正規定は、関連の規定とともに平成12年4月1日から施行されるので、以下の事項について留意されたい。

　なお、この通知は、建設省及び自治省と協議済であり、この旨、都道府県知事（建設省所管国有財産部局長）、都道府県及び市町村に対して周知徹底が図られることとなっている。

記

1. **改正国有財産特別措置法第5条第1項第5号について（地方分権一括法第113条関係）**

　（1）本号は、地方分権推進計画に基づき、いわゆる法定外公共物のうち、里道、水路（溜池、湖沼を含む。）として現に公共の用に供されている国有財産を市町村に譲与するための法律上の根拠を整備したものであり、機能を有している法定外公共物に係る国有財産について、市町村から本号の規定による譲与の申請があった場合においては、国は、(3)において今後とも国が管理する必要があるものを除き、当該申請のあった財産を、市町村に速やかに譲与するものとする。

　（2）河川法が適用又は準用される河川（1級河川、2級河川及び準用河川）、下水道法が適用される下水道（公共下水道、流域下水道及び都市下水路）及び道路法が適用される道路（高速自動車国道、一般国道、都道府県道及び市町村道）に係る国有財産は、本号の規定による譲与対象から除かれている。

　なお、現行法制度上、公共下水道、流域下水道又は都市下水路にあっては下水道法第36条の規定により、都道府県道又は市町村道にあっては道路法第90条第2項の規定により、それぞれ当該公共物の管理者である地方公共団体に対し当該公共物に係る国有財産を無償で貸し付け、又は譲与できることとされている。

　また、地方分権一括法施行後におい

てその管理が市町村の自治事務となる準用河川にあっては、地方分権一括法第433条により新たに設けられる河川法第100条の2第2項又は地方分権一括法附則第137条第4項の規定により、その用に供される国有財産は、当該準用河川の管理者である市町村に無償で貸し付けられたものとみなすこととされている。

(3) 本号の規定による譲与の対象となるものは、国土交通省所管の法定外公共物である里道・水路に限られている。したがって、農林水産省所管の財産である漁港区域又は国有林の区域内の里道・水路や、国営土地改良事業により設置された土地改良施設の用に供されている里道・水路にあっては、本号の譲与の対象とならないものである。なお、旧運輸省所管財産の港湾隣接地域内の里道・水路は、法定外公共物ではなく、上記の農林水産省所管の里道・水路と同様、本号の譲与の対象とならないので留意する。また、国の庁舎等の敷地内にある里道・水路や、里道・水路上に砂防設備等を国が設置している場合における当該公共物の敷地部分については、今後とも国が管理すべきものであるので、本号の規定による譲与の対象とはならないものである。

なお、内務省名義等で登記されている里道・水路であっても、国土交通省所管の法定外公共物として取り扱うべきものは、本号の規定による譲与の対象となる。

これらに関して、市町村において判断がつかない場合にあっては、都道府県に照会するものとする。

(4) 本号において「国が当該用途を廃止した場合において」とあるのは、公共用財産のままでは譲与することができない（国有財産法第18条第1項）ため、財産処理上、普通財産とした上で譲与を行うことを明らかにしたものであり、河川等又は道路としての機能を停止させることを意味するものではない。

2. 地方分権一括法附則第54条第1項について

本項の規定は、法定外公共物に関する地方分権推進計画の内容を早期に実施するために設けたものであり、地方分権推進計画において機能管理及び財産管理とも市町村の自治事務とすることとされた公共物としての機能を有する法定外公共物にあっては、本項の規定に基づき、市町村において当該市町村の区域内に存するものを速やかに特定した上で、国に対してその譲与の申請を行うこととしている。

3. 譲与財産の特定方法等について

(1) 市町村が行う譲与財産の特定方法は、市町村の事務負担の軽減と時間の短縮を図る観点から次のとおり極力簡便化することとしている。

① 原則として、不動産登記法第17条の地図が整備されている区域にあっては当該地図の写しにより、その他の区域にあっては旧土地台帳法施行細則第2条に規定する地図（いわゆる公図）の写しを用いて譲与を受ける法定外公共物の箇所を特定すれば足りることとす

る。
② 里道・水路の起終点は明示することとするが、その幅員及び面積は示す必要がなく、譲与の申請に際して測量図、求積図等の添付は不要とする。
(2) 譲与の対象となる法定外公共物は、機能が維持されているものに限られるところであるが、この機能の有無の判定に関しては、市町村の判断を最大限尊重するものである。
(3) 譲与財産の特定を行うためにどのような調査を行うかは、市町村が適切と判断する方法により行えば足りるものである。

4．譲与手続を完了する時期について

(1) 地方分権一括法附則第54条第1項において、市町村は「速やかに」譲与財産の特定作業をした上で譲与の申請を行うこととされているところであるが、地方分権推進計画の内容を早期に実現するため、原則として地方分権一括法の施行の日から5年以内（平成17年3月31日まで）に、法定外公共物に係る国有財産の譲与手続を完了することとする。

(2) よって、市町村にあっては、遅くとも平成16年度末までに機能を維持している法定外公共物の譲与を受けられるよう、別に定める期限までに市町村の区域内の譲与財産の特定作業及びその譲与申請を終了すべきものである。

なお、やむを得ない事情により当該期限までに特定作業がしきれなかったものが生じた場合にあっては別途措置を講じる予定である。

5．法定外公共物の財産管理について

(1) 地方分権一括法第110条により国有財産法第9条第3項の規定が改正されたため、地方分権一括法施行後においては、都道府県が法定受託事務として処理することとなる。

(2) したがって、譲与手続を完了する目途となる時期である平成17年3月31日までは、法定外公共物に係る国有財産の財産管理事務は、改正後の国有財産法第9条第3項の規定により、当該財産を市町村へ譲与するための用途廃止を含めて都道府県において行うものである。

(3) 平成17年3月31日までに市町村に譲与されなかった法定外公共物は、平成17年3月31日をもって一括して用途廃止し、同年4月1日以降は、国が直接管理するものである。

(4) 市町村に譲与された法定外公共物にあっては、当該財産管理は、市町村の自治事務となるので、市町村が適切と判断する方法により管理を実施することとなる。

6．その他の周知事項

上記5までの法定外公共物の譲与処理と併せて、下記の点についても都道府県及び市町村に対して周知徹底が図られるので了知されたい。

なお、これに伴い必要となる改正通達についても追って発遣する予定である。

(1) 法定公共物に係る国有財産の譲与について
① 法定公共物である都道府県道若しく

は市町村道又は公共下水道、流域下水道若しくは都市下水路に係る国土交通省所管国有財産にあっては、これまでも道路法第90条第2項又は下水道法第36条の規定による地方公共団体への譲与を国として推進してきているところである。これらの法定公共物にあっても、法定外公共物と同様に機能管理及び財産管理を一体として地方公共団体の自治事務として処理することが適切であるので、本件法定外公共物に係る国有財産の譲与手続とあわせて、法定公共物に係る国有財産の譲与についても一層の推進を図るべきものとする。この場合において、法定外公共物に係る国有財産の譲与手続を簡便なものとすることを踏まえ、法定公共物の譲与手続においても求積図等の添付は不要とするものとする。

② 特に、法定外公共物と法定公共物が並行して存する場合等、法定外公共物と法定公共物が一体として機能を発揮している場合であって双方とも敷地が国有財産である場合においては、法定外公共物部分についての改正国有財産特別措置法第5条第1項第5号の規定による譲与の申請と同時に道路法第90条第2項又は下水道法第36条の規定による譲与の申請を行うことを基本とする。

(2) 譲与財産を国の公共物の用に供する場合の取扱いについて

① 改正国有財産特別措置法第5条第1項第5号により市町村に譲与された法定外公共物である水路（普通河川）がその後1級河川又は2級河川の指定を受けた場合においては、地方分権一括法第433条において新たに設けられる河川法第100条の2第1項の規定により、当該市町村有の財産は、国に無償で貸し付けられたものとみなされることとなる。

② ①の場合のほか、市町村に譲与された法定外公共物を将来的に国の公共物の用に供する場合は、一般の市町村財産と同様の取扱いによることとなる。したがって、例えば、市町村に譲与した里道を将来的に一般国道の用に供することとなった場合においては、国として当該財産の国への再譲与を求めるものではない。

(3) 一般公共海岸区域制度の創設等について

従来、海岸保全区域以外の国有海浜地については、法定外公共物とされてきたところであるが、平成11年5月28日法律第54号として公布された海岸法の一部を改正する法律により、海岸保全区域以外の公共海岸は、一般公共海岸区域として海岸法に基づき管理を行うこととされている（この改正は、公布の日から起算して1年以内に政令で定める日から施行される。）。

なお、地方分権一括法第420条において新たに設けられる海岸法第40条の3の規定により、国の所有する公共海岸（海岸保全区域及び一般公共海岸区域）の土地は、海岸管理者の属する地方公共団体に無償で貸し付けられたものとみなされることとされている。

資料 5-1

○時効取得を原因とする農地についての権利移転又は設定の取扱いについて

$\begin{pmatrix}昭和52年8月25日52構改B第1672号\\農林省構造改善局長から都道府県知事宛通知\end{pmatrix}$

　農地法の励行については、かねてからその指導の徹底を期するとともに、農地法違反行為に対しては、厳正な是正措置を講じてきたところであるが、最近、農地法所定の許可を受けなければならない場合であるにもかかわらず、当事者双方の申請により登記原因を時効取得という名目でその許可を得ることなく農地について所有権移転の登記が行われている事例が見受けられる。

　このような農地法違反行為は、農地法の適正な運用を図る上で、看過することができないので、今後は、未然に、違反防止の措置を講じ、農地法の励行指導につき一層徹底を期するため、別紙1のとおり法務省民事局長に依頼したところ、別紙2のとおり回答があったので、これらの趣旨及び下記事項に留意の上、今後の運用に遺憾なきを期すとともに、貴管下農業委員会に対して周知徹底を図られたい。

記

1. 農業委員会の処理
(1) 登記完了前の措置

ア　農業委員会は、登記官から、登記簿上の地目が田又は畑である土地について、時効取得を登記原因とする農地法第3条第1項本文に掲げる権利（以下単に「権利」という。）移転又は設定の登記申請がなされた旨の通知を受けた場合には、速やかに、当該通知に係る事案が取得時効完成の要件を備えているか否かにつきその実情を調査するものとする。なお、取得時効完成の要件を備えているか否かの判断に当たっては、農地に係る権利の取得が、農地法所定の許可を要するものであるにもかかわらず、その許可を得ていない場合には、占有（準占有）の始めに無過失であったとはいえず、このような場合の農地に係る権利の時効取得には、20年間所有の（自己のためにする）意思を以って平穏かつ公然と他人の農地を占有（農地に係る財産権を行使）することを要するものと解されるので留意すること。

イ　農業委員会は、アの調査の結果、当該事案が取得時効完成の要件を備えておらず、時効取得を登記原因とする権利の移転又は設定の登記が行われることが農地法に違反すると判断される場合には、速やかに登記官に対してその旨通知するとともに、当該登記申請当事者に対しその旨を伝え、当該登記申請書を取り下げさせるとともに、農地法所定の許可を受けた上で権利の移転又は設定の登記を行わせる等、事案に即した適切な指導を行うものとする。

(2) 登記完了後の措置

ア　農業委員会は、登記官から登記簿上の地目が田又は畑である土地について、時効取得を登記原因とする権利の移転又は設定の登記が行われた旨の通知を受けた場合には、速やかに、当該通知に係る事案が取得時効完成の要件を備えているか否かにつき、その実情を調査し、遅滞なく別紙様式第1号による報告書を都道府県知事に提出するものとする。

イ　農業委員会は、アの調査の結果、当該事

案が取得時効完成の要件を備えないため農地法違反であることが判明したときは、登記申請当事者に対して、農地法違反であることを伝え、速やかに、当該登記の抹消、農地の返還等農地法違反行為の是正を行うよう指導するものとする。

ウ　登記申請当事者がイによる農業委員会の指導に従わず農地法違反行為の是正を行わない場合には、農業委員会は都道府県知事に対して、当該登記申請当事者に是正を行うべき旨の通知を行うよう連絡するものとする。

エ　農業委員会は、2の（1）による都道府県知事の通知を登記申請当事者に交付するに当って、当該通知の内容を遵守履行するよう指導するものとする。

オ　農業委員会は、通知内容の履行状況の把握に努めるとともに、登記簿謄本等によって履行が完了したことを確認したときは、その旨を都道府県知事に報告するものとする。

カ　農業委員会は、登記申請当事者が通知内容の履行を遅滞していると認めるときは、その履行を督促し、あわせて遅滞している理由及び履行状況の報告を求め、また、その報告があったときは、当該報告に農業委員会における処理経過等を添付して都道府県知事に報告するものとする。

2．都道府県知事の処理

（1）　都道府県知事は、農業委員会から1の（2）のウにより連絡を受けた場合は、必要に応じて実情の調査を行い、通知を行うことが必要であると認められるときは、登記申請当事者に対し別紙様式第2号により農業委員会を経由して農地法違反の是正措置を講ずるよう通知するものとする。

（2）　都道府県知事は、1の（2）のカの農業委員会の報告を受けた場合は、その報告内容の検討を行い、通知内容の履行が遅滞していることにつき、相当な理由があると認められる場合を除き、告発を行うものとする。

（注）　別紙様式第1号、第2号は省略

別紙　1

○時効所得を原因とする農地についての権利移転又は設定の登記の取扱いについて（依頼）

（昭和52年8月25日52構改B第1673号
農林省構造改善局長から法務省民事局長宛依頼）

農地について農地法第3条第1項本文に掲げる権利（以下単に「権利」という。）を設定し、又は移転する場合には、農地法に規定する許可を受けなければならないが、最近、農地法所定の許可を要する場合であるにもかかわらず、当事者双方の申請により登記原因を時効取得という名目でその許可を得ることなく農地について所有権移転の登記が行われている事例が見受けられる。

このような農地法違反行為は、農地法の適正な運用を図る上で看過することができないので、今後は、違反防止の措置を講じ、農地法の励行指導につき一層の徹底を図るため、登記簿上の地目が田又は畑である土地について、取得時効を登記原因とした権利移転又は設定の登記があった場合は、登記官からその

旨を関係農業委員会に対し適宜の方法により通知するよう御指導願いたく協力方依頼する。

なお、上記によることとして差し支えない場合には、別添により都道府県知事及び農業委員会を指導することとしているので、貴官下関係機関にも周知方お取計らい願いたい。

別紙 2
○時効取得を原因とする農地についての権利移転又は設定の登記の取扱いについて

(昭和52年8月22日法務省民三第4240号)
(法務省民事局長から農林省構造改善局長宛通知)

本年7月27日付け52構改B第1673号をもって依頼のあった標記の件については、別添のとおり各法務局及び地方公務局の登記官に協力方を配意するよう、通知したのでお知らせする。

［別　添］
○時効取得を原因とする農地についての権利移転又は設定の登記等の申請があった場合の取扱いについて（依命通知）

(昭和52年8月22日法務省民三第4239号)
(法務省民事局第三課長から、東京法務局民事行政第一部長、)
(法務局民事行政部長、地方法務局長宛依命通知)

標記について、別添のとおり農林省構造改善局長から依頼があったので、協力方配意するよう貴官下登記官に指示されたい。

なお、関係農業委員会あての通報は、電話連絡の方法によることも差し支えなく、また、司法書士が申請代理人である場合には、同人から事情聴取の上、必要があるときはしかるべく注意を喚起するのが相当であるので申し添える。

（別添　略）

資料 5-2
○農地法所定の許可書等が添付されない地目変更申請の取扱い

【昭和56年8月28日法務省民三第5402号通達】（資料5-2-1）
登記簿上の地目が農地である土地について農地以外の地目への変更登記の申請があった場合の取扱い（通達）

　最近一部の地域において、農地について、農地法上必要な許可を得ないで造成工事等を行った上、標記の登記申請をする事例が多く生じているが、中には、その処理をめぐり、地目の変更及びその日付に関する登記官の認定が厳正を欠いているとの批判や、登記官が農地法の潜脱に加担したものであるかのような誤解を招くに至った事例もみられる。

　このような事態にかんがみ、今後標記の登記申請があった場合には、特に左記の点に留意の上、農地行政の運営との調和に配意しつつ、地目の変更及びその日付の認定を厳正に行うことにより、いやしくも右のような批判や誤解を招くことがないように処理するよう貴管下登記官に周知方取り計らわれたい。なお、標記の登記申請に当たり、申請人、申請代理人等が登記官に対し、不当な圧力をかけてその申請の早期受理を強く遣る場合も見られるので、このような場合には、その対応について臨機に適切な措置を講ずるよう配意されたい。おって、左記一の1から3までについては、農林水産省と協議済みであり、この点に関して同省構造改善局長から各都道府県知事あてに別紙のとおり通達されたので、念のため申し添える。

記
一　標記の登記申請に係る事件の処理は、次の手続に従って行うものとする。

1　登記官は、申請書に次の各号に掲げる書面のいずれかが添付されている場合を除き、関係農業委員会に対し、標記の登記申請に係る土地（以下「対象土地」という。）についての農地法第4条若しくは第5条の許可（同法第4条又は第5条の届出を含む。）又は開法第73条の許可（転用を目的とする権利の設定又は移転に係るものに限る。）（以下「転用許可」という。）の有無、対象土地の現況その他の農地の転用に関する事実について照会するものとする。
　(1)　農地に該当しない旨の都道府県知事又は農業委員会の証明書
　(2)　転用許可があったことを証する書面
2　登記官は、1の照会をしたときは、農業委員会の回答（農業委員会事務局長の報告を含む。以下同じ。）を受けるまでの間、標記の登記申請に係る事件の処理を留保するものとする。ただし、1の照会後2週間を経過したときは、この限りでない。
3　対象土地について農地法第83条の2の規定により対象土地を農地の状態に回復させるべき旨の命令（以下「原状回復命令」という。）が発せられる見込みである旨の農業委員会の回答があった場合には、農業委員会又は開会事務局長から原状回復命令が発せられた旨又は原状回復命令が発せられる見込みがなくなった旨の通知がされるま

での間、標記の登記申請に係る事件の処理を更に留保するものとする。ただし、農業委員会の右回答後2週間を経過したときは、この限りでない。
4　対象土地の現況が農地である旨の農業委員会の回答があった場合において、対象土地の地目の認定に疑義を生じたときは、登記官は、法務局又は地方法務局の長に内議するものとする。

二　登記官が対象土地について地目の変更の認定をするときは、次の基準によるものとする。
1　対象土地を宅地に造成するための工事が既に完了している場合であっても、対象土地が現に建物の敷地（その維持若しくは効用を果すために必要な土地を含む。）に供されているとき、又は近い将来それに供されることが確実に見込まれるときでなければ、宅地への地目の変更があったものとは認定しない。
2　対象土地が埋立て、盛土、削土等により現状のままでは耕作の目的に供するのに適しない状況になっている場合であっても、対象土地が現に特定の利用目的に供されているとき、又は近い将来特定の利用目的に供されることが確実に見込まれるときでなければ、雑種地への地目の変更があったものとは認定しない。ただし、対象土地を将来再び耕作の目的に供することがほとんど不可能であると認められるときは、この限りでない。
3　対象土地の形質が変更され、その現状が農地以外の状態にあると認められる場合であっても、原状回復命令が発せられているときは、いまだ地目の変更があったものとは認定しない。
三　申請人、申請代理人等の供述以外に確実な資料がないのに、地目の変更の日付を安易に申請どおりに認定する取扱いはしないものとする。

別　紙

○登記簿上の地目が農地である土地の農地以外への地目変更登記に係る登記官からの照会の取扱いについて

（昭和56年8月28日56構改B第1345号　　　　　　　　　　　　　　農林水産省構造改革改善局長から知事宛通知）

　不動産登記法による地目認定と農地法の統制規定との相互の運用の円滑化を図るための調整措置については、これまで「登記官吏が地目を認定する場合における農地法との関連について」（昭和38年7月8日付け38農地第2708号（農）、農林省農地局長通達）及び「登記官が地目を認定する場合における農地法との関連について」（昭和49年2月9日付け49構改B第250号、農林省構造改善局長通達）により運用してきたところであるが、最近一部の地域において、農地につき農地法の許可なく転用し、登記簿上の地目を農地以外の地目に変更登記した上譲渡する等の事態が生じている。
　このような事態は、優良農用地を確保し、良好な農業環境を保持することを目的とする

転用規制等農地法の励行確保を期する上で看過することができないものであり、その未然防止を図るためには、基本的には農地担当部局等において、不断に農地事情の迅速適確な把握に努めるとともに、適切な是正措置を適時に講じていく必要があることは当然である。しかし、違法な転用行為の防止や適時の是正措置の実施等転用規制の厳正な執行に万全を期するためには、併せて不動産登記制度と農地制度との相互の運用の整合性を可能な限り確保していくことが肝要であり、このため、法務省民事局長と登記簿上の地目が農地である土地の農地以外への地目変更の登記申請があった場合の取扱いについて協議を行ってきたところである。

その結果、登記簿上の地目が農地である土地の農地以外への地目変更登記の取扱いに関し、登記官は、地目変更登記申請に農地法の転用許可証等又は都道府県知事若しくは農業委員会の農地に該当しない旨の証明書が添付されていないものについては、必ず農業委員会に農地法の転用許可等の有無、現況が農地であるか否か等について照会するとともに、農業委員会の回答をまって登記事案の処理が行われることとなった。また、違法転用に係る事案で、都道府県知事が農地の状態に回復すべき旨の命令（以下「原状回復命令」という。）を発する見込みであるものについては、登記官は、原状回復命令が発せられるまで登記事案の処理を更に留保し、原状回復命令が発せられたときは登記申請を却下することとされ、別添のとおり法務省民事局長より通達されたところである。ついては、登記官からの照会に係る事務の処理についてその取扱いを下記のとおり定めたので、これが処理に当たっては迅速に対処し、登記官に対する回答

期限の厳守については特に配慮し、遺憾なきを期するとともに、登記官からの照会により違法転用の事実又はその可能性が明らかになった事案については、適時適切に違法行為の防止又は是正のための措置が講じられるよう措置されたい。なお、「登記官吏が地目を認定する場合における農地法との関連について」（昭和38年7月8日付け38農地第2708号（農）、農林省農地局長通達）及び「登記官が地目を認定する場合における農地法との関連について」（昭和49年2月9日付け49構改B第250号、農林省構造改善局長通達）は、廃止する。おって、貴管下農業委員会に対しては、貴様からこの旨通達されたい。

記

1　農業委員会の処理

(1) 農業委員会は、登記官から標記照会を受けたときは、照会に係る土地について農地法第4条、第5条又は第73条の許可（届出を含み、第73条にあっては転用を目的とする場合に限る。以下「転用許可」という。）を受けているか否かを確認し、更に転用許可を受けていない事実については転用許可を要しないものであるか否かを確認するとともに、原則として農業委員3人以上と農業委員会事務局職員により遅滞なく現地調査を行い、現況が農地であるか否かを確認するものとする。この場合において、転用許可を要しない事案には、転用許可の適用が除外されているもののほか、災害によって農地以外の土地に転換しているもの等が含まれるので、留意するものとする。

(2) 農業委員会は、(1)の調査の結果、転用許可を要する事案で、かつ、転用許可を受けないで農地転用行為が行われてい

るものがあった場合には、直ちに当該事案について都道府県農地担当部局に報告し、原状回復命令を発する予定があるか否かについて適宜の方法により同部局に確認するものとする。
(3) 農業委員会は、登記官が標記照会をした日から2週間以内に、別紙様式第1号により登記官に回答するものとする。
(4) 農業委員会は、(3)により近く原状回復命令が発せられる見込みある旨の回答をした事案について次の事項を確認したときは、速やかに別紙様式第2号又は第3号により登記官に通知するものとする。この場合において、当該通知は(3)の回答の日から2週間以内に行うものとする。
　ア　都道府県知事が原状回復命令を発したとき
　イ　原状回復命令を発する見込みがなくなったとき
(5) 農業委員会の総会又は農地部会の開催の都合等により農業委員会が(2)の報告、(3)の回答又は(4)の通知を適時に行うことができないときは、農業委員会事務局長が(2)の報告若しくは(4)の通知をし、又は(3)の回答に代わる調査結果の報告をするものとする。
(6) 農業委員会は、(3)又は(4)による回答又は通知の期限が差し迫っている事案については、適宜の方法によりあらかじめ登記官と連絡調整し、事案の適確な処理が図られるよう努めるものとする。

2　都道府県農地担当部局の処理
(1) 都道府県農地担当部局は、1の(2)により農業委員会から報告を受けたときは、遅滞なく現地調査を行い、原状回復命令を発する予定かあるか否かについて、適宜の方法により農業委員会に通知するものとする。
(2) 都道府県農地担当部局は、農業委員会が1の(3)又は(4)による登記官への回答又は通知をそれぞれ所定の期限内に行い得るよう、事務処理の迅速化に努めるものとする。
(3) 都道府県農地担当部局は、農業委員会の回答に係る農地の地目の認定に疑義が生じた場合において、法務局又は地方法務局から協議を受けたときは、農業委員会から当該協議に係る地目の認定の経緯、認定の理由等を聴取するとともに、現地調査をした上、法務局又は地方法務局と協議し、その結果を農業委員会に通知するものとする。

3　その他
(1) 農業委員会及び都道府県農地担当部局は、1の(3)又は(4)の回答又は通知がそれぞれ所定の期限内に行われない場合には登記官は照会に係る事業の登記申請を処理することとなることに留意し、照会に係る事務の迅速かつ適正な処理に努めるものとする。なお、農業委員会又は都道府県農地担当部局は、農地を違法転用し、あるいは違法転用に係る農地の登記簿上の地目を農地以外の地目に変更している事案については、既に第三者に譲渡されているものを含め、その実態に即し、その所有者又は行為者等に対し、土盛その他の転用行為の中止、原状回復等の勧告を行い、原状に回復されたときは登記簿上の地目の農地への変更登記申

請等の指導を行うものとする等により、農地法の厳正な励行確保を期するものとする。
(2) 農業委員会及び都道府県農地担当部局は、1の(2)並びに2の(1)及び(2)により事務の処理をすることが「農地等転用関係事務処理要領」(昭和46年4月26日付け46農地B第500号、農林省農地局長通達)第3に定める事務処理手続と異なる場合には、事務処理の迅速化を図る観点からこの通達の定めるところにより処理することとし、原状回復命令を発するに際しての書面による農業委員会に対する意見の聴取を省略して差し支えない。

(様式省略)

【昭和56年8月28日法務省民三第5403号依命通知】（資料5-2-2）
登記簿上の地目が農地である土地について農地以外の地目への変更登記の申請があった場合の取扱い（農業委員会への照会書の様式の制定等に関する依命通知）

（依命通知）標記については、本日付け法務省民三第5402号をもって民事局長から通達（以下「通達」という。）されたところですが、この運用に当たってば、左記の点に留意するよう貴管下登記官に周知方しかるべく取り計らわれたく通知します。

記

一　通達が発せられた背景

　登記簿上の地目が農地である土地について農地以外の地目への地目の変更の登記がされると、農地法上必要な転用許可がない場合であっても、その登記前と比べて数倍ないし十数倍の価格でこれを売却することができるという実態があること等から、最近一部の地域において、農地について、転用許可を得ないで簡易な造成工事を施すなどした上で、農地以外の地目への地目の変更の登記を申請する事例が多くなっている。また、都市計画法上、市街化調整区域においては、原則として都道府県知事の許可を受けなければ建築物の新築等をしてはならないこととされている（開法第43条第1項）が、市街化調整区域に関する都市計画の決定又は変更（いわゆる線引き）の際既に宅地であった土地（いわゆる既存宅地）については、その旨の都道府県知事の確認を受ければ建築物の新築等が許されることとなっている（開項第6号口）ところ、いわゆる既存宅地である旨の確認に当たっては、地目の変更の登記の原因日付の記載がその有力な資料として用いられているという実情にあるため、市街化調整区域内の土地（農地に限らない。）について、地目の変更の日付がいわゆる線引きの日より前の日（通常十数年前の日）であると主張して宅地への地目の変更の登記を申請する事例も少なくない。

　標記の登記申請に係る事件の処理に当たっては、地目の変更又はその日付の認定を厳正に行うべきことはいうまでもないが、同時にできるかぎり農地行政や都市計画行政の運営との調和にも配意することが望ましいと考えられるところから、今般農林水産省とも協議の上、標記の取扱いについて通達が発せられることとなったものである。

二　登記申請処理上の留意点

1　標記の登記申請があったときは、登記官は、原則として関係農業委員会に対し農地の転用に関する事実の有無について照会すべきこととされた（通達一の1）が、この照会は、農業委員会又は都道府県知事においてこれを端結として農地の違反転用の防止又は是正の措置を講ずることができるようにするとともに、登記官において農業委員会から地目の変更の有無の認定に必要な資料を得るために行うものである。

2　通達一の1による照会は、別紙様式又はこれに準ずる様式によってするものとする。

3　登記官から照会を受けた農業委員会は、照会を受けた日から2週間以内に登記官に回答をするものとされているが、農業委員会の総会又は農地部会がおおむね月1回程度しか開催されないため、所定の期間内に回答をすることができないこととなるときは、登記官に対して農業委員会事務局長か

ら調査結果の報告がされるので、この報告があったときは、農業委員会の回答があった場合と同様に取り扱うものとする。

4　農業委員会に照会をしたときは、原則としてその回答があるまで事件の処理を留保すべきであるが、照会後2週間以内に農業委員会の回答がないときは、登記官は、実地調査を実施した上、対象土地の現在の客観的状況に応じて、申請を受理し、又は却下して差し支えない（通達一の2）。

5　原状回復命令が発せられる見込みである旨の農業委員会の回答があったときは、原則として農業委員会又は開会事務局長から原状回復命令が現実に発せられた旨又は発せられる見込みがなくなった旨の通知があるまで事件の処理を更に留保すべきであるが、原状回復命令が発せられる見込みである旨の農業委員会の回答後2週間以内に原状回復命令が発せられたかどうかについての通知がないときは、登記官は、実地調査を実施した上、対象土地の現在の客観的状況に応じて、申請を受理し、又は却下して差し支えない（通達一の3）。

6　対象土地が農地である旨の農業委員会の回答があった場合において、対象土地の地目の認定に疑義を生じたときは、登記官は法務局又は地方法務局の長に内議するものとされた（通達一の4）が、これは、農地行政の運営との調和を図りつつ、管内の登記行政の統一的運営を確保するためにするものである。

7　対象土地を宅地に造成するための工事が既に完了している場合であっても、対象土地が現に建物の敷地若しくはその維持・効用を果たすために必要な土地（以下「建物の敷地等」という。）に供されているとき、又は近い将来建物の敷地等に供されることが確実に見込まれるときでなければ、宅地への地目の変更があったものと認定すべきではない（通達二の1）が、対象土地を宅地に造成するための工事が完了している場合において、次の各号のいずれかに該当するときは、対象土地が近い将来建物の敷地等に供されることが確実に見込まれるものと認定して差し支えない。
(1) 建物の基礎工事が完了しているとき。
(2) 対象土地を建物の敷地等とする建物の建築について建築基準法第6条第1項の規定による確認がされているとき。
(3) 対象土地を建物の敷地等とするための開発行為に関する都市計画法第29条の規定による都道府県知事の許可がされているとき。
(4) 対象土地を建物の敷地等とする建物の建築について都市計画法第43条第1項の規定による都道府県知事の許可がされているとき。

8　対象土地が形質の変更により現状のままでは耕作の目的に供するのに適しない状況になっており、かつ、対象土地が不動産登記事務取扱手続準則第117条イからネまでのいずれの土地にも該当しないと認められる場合であっても、対象土地が現に特定の利用目的に供されているとき、又は近い将来特定の利用目的に供されることが確実に見込まれるときでなければ、原則として雑種地への地目の変更があったものと認定すべきでない（通達二の2本文）が、対象土地が現に特定の利用目的に供されておらず、また、その将来の利用目的を確実に認定することもできないときであっても、諸般の事情から対象土地が将来再び耕作の目的に

供することがほとんど不可能であると認められるときは、雑種地への地目の変更があったものと認定して差し支えない（通達二の2ただし書）。

9　対象土地の形質が変更され、その現状が農地以外の状態にあると認められる場合であっても、原状回復命令が発せられているときは、いまだ地目の変更があったものとは認定しないものとされた（通達二の3）が、これは、原状回復命令が発せられている以上、その命令を受けた者は自ら対象土地を農地の状態に回復する義務があり（農地法第93条第3号参照）、また、その命令を発した行政庁が行政代執行により対象土地を農地の状態に回復させることもできる（行政代執行法参照）ことにかんがみ、対象土地の現在の客観的状況がそのまま将来にわたって固定的安定的に継続するとはいい難いので、対象土地の地目の変更があったものとは認定すべきでないからである。

通達二の3はこのような趣旨であるから、原状回復命令が発せられている場合であっても、原状回復がされないまま長期間が経過し、その命令を受けた者がこれに従う見込みがなく、また、行政庁が行政代執行をする見込みもないと認められるときは、登記官は、実地調査を実施した上、その当時における対象土地の客観的状況に応じ、地目を認定して差し支えない。

10　地目の変更の目付は、確実な資料に基づいて認定するものとし、安易に申請どおりに認定すべきでない（通達三）が、確実な認定資料が得られないときは、「年月日不詳」、「昭和何年月日不詳」等として差し支えない。なお、登記簿上の地目が農地以外の土地についてする地目の変更の目付の認定も、これと同様に処理するものとする。
（様式省略）

参考資料

「幾何学的手法による創造的筆界特定の技法について」
"円満な筆界確認形成ツールとして"
土地家屋調査士　馬　渕　良　一

第1　はじめに
1．研究の背景
(1) 筆界特定及び確認の対象

今回の不動産登記法等の一部を改正する法律（平成17年法律第29号）で規定されるまで(注1)、「筆界」について定義した法律上の条文はなく、司法研究所の研究報告書の第13集4号「境界確定事件に関する研究」110頁で森松判事が、「1個の土地所有権の法的単位を1筆と言う。土地整理の便宜上、この区画に呼称を特定し何番地と言うと、その番地と番地との境が筆界である。」と説示され、筆界を対象とする境界確定訴訟の判例では、「土地境界とは異筆の土地の間の境界であり、境界は客観的に固有な物であり、相隣者間において境界を定めた事実があっても、これにより土地固有の境界自体が変動するものではない。」（最判昭和31.12.28判タ67-68）、「土地の経界は公法上のものであって、関係当事者の合意で左右することのできない性質のものである。」（東京高判昭37.7.10下民13-7-1390）、とされてきた。したがって、当事者の間で紛争が生じ筆界の特定をする必要が生じた際には、不明な筆界を表象するところの地図及び測量図等の資料に基づき筆界点を現地に復元することになる。しかし、筆界を復元することは後記（2）筆界復元を困難にさせる要素でも述べるとおり、資料から辺長及び地積を勘案しながら筆界を復元することは容易ではなく、問題解決のため境界確認訴訟を提起すれば、長い年月と多額の費用が必要になるばかりでなく、隣接所有者間において人格紛争に拡大してしまうことも多く解決困難な訴訟類型とされてきた。今回の改正不動産登記法で、平成18年1月20日より、筆界を特定する制度が創設され、わずか10ヶ月の平成18年11月末現在で2528件の筆界特定申請があったと聞いており、今後の制度創設の効果に期待するものである。

注1：不動産登記法第123条第1号は、「筆界は、表題登記がある1筆の土地とこれに隣接する他の土地との間において、当該1筆の土地が登記された時にその境を構成するものとされた2以上の点及びこれらを結ぶ直線をいう。」と規定された。

(2) 筆界復元を困難にさせる要素
① 過去の筆界確認作業

過去における分筆登記等における登記官の処分の対象である筆界が最高裁の判例の指摘するように、筆界確認が所有権界と筆界を峻別してきたかどうか検討なされなければならないが、ここでは、平成元年3月、日本調査士会連合会の「境界鑑定委員会の組成と境界鑑定への参加」の呼びかけに応じて、各単位会において鑑定委員会の組成と研修の充実と実施がされてきたことと、調査測量方法の変遷（土地分筆を例に取れば、昭和40年代までは分筆対象地のみの調査・測量が多くなされてきた。その後、調査測量の範囲は隣地を踏まえた調査・測量へ、更には、街区全体の位置関係を踏まえた調査・測量を実施したり、公共座標系を利用した調査・測量が実施されている）があり、地図

（資料）の精度を意識した調査・測量されてきており、調査・測量の実施時期によって一筆の土地の筆界の確認作業の内容が異なっていることを指摘するに留める。

② 解決に向けた作業の問題点

ア．資料の歴史的評価

　筆界を復元するための資料には、明治7年の地租改正事業における官有地と民有地の区分に始まり、法第14条地図にいたるまで、登記簿・測量図・土地改良等の換地図等を始めとして各種の資料が存在し、筆界を復元するためには資料としての歴史的評価を加えなければならないが、地域性や個別の資料の定まった評価が困難なことである。

イ．特定のための定石がなく難解である

　筆界の復元作業には、前述の資料の歴史的な評価とその作業に経験が必要であり、現実に筆界点を特定するための系統立った手法は必ずしも確立しておらず、図解法による筆界復元にあたっては、測量の誤差、製図の誤差、筆界点を復元する誤差が複雑に関係し、筆界を特定復元するための説明は難解で、関係がある一般人が理解するには極めて困難であるのが現状である。

ウ．筆界を復元するための手法

　調査士によって行われる筆界確認作業や筆界特定作業に従事する筆界特定調査委員の筆界特定作業の多くにおいて行われている作業は、地図や測量図等の資料に対して歴史的な評価をおこない、現地で実際に測量をした現況図に対して、縮尺の異なる地図及び測量図等を重ねあわせ検証するために、ある者は、トレーシングペーパーに謄写をし、またある者はコピー機で拡大縮小したり、またある者はスキャナーで読み取り、座標化した情報をアフェイン変換等の手法により、現況図と資料を重ね合わせながら、資料の地図や測量図の辺長、角度及び地積を参考にしながら、現地の地物等の位置関係を精度区分を考慮しながら、何度も試行錯誤的に計算して、辺長及び地積に対する許容誤差の範囲内を可能な限り満たす点の調整を図るという、ある意味で非効率な作業を積み重ねている。

2．幾何学的手法による創造的筆界特定の技法

(1) 幾何学的手法とは

　幾何学的手法とは、主に図解法において、資料である地図等をスキャニングし、ラスター情報をベクター情報に変換し座標値を持たせたのち、アフェイン変換等の手法で座標化した資料図を現況測量図に重ねあわせることにより、特定（確認）すべき不明な筆界点を現況測量図と同一座標系のレイヤー上で「一筆地測量及び地積測量における誤差の限度の早見表」（国土調査法施行令別表第5以下誤差限度早見表という）の精度区分に応じた許容誤差を計算することによってできる、辺長に対して認められる許容誤差（以下辺長公差という）を加えた辺長公差円弧による範囲と地積に対して認められる許容誤差（以下地積公差という）を利用してできる地積公差四角形を各々描き、これら公差の条件を満たす範囲（これをダブル公差の条件という）内で現況測量図上に推定筆界点を生成させるものである。

(2) 創造的筆界特定とは

　創造的筆界特定とは、公差の条件を満たす範囲内にある推定筆界点をもとに、現地の地物及び当事者の主張を参考に、推定筆界点の位置をディスプレイ上で辺長公差と地積公差の条件を可能な限り充足する位置に移動させ

て、推定筆界点を移動させたことによる地積の変化を確認しながら、関係当事者の円満な筆界確認ツールとして、幾何学的に理想的な筆界点を創造的（想像かもしれない？）に特定することができないかと検討したものである。

第2 総論
1．筆界確認ツールが解決しようとする課題

筆界確認ツールは、土地の筆界点を科学的かつ機械的（電子データのために複数の点検作業が簡単にできる）に求めることができるとともに、不動産登記法が許容する辺長及び地積に対する誤差を含んだ筆界点の特定範囲を視覚的に提示し、筆界特定作業をより効率的に行うことが出来るほか、地図等の資料と現況測量図を重ねあわせてできた、幾何学的な推定筆界特定点に対して、資料等が作成された当時に定められた精度区分を基礎に、推定筆界点を中心点として位置誤差精度区分ごとに円弧（これを段階公差円という）を描いたうえで、特定すべき筆界点の決定のため、現況測量図内に描かれた辺長公差円弧および面積公差四角形により画定される許容誤差範囲内の条件を満たすことを前提として、段階公差円の範囲と現地の地物、申立人、相手方及び関係者の主張点の相互の位置関係を参考に推定筆界点を移動させることによって変化する公簿地積に対する地積の変化を併せて把握のうえ、筆界点を特定しようとするものである。さらに、確認した筆界点が辺長公差円弧又は面積公差四角形の外に位置した場合には、地図訂正又は地積更正手続のいずれが必要かを判断することができるものである。

2．支援プログラムの効果

筆界特定支援プログラムを利用すれば、

①従来の方法では、仮の筆界点を設定するごとに、辺長、地積及び現況測量図の地物等とを検討比較する作業を試行錯誤的に実施しなければならなかったのに対し、重ね図によって生成される推定筆界点を公差円弧および公差四角形により画定される許容誤差範囲内でマウスポインターによってディスプレイ上で推定筆界特定点を移動させながら、地積及び辺長の変化をリアルタイムに検討できることから、場合によっては、関係者に視認させながら、迅速に合理的な筆界点を求めることができる。

②万一、存在し得る位置が公差円弧および公差四角形の範囲内に生成されない場合には、生成される精度区分までレベルを下げて作業ができる。

③逆に、さらに上位の制度区分で画定できる範囲を絞り込むことにより、地図等が持つ精度がより高精度で作成されていることを推定することができる。

④これらの作業工程を類型化しかつその作業の標準化を推進することにより、同一資料を基にした作業において、それぞれの作業者が独自の手法を採ることにより、それぞれが異なる筆界点を特定するという混乱を回避できる効果がある。

第3 各論 筆界特定（確認）手法の作業の流れと要点
1．作業の流れ

作業の流れは、(1) 事前準備作業、(2) 検討作業、(3) 決定作業の順に行う。

全体の作業の流れは、図1のとおりである。

図1

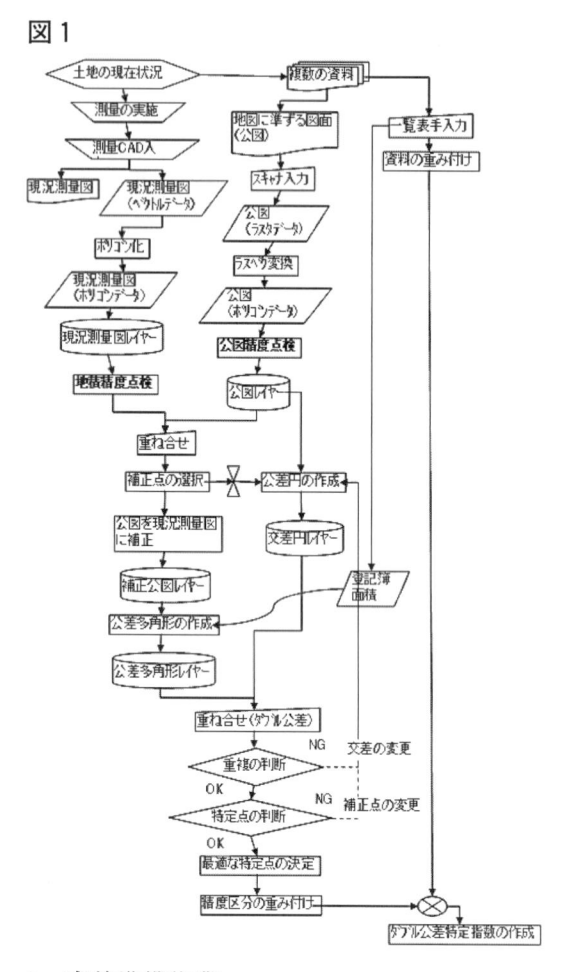

2．事前準備作業

(1) 資料の精度区分の事前確認の必要性

この手法の前提として、資料等（地図・公図・測量図等）の事前の精度確認作業が必要となる。なぜなら、資料等の作成時には、一定の精度が要求されておりそれぞれの許容誤差の基準があり(注1)、法務局が保管する地図保存簿には、地図および公図それぞれの精度区分が記載されており、対象となる筆界を復元に必要な資料等が作成時にいかなる精度区分で作成されたか、さらに、資料がその精度をクリヤーしているか確認する作業が、資料から筆界を見出す作業を実施する限り必須作業である。なぜならば、筆界の復元にあたって、資料図の作成された精度区分の許容限度に基づき復元作業を実施するからである。

注1：昭和52年10月1日施行（昭和52年9月3日第4473民事局長通達）
（地図の作成）地図を作成するための一筆地測量および地積測定における誤差の限度は、概ね次による。
① 市街地地域およびその周辺の区域については、国土調査法施行令別表第4に掲げる精度区分（以下制度区分という）甲2まで。
② 村落・農耕地域およびその周辺の地域については、精度区分乙1まで。
③ 山林・原野地域およびその周辺の地域については、精度区分乙3まで。（準則25条4項）
（図面の作成）
地積測量図の誤差の限度は、当該土地ついての地図の誤差と同一の限度。当該土地について地図が存しない場合は25条4項の基準による（準則97条3項）。

(2) 資料の精度区分の事前確認作業

この手法による作業の前提として、資料図を検討作業で利用する前提として、あらかじめ、対象土地を含む資料図（地図・公図等）の精度区分を把握するため、対象土地の周辺の土地を道路・水路等で区画された街区に区画して、その街区内にある土地の地積を登記簿から調査のうえ、資料図をスキャニングしてラスターデータからベクトルデータに変換（以下広義のラスベク変換という）し、座標化したうえで、各街区をポリゴン化し、各街区の面積求積することによって、先に調査した登記簿面積と比較することにより、資料図の精度が資料図作成当時予定されていた精度内であるかどうかを、あらかじめ把握することができ、これによってそれ以降の作業全体の判断材料とすることができる。

事前準備作業工程において、街区をポリゴン化しその構成点をベクトルデータ化し、総

てを座標管理することによって、必要な情報（地積及び地積の差分、並びに既定の精度区分及び精度区分の判定）をリアルタイムに把握することができ、資料図の持つ精度区分によって許容される辺長及び面積の許容誤差を充足する点を、パソコン上のディスプレイ画面上でビジュアルに確認する前提の必須作業となる。

対象資料図の地積と精度区分からの公差精度を点検するために、一覧性のある表（地積公差精度点検一覧表）により管理することができる。具体的には、対象資料図の予定された既定の精度区分と、現実の差分により精度区分により分類して、全体の精度区分の点検を行うことになる。図2は、資料図である公図の既定の精度は乙2であること、③と④の街区の各々は、一部判定が精度区分オーバーであるか、③と④の街区を併せれば精度区分乙2を充足し、この街区①〜⑤は概ね乙2の精度を有し、既定の精度を満足していることが判断できる。

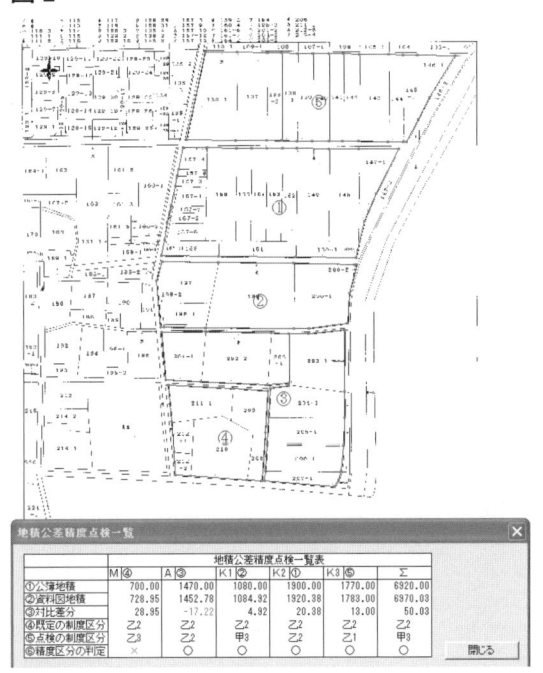

3. 検討作業

(1-1) 資料図等を用意する。

資料図が公図の場合は、資料であることを表す意味でSと表記し、公図であることを表す意味でKと統一的に表記（図3）し、各測点にはSK1、SK2、SK3、SK4、SK5、SK6のように表記する。地図の場合はSTと表記し測量図の場合はSSと表記し各々測点番号を設定する。尚この測点番号は現況測量図とも符合させておく。この点名指定作業を標準化することにより、作成する資料による各レイヤーの測点記号名から、各作業で作成されるレイヤーの内容を確認することができる。

この作業工程では、資料図をスキャニング（座標があれば座標値を入力する）し、ラスターデータをベクトルデータに変換し座標化したうえで、1番1と1番2の土地をポリゴン化し、資料図に基づき地積の点検を図1と同じ手法で点検しておくのは必須作業である。

(1-2) 現況測量図を用意する。

① 現況図を読み込む

現況図は、どこのソフトベンダーの測量CADデータも取り扱えるように、測量CADデータをDXF、SXF、シーマ等のファイル形式で読み込みをする。

現況測量図は、現況測量図であることを表

図2

図3

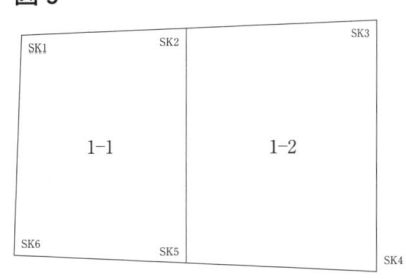

す意味でGと統一的に表記し、各測点にはG1、G2、G3、G4、G5、G6のように表記し（図4）、資料図の測点番号と一致させておくことが重要である。なお、この現況図には、現地の筆界を表象している可能性のある地物として側溝、ブロック塀や境界標識等も描かれており、さらに、筆界特定手続の場合であれば、申請人が主張する境界点は、たとえば、M1とし、相手方の主張する境界点はA1のように、現況測量図に表記しておくことにより、検討段階で当事者の主張する各点と、この作業により形成される推定筆界点を、測量図上において、現況の地物および当事者の主張を参考にして、移動させることによって、地積及び相対的位置関係をシュミレーションし、関係者に相互の位置関係をビジュアルに提示検討させることができる。

② 推定筆界点の生成

現況測量図のデータレイヤーに資料図のデータレイヤーを重ねる。この作業の意味は、まず、第一に現況図レイヤーの座標系に資料図のレイヤーの座標系をあわせることによって座標系は現況測量図の座標系となる。次に、資料図の測点番号と現況図の測点を重ね合わせることである。各々該当する測点（SK1をG1に以下同じ）を各々重ねる補正を実施する(注2)。

重ねる点は、現況図において基準として概ね確定している点（たとえば道路の隅切り、道路側溝や水路構造物に代表される官民境界点、民民で争いがない境界点、ブロック塀等がある）を重ねるものにし、例図の場合は不明な筆界点はHK5であり、したがって、資料図のSK5と現況図のG5は重なっていない。（図5）

重ね図の結果、できあがったHK図（公図に基づく筆界検討図という意味）とし、測点は公図から重ね図の時はHK1、地図の場合はHT1、測量図の場合はHS1とする。

SK2をG2に一致させ、HK2に、SK4をG4に一致させてHK4とし、SK6をG6に一致させてHK6とするアフェイン変換することにより、不明な筆界点は推定筆界点として

図5

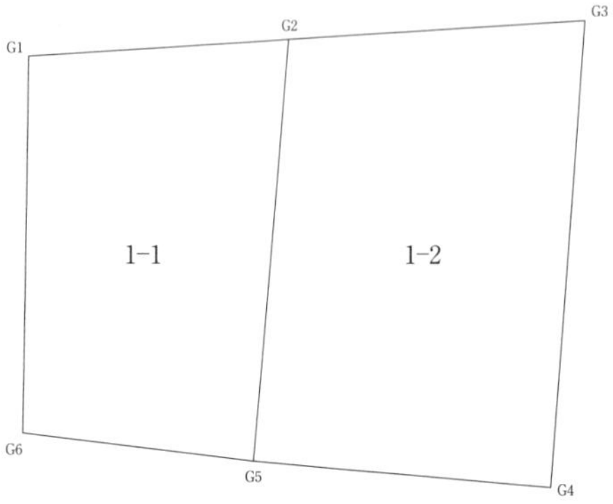

図4

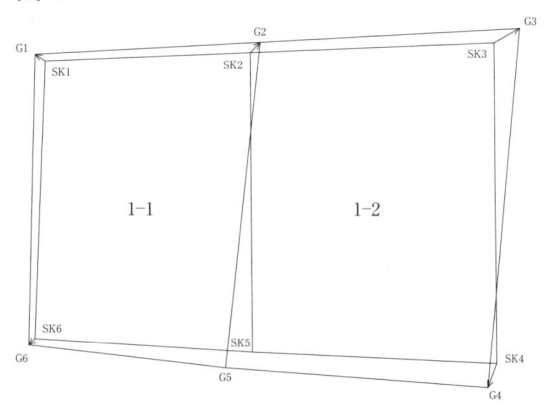

図6

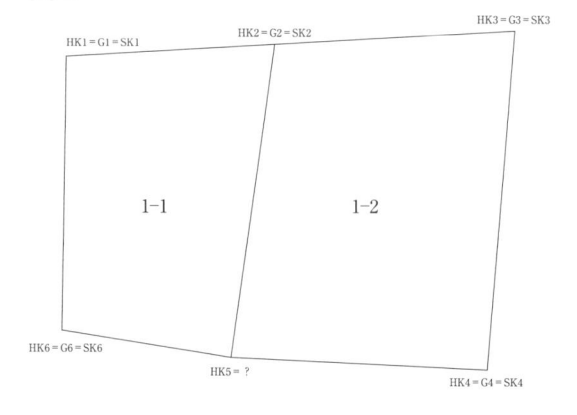

HK5が幾何学的に形成される。(図6)

注2：重ね図の方法には、ア：四点補正　直角の図郭（トンボや図郭枠等）があり、この図郭に座標値がある場合、四隅で補正する方法、イ：ヘルマート変換　2点以上の座標値が分かる場合に行われる方法、ウ：アフェイン変換　図形を変形させないで平行移動や回転をさせることに加え、縦方向と横方向とで拡大または縮小の倍率を変えて、正方形が矩形になる変換方式の総称、エ：メッシュ補正　図面のひずみが多いときに資料図を細かくメッシュに区画して相互の位置関係を補正する方法があり、対象の資料図の状態に応じて利用されている。この技法の作業においては、重ね合わせる点を指定してアフェイン変換を実施する。

③　段階公差円

図6の中で、HK5が推定筆界点であり、資料図と現況図を重ね合わせることによって、幾何学的に生成された点である。この点には、それ自体精度区分に応じた復元の位置誤差があり、この推定筆界点を、辺長公差円弧および地積公差四角形の条件を満たすところに、移動させて、最適な位置を探索することになる。

具体的には、現況測量図の測点と資料公図の同一番号の重ね合わせにより、推定筆界点HK5が表示される。このHK5の中心点から精度区分で定められている辺長に対する許容誤差を半径とするものであり、これを段階交差円という（図7）。検討時点では、関連する辺長を単純平均する。今回の場合SK5およびSK4、SK5及びSK6、SK5及びSK2の単純平均の辺長に対する誤差とするが、今後の事例の積み重ねによっては、一番長い辺長に対する誤差による検証も行う予定である。

したがって、重ね図によって形成された推定筆界点は、資料図の精度が甲3なら、この甲3の円弧の中に存在することを前提にして、辺長公差円弧、地積公差四角形及び現地の地物等の重ね合わせ作業を実施する。

④　点間距離の辺長公差円を作る

現地の測点と公図の点が概ね一致していると推測される測点を決定し、対象である資料図及び測量図等を現況測量図に重ねあわせすることにより生成された、HK図のなかに、資料公図において、既定の精度区分に基き、基点（HK2＝G2、HK4＝G4、HK6＝G6）となる測点から、辺長に許容誤差を加えた円弧である辺長公差円（辺長（L）＋精度区分で定めら

図7

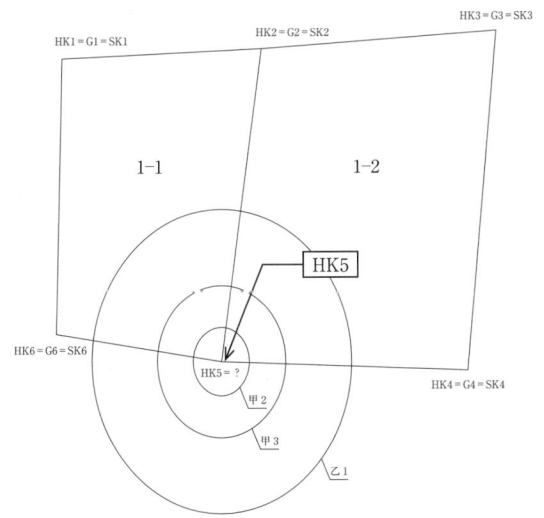

図8

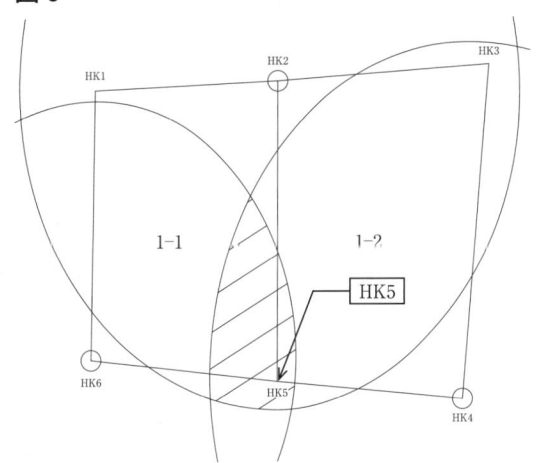

れた許容誤差（ΔL）＝半径とするもの）を描くレイヤーを作成する。（図8）

この辺長公差円の交わった部分（斜線の内部の範囲）が、事前準備作業で確認した既定精度区分で想定された許容誤差として、起点となった測点から想定される条件を満たす範囲であることになる。もし、既定の精度区分で、交わり部分ができない場合には、精度区分のランクをワンランク下げる（甲2から甲3の精度区分に変更する。）これらの変更は、精度区分を変更入力すれば、自動的にコンピュターで計算し、再描画することができる。

この場合、辺長公差円弧内において、幾何学的に最も望ましい点は、斜線で囲まれた範囲内の、辺長公差円の交点3点を結んで形成される三角形の内接円の中心であるといえる。ただし、これは、幾何学的な議論であり、現実には、作成されたHK図には、誤差（資料図作成時の誤差スキャニングにおける復元の誤差等）が複雑に関係していることから、この点のみを絶対視するのではなく、むしろ、まずは、この点を参考にして、現地の地物、関係者の主張、換地図等の数値資料をも参考に検討することになる（図9）。

しかし、実際には、重ね図によって生成された推定筆界点HK5との位置関係（図10）のとおり、推定筆界点HK5と三角形の内接円の中心とは必ず一致しないことが想定されるが十分参考となると考える。

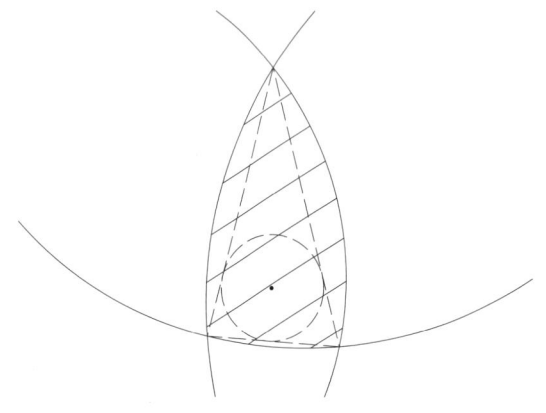

⑤ 地積の公差四角形を作る

重ね図によって形成されたHK図において、既定の精度区分による地積の許容誤差をクリヤーする範囲を明示する作業が地積の公差四角形を作成する作業である。図11において、HK1、HK2、HK5、HK6、HK1を結んで区画される土地を1番1とし、HK2、HK3、HK4、HK5、HK2を結んで区画される土地を1番2としたうえで、探索の対象となるのは、推定筆界点であるHK5が面積公差を充足する範囲である地積公差四角形内に

図9

図10

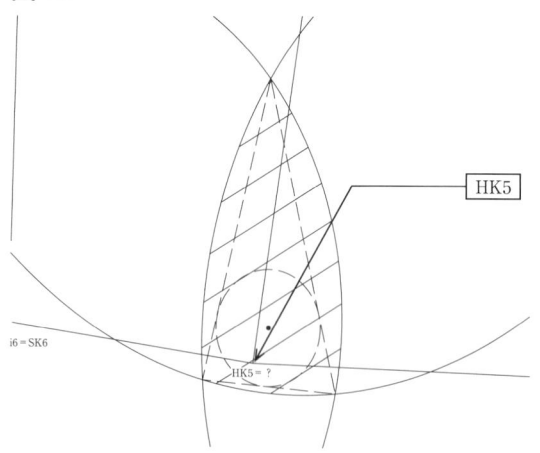

図11

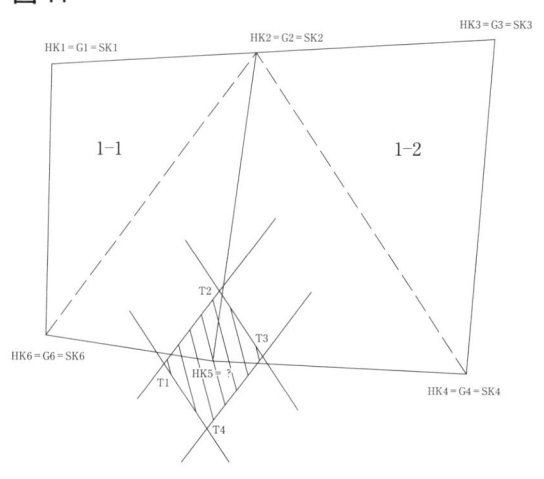

存在するかどうかを確認する作業であるので、仮に1番1の土地の登記簿地積が849.45 m²とした場合、HK1、HK2、HK6、HK1を結んで区画され三角形の地積が394.12 m²とすれば、残るHK2、HK5、HK6、HK2を結んでできる三角形の地積は、単純には849.45 m² − 394.12 m² = 455.32 m² となるところ、全体の地積である849.45 m²の許容誤差は、既定の精度区分甲3であれば、早見表により、許容誤差は、−6.03 m² から +6.03 m² の誤差が許されることになることから、455.32 m² から6.03 m² を控除した449.29 m²の地積を確保できる頂点HK5は、HK2、HK6を底辺とし、その底辺に平行で面積が確保される高さのT1およびT2を結ぶ線がその範囲であり、さらに、455.32 m² に6.03 m² を加えた461.35 m² を確保する頂点HK5は、HK2及びHK6を底辺とし、461.35 m²の地積を確保できるところの、底辺に対して平行で地積を確保できる高さであるT3及びT4を結ぶ平行線内にあると思われる。同様に、1番2の土地についても同じ作業をすると、1番2の許容誤差はHK2、HK4を底辺として、各々T1及びT4、T2及びT3を結んだ平行線内にあるとなるので、1番1の土地と1番2の土地の地積の許容誤差を充足する地積公差四角形の範囲は、T1、T2、T3、T4、T1を結んで計算される範囲であるということができる。(図11)

4. 決定作業
(1) ダブル公差による判断

この地積公差四角形と先に作られた公差円の重なる部分（ダブル公差）を作ったうえで、辺長公差円の範囲（右から左の斜線部分）と地積公差四角形（左から右への斜線部分）の重なる部分が、両方の条件を満たすダブル公差の範囲である。

原則として、このダブル公差の範囲内が、既存の精度条件を充足する推定筆界点HK5を特定筆界点THK5として移動できる範囲といえる。ただし、必ずしも、ダブル公差を充足する範囲ができるとは限らないケースも想定されるが、その場合は、辺長公差は位置誤差の確認に、地積公差四角形は関係者への説明ツールとして利用できる。

したがって、ダブル公差の重なりの範囲内で、現地の地物、当事者の主張点、地積測量図等の数値資料を参考に、推定筆界点HK5を点間距離公差と地積公差を同時に満足する範囲（ダブル公差）内で移動させ（この時、推定筆界点HK5に、段階公差円を同時に表示しながら、理想的な筆界点THK5を探索するために移動させると効果的である）、理想的な筆界特定点THK5を探索することになる。

この作業によって、理想的な提案をする筆界特定点TK5と関係測点（申請人の主張する点、相手方の主張点、関係人の主張点及び現況地物等）との点間距離と関係土地の地積を同時に検討可能にし、このダブル公差及び提案する筆界特定点TK5は現況測量図レイヤーに重ねあわすとともに、筆界特定点THK5と現況の地物、境界標識、当事者の主張点の点間距離方向角を、ディスプレイ上でリアルタイムに確認できることは言うまでもない。

このダブル公差による判断の概念はまったく新しい概念であり、位置関係の概念図は図12となる。

既定の精度区分でダブル交差が作成できない場合は、公差条件を下げて、理想的な筆界特定点THK5の位置を探索することになり、筆界特定の申請人の主張点M5と相手方の主

図12

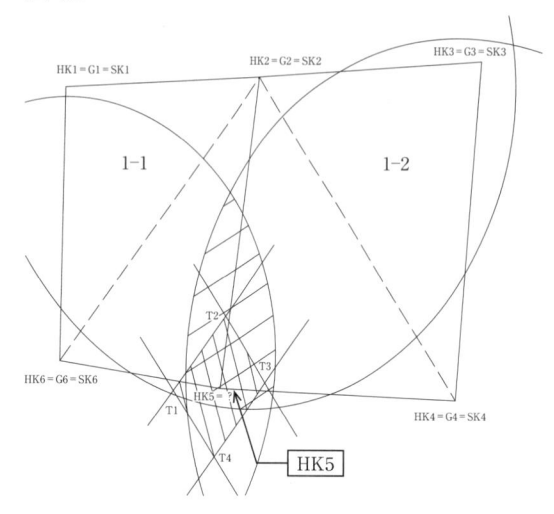

図13

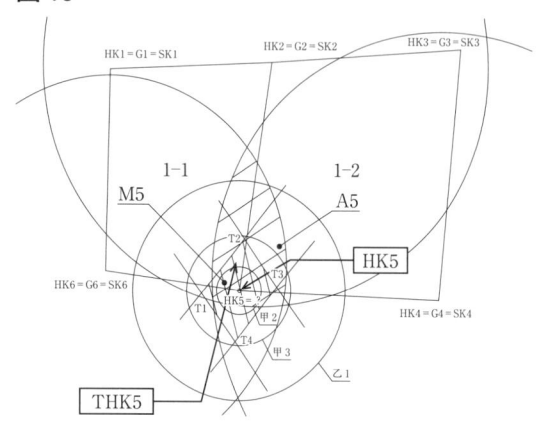

張点 A5 との位置関係は図13のようになる。

そこで、後述する（3）推定筆界点からの筆界点の決定での地積公差表（図14）を表示しながら、HK5 を現況測量図の側溝とか庇や杭等を参考にしながら、移動し理想的な最終の筆界特定点 THK5 を決定するのである。HK5 を動かすということは、地積公差表を見ながら、リアルタイムに当事者の主張地積やその差分や差分に対する精度区分の変化を参考にすることができるのである。

（2）推定筆界点からの筆界点の決定へ

生成された推定筆界点 HK5 を当事者の主張、現況における工作物や標識を参考にして、マウスポインターで探索を実施し理想的な筆界点とする THK5 を、可能な限りダブル公差の範囲内でコンピュータのディスプレイ上でマウスポインターを移動させる、その都度ビジュアルに、地積公差表で管理されている既存精度区分、地積の許容誤差、制度区分の点検をしながら探索試行する。理想的な推定筆界点 THK5 によって形成される区画の地積はリアルタイムで表示され、許容誤差内であるかどうかを色及び○×で判定明示されるので、申請人の主張する点及び相手方の主張する点について、提案する理想的な筆界点の位置とを比較検討のうえ、決定することになる（図14）。

例えば、上記の地積公差表において、推定筆界点 HK5（表では H）をディスプレイ上で、決定筆界点 THK5（表では H'）を移動させることにより公簿地積との差分及びその精度区分が変化するので、リアルタイムに筆界特定の申請人の所有地199番と相手方の197番と198番の土地について、可能な限り公簿地積との差分及びその精度区分をクリヤーさせる点をシュミレーションし、一方、申請人及び相手方の主張点での公簿地積との差分及びその精度区分による判定結果を併せて一覧提示

図14　地積公差表

することにより関係者の理解を得られやすく、これによって理想的な筆界特定点THK5を提案することができる。

(3) ダブル公差と地積更正及び地図訂正の要否の判断

ダブル公差によって描かれる辺長交差円と地積公差四角形の範囲と提案する理想的な筆界特定点THK5の位置関係から、その後の登記手続として、地積更正及び地図訂正の要否の判断をすることができる。

例1　筆界特定点THK5が公差円（網掛けの範囲）の範囲内に存在するとき。

理想的な筆界特定点THK5が公差円（網掛

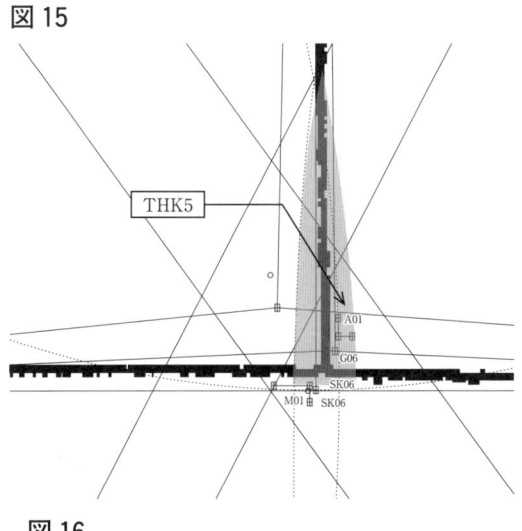

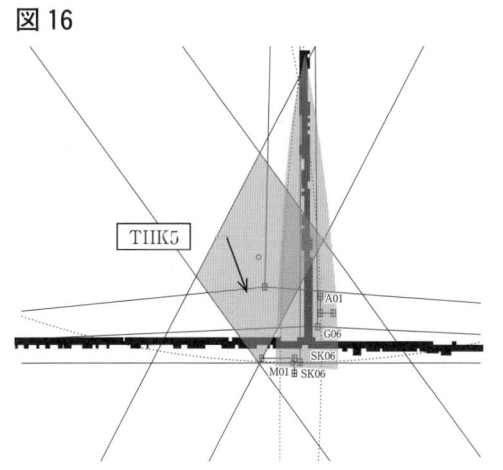

図15

図16

図17

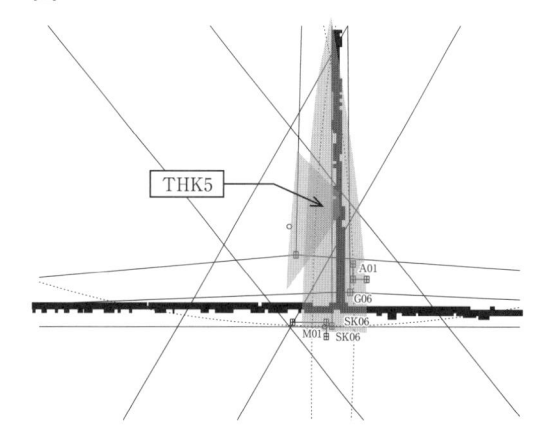

けの範囲）内に存在するときは、辺長の公差は満たしているため、地図訂正の必要ない（図15）。

例2　筆界特定点THK5が公差四角形（網掛けの範囲）の範囲内に存在するとき。

理想的な筆界特定点THK5が公差四角形（網掛けの範囲）内に存在するときは、地積公差の許容誤差は満たしているので、地積更正は必要ない（図16）。

例3　筆界特定点THK5が公差円の範囲と公差四角形の交わり部分内の網掛けの範囲内に存在するとき。

理想的な筆界特定点THK5が公差円の範囲と公差四角形の交わり部分内の網掛けの範囲内に存在するときは、地積更正も地図訂正も必要ないことになる（図17）。

5．おわりに
(1) 筆界特定作業の効率化と円満な筆界確認形成

従来方法による、仮説点を設定するごとに、辺長、地積及び現況測量図の地物等を試行錯誤的に反復して行う作業に対して、この幾何

学的な手法により創造的な筆界確認（特定）手法によれば、ディスプレイ上の現況測量図に、筆界点が幾何学的に存在しうる許容誤差範囲が表示され、地積公差一覧を同時に見ながら、地積の差分と精度区分を同時に検討し、マウスポインターによって推定筆界点（HK5）を移動させつつ、現況測量図に描画されている、側溝、ブロック塀等の現地の地物と、関係者（当事者及び関係人）の占有状況と主張を併せて、資料（公図、換地図、地積測量図等）の歴史的評価結果を各々整理して、理想的な筆界点（THK5）を確認でき作業の効率化が図れる。一方、関係者に理想的な筆界点の特定（確認）に至った工程を、ディスプレイ上の現況測量図で説明することによって、公平の視点から双方の所有地の地積と登記簿面積に対する増減比較等を精度区分に基づき、許容誤差の限度の範囲内でリアルタイムに提示することによって、当事者の円満な筆界確認形成が実施できることになるのではないだろうか。

(2) 作業工程の標準化

今までの筆界確認作業または筆界特定において、作業者がその経験と知識に基づき作業をすることから、同一資料を基にした作業であっても、異なる筆界点を確認（特定）明示するケースがみられた。

これが、境界問題が惹起する原因の一つにもなっているように思われる。この検討した手法は事前準備作業の時点で対象土地の資料から精度区分を検討したうえで、資料の歴史的評価を実施し、辺長公差、地積公差を検討する一連の作業工程を可能な限り体系化、必須作業と位置付けることによって、土地家屋調査士のレベルに繋がることとならないだろうか。

(3) 今後の課題

この手法を「筆界点を見出すことができるツール」として活用できるように、公図に留まらず当初から座標値がある地図等でも事例を積み上げ、関係者が納得できる手法としての検証を進めたいと考えます。

判例索引

太字部分は、要旨掲載判例を示す。

【明治】

大判明治 43.1.25 民録 16-22 ……………………………………………………………………33

【大正】

大判大正 3.10.19 民録 20-777 ……………………………………………………………………40
大判大正 4.5.20 民録 21-750 ……………………………………………………………………39
大判大正 5.10.13 民録 22-1886 …………………………………………………………………35
大判大正 5.11.28 民録 22-2320 …………………………………………………………………114
大判大正 6.1.16 民録 23-1 ………………………………………………………………………39
大判大正 7.3.2 民録 24-423 ……………………………………………………………………45
大判大正 8.5.12 民録 25-851 ……………………………………………………………………37
大判大正 8.5.31 民録 25-946 ……………………………………………………………………40
大判大正 8.6.19 民録 25-1058 ………………………………………………………………32, 103
大判大正 8.6.24 民録 25-1095 …………………………………………………………………35
大判大正 8.6.30 民録 25-1200 …………………………………………………………………108
大判大正 8.7.4 民録 25-1215 他 …………………………………………………………………33, 35
大判大正 9.7.16 民録 26-1108 ………………………………………………………26, 116, 117
大判大正 10.2.1 民録 27-160 ……………………………………………………**68, 101, 200**
大判大正 10.11.3 民録 27-1875 …………………………………………………**40, 169, 193**
大判大正 11.10.10 民集 1-575 …………………………………………………………………58
大判大正 12.3.26 民集 2-182 ……………………………………………………………………33
大判大正 13.3.17 民集 3-5-169 ……………………………………………………………**213**
大判大正 13.5.20 民集 3-203 ……………………………………………………………………39
大判大正 13.10.7 民集 3-12-509 …………………………………………**8, 55, 58, 82, 153**
大判大正 14.3.23 新聞 2394-3 ………………………………………………………**136, 175**
大判大正 14.7.8 民集 4-412 …………………………………………………………………47, 51
大判大正 14.12.12 裁判拾遺 1・民 11 …………………………………………**84, 137, 181**

【昭和元～10 年】

大判昭和 2.9.19 民集 6-10-510 …………………………………………………………**23, 213**
大判昭和 4.12.11 民集 8-12-914 …………………………………………………………**68, 200**
大判昭和 6.6.2 裁判例 5・民 99 …………………………………………………………………100
大判昭和 8.6.29 評論全集 22・民 837 …………………………………………………………36, 105
大判昭和 9.10.3 新聞 3757-10 …………………………………………………………………32, 33
大判昭和 10.10.5 民集 14-1965 …………………………………………………………………135
大判昭和 10.12.24 民集 14-2096 ………………………………………………………32, 33, 35

【昭和 11～20 年】

大決昭和 13.6.27 民集 17-1324 …………………………………………………………………39
大連判昭和 14.3.22 民集 18-238 ………………………………………………………………39

大判昭和 14.3.29 民集 18-370 ··33
大判昭和 14.10.13 判決全集 6-29-19 ··49
大判昭和 14.12.12 民集 18-1505 ··32, 33
大判昭和 16.12.12 新聞 4753-9 他 ···84, 87, 137, 181
大判昭和 17.2.26 法学 12-432 ···84, 181
大判昭和 18.3.16 新聞 4836-12 ··39

【昭和 21〜30 年】

広島高判昭和 23.7.21 高民 1-2-152 ··153
福島地判昭和 27.8.30 下民 3-8-1186 ···83, 109, 181
最判昭和 28.4.16 民集 7-4-321 ···58, 153
最判昭和 30.6.24 民集 9-7-919 他 ··10, 58, 136, 153
最判昭和 30.12.26 民集 9-14-2097、判タ 54-27 他 ···23, 213

【昭和 31〜40 年】

最判昭和 31.2.7 民集 10-2-38、判タ 57-35 ··156
東京地判昭和 31.3.22 判時 77-22 他 ··62
最判昭和 31.12.28 民集 10-12-1639 他 ································8, 12, 32, 59, 79, 80, 82, 130, 153, 245
最判昭和 33.2.14 民集 12-2-268 ··23, 213
最判昭和 33.8.28 民集 12-12-1936 ··46, 56, 93, 102, 134, 195
山形地判昭和 33.10.13 訟月 4-12-1502 ··68, 200
東京高判昭和 34.12.21 東高民時報 10-12-307 ···169
最判昭和 35.6.23 民集 14-8-1498 他 ··20, 132, 191
最判昭和 35.7.27 民集 14-10-1871、判時 232-20 他 ···29, 48, 52, 86, 99, 173
最判昭和 35.9.2 家月 12-12-65、民集 14-11-2094 他 ··162, 175, 193
最判昭和 35.12.23 民集 14-14-3166、判タ 114-34 ··108
最判昭和 36.7.20 民集 15-7-1903 ···47, 52, 56, 102, 119, 195
最判昭和 37.5.18 裁判集民 60-669、民集 16-5-1073 他 ···172
東京高判昭和 37.7.10 下民 13-7-1390 ··59, 79, 81, 130, 154, 245
最判昭和 37.10.12 民集 16-10-2130 ··40
東京地判昭和 37.10.31 行集 13-10-1712 ···173, 175, 210
最判昭和 38.1.18 裁判集民 64-25、民集 17-1-1 他 ···193
最判昭和 38.2.12 刑集 17-3-183 ···74
東京地判昭和 38.11.5 訟月 10-5-669 ··175
大阪高判昭和 38.11.29 下民 14-11-2350 ···10, 81, 131, 154
最判昭和 38.12.13 裁判集民 70-245、民集 17-12-1696 他 ···160, 198
大阪地判昭和 40.2.4 下民 16-4-722 ··48, 52
最判昭和 40.2.23 裁判集民 77-549、判タ 174-98 他 ···10, 58, 82, 154
盛岡地裁一関支判昭和 40.7.14 判時 421-53 ··59, 81, 154

【昭和 41〜50 年】

最判昭和 41.4.15 裁判集民 83-211、民集 20-4-676 他 ···26, 114, 175
最判昭和 41.4.20 裁判集民 83-251、民集 20-4-702 他 ·····················20, 32, 36, 105, 132, 132, 191
佐賀地判昭和 41.6.16 訟月 12-7-1068 ···83, 84, 137, 181
最判昭和 41.10.7 裁判集民 84-563、民集 20-8-1615 他 ···110, 162
最判昭和 41.11.22 裁判集民 85-207、民集 20-9-1901 他 ···46, 195

最判昭和 42.6.9 訟月 13-9-1035	200
最判昭和 42.7.21 裁判集民 88-113、民集 21-6-1643 他	98, 160
最判昭和 42.7.21 裁判集民 88-123、民集 21-6-1653	47, 195
最判昭和 42.10.27 民集 21-8-2171 他	122
最判昭和 42.11.8 刑集 21-9-1197	74
最判昭和 42.12.26 裁判集民 89-613、民集 21-10-2627 他	12, 59, 154
最判昭和 43.2.9 民集 22-2-122、判時 515-58	107
最判昭和 43.2.22 裁判集民 90-343、民集 22-2-270	13, 81, 82, 155, 156
最判昭和 43.3.1 裁判集民 90-549、民集 22-3-491 他	29, 85, 116, 136, 176
最判昭和 43.9.26 民集 22-9-2002 他	103
最判昭和 43.10.8 裁判集民 92-483、民集 22-10-2145 他	22, 77, 103, 123, 198
前橋地判昭和 43.10.8 判時 561-65	104
横浜地判昭和 43.11.6 判時 556-76	24
最判昭和 43.11.13 裁判集民 93-173、民集 22-12-2510 他	108, 193
最判昭和 43.12.17 判時 544-36	162
最判昭和 43.12.24 裁判集民 93-933、民集 22-13-3366 他	116, 176, 193
最判昭和 44.5.22 裁判集民 95-323、民集 23-6-993 他	68, 101, 200
盛岡地判昭和 44.6.19 訟月 15-8-900	137, 182
最判昭和 44.7.15 裁判集民 96-287、民集 23-8-1520 他	34, 104, 185
最判昭和 44.12.18 裁判集民 97-781、民集 23-12-2467 他	50, 98, 136, 166, 184
最判昭和 44.12.18 判時 586-55	108, 194
最判昭和 45.5.21 民集 24-5-393	105
最判昭和 45.6.18 裁判集民 99-375、判タ 251-185 他	25, 110, 111, 162
最判昭和 45.10.29 裁判集民 101-243、判タ 255-156 他	26, 162
最判昭和 45.12.15 民集 24-13-2051 他	77, 123
最判昭和 45.12.18 裁判集民 101-761、民集 24-13-2118 他	160
東京地判昭和 45.12.19 判タ 261-311、判時 630-72	34, 104, 185
最判昭和 46.3.9 裁判集民 102-233、判タ 261-189 他	29, 85, 116, 176
最判昭和 46.3.30 裁判集民 102-371、判時 628-52	182
名古屋地判昭和 46.9.30 判タ 271-217、判時 652-63	136, 166, 176
最判昭和 46.11.5 裁判集民 104-161、民集 25-8-1087 他	102, 173
最判昭和 46.11.25 裁判集民 104-445、判時 654-51	28, 85, 99, 184
最判昭和 46.11.30 民集 25-8-1389	34
最判昭和 46.11.30 民集 25-8-1437、裁判集民 104-503 他	171
最判昭和 46.12.9 裁判集民 104-599、民集 25-9-1457 他	156
東京高判昭和 47.2.28 金判 314-10、判時 662-47	34, 185
最判昭和 47.6.29 裁判集民 106-377	157
最判昭和 47.9.8 裁判集民 106-711、民集 26-9-1348 他	28, 85, 166
大阪地判昭和 47.11.30 下民 23-9〜12-670、判タ 291-325 他	171, 177
最判昭和 47.12.12 民集 26-10-1850	40
和歌山地判昭和 47.12.27 判タ 296-285、判時 706-70	177
最判昭和 48.1.26 裁判集民 108-61、判時 696-190	162, 177
最判昭和 48.12.14 裁判集民 110-709、民集 27-11-1586 他	103, 185
東京高判昭和 50.1.29 判時 777-42	23
最判昭和 50.4.11 裁判集民 114-509、民集 29-4-417 他	77, 103, 122, 173, 210
最判昭和 50.4.22 裁判集民 114-549、民集 29-4-433 他	116, 177

東京高判昭和 50.8.22 東高民時報 26-8-151、判タ 333-206 ……………………………………166, 182
最判昭和 50.9.25 裁判集民 116-73、民集 29-8-1320 他 ……………………………76, 121, 137, 210
最判昭和 50.11.28 裁判集民 116-667、民集 29-10-179 他 ……………………………………194

【昭和 51～60 年】

東京高判昭和 51.1.28 東高民時報 27-1-14、判タ 337-223 他 ……………………………………157
最判昭和 51.5.25 民集 30-4-554、家月 28-11-61、裁判集民 117-547 他 ……………………188
名古屋高判昭和 51.8.9 下民 34-9～12-1062、判時 840-73 他 ……………………………………114
最判昭和 51.12.2 裁判集民 119-291、民集 30-11-1021 他 ………………………115, 137, 163, 178
最判昭和 51.12.24 裁判集民 119-397、民集 30-11-1104 他 ……………………………68, 101, 200
東京地判昭和 52.2.6 下民 35-1～4-190 ……………………………………………………………136
東京高判昭和 52.2.24 東高民時報 28-2-38、判タ 352-192 他 ……………………………………167
札幌高判昭和 52.2.28 高民 30-2-33、下民 35-14-256 他 ……………………………………99, 194
最判昭和 52.3.3 裁判集民 120-209、民集 31-2-157 他 …………………76, 109, 137, 167, 173, 210
最判昭和 52.3.31 裁判集民 120-363、判時 855-57 他 ……………………………85, 115, 136, 178
大阪高判昭和 52.3.31 下民 35-1～4-162、訟月 23-4-678 ……………………………69, 178, 201
最判昭和 52.4.28 裁判集民 120-549、金判 535-47 ……………………………………………68, 201
金沢地判昭和 52.5.13 判時 881-136 …………………………………………………………………201
高松高判昭和 52.5.16 判時 866-144、判タ 359-276 ………………………………………………123
福岡高裁那覇支判昭和 52.9.14 下民 35-14-262、高民 30-3-226 他 …………………………22, 174
最判昭和 52.9.29 裁判集民 121-301、判時 866-127 他 …………………………………………198
最判昭和 53.3.6 裁判集民 123-167、民集 32-2-135 他 …………………………………………172
名古屋高判昭和 53.6.12 判タ 368-235、判時 913-92 ……………………………………………163
東京高判昭和 53.9.26 訟月 24-12-2525 …………………………………………………………116, 178
最判昭和 53.11.20 民集 32-8-1551 ……………………………………………………………………39
最判昭和 53.12.14 裁判集民 125-831、民集 32-9-1658 他 ………………………………………198
函館地判昭和 54.3.23 訟月 25-10-2522 ……………………………………………………………201
大阪地判昭和 54.4.26 行集 30-5-966 他 ………………………………………………………………72
福岡地判昭和 54.7.12 訟月 25-11-2775 …………………………………………………………69, 202
最判昭和 54.7.31 裁判集民 127-315、判タ 399-125 他 ……………………84, 111, 113, 167, 169
最判昭和 54.9.7 裁判集民 127-431、民集 33-5-640 他 …………………………………………174
東京高判昭和 54.12.26 下民 34-9～12-1162、高民 30-12-383 他 ………………………………196
山口地判昭和 55.1.23 訟月 26-3-463 ………………………………………………………………202
東京地判昭和 55.2.6 下民 35-1～4-190、判タ 416-156 他 ………………………………………178
最判昭和 55.2.29 裁判集民 129-223、民集 34-2-197 他 ……………………………103, 174, 202
東京高判昭和 55.4.15 判時 964-51、訟月 26-9-1491 ……………………………………………202
最判昭和 56.1.27 裁判集民 132-33、判タ 441-107 他 ……………………………………78, 167, 179
最判昭和 56.6.4 裁判集民 133-33、民集 35-4-735 他 …………………………………………160
最判昭和 56.11.24 裁判集民 134-261、判タ 457-81 ……………………………………57, 119, 196
東京地判昭和 57.1.29 判タ 477-123 …………………………………………………………………100
横浜地判昭和 57.8.31 判タ 487-103、訟月 29-2-213 ……………………………………………202
最判昭和 58.3.24 民集 37-2-131、裁判集民 138-373 他 …………………………………………163
最判昭和 58.10.18 裁判集民 140-127、民集 37-8-1121 他 ………………………………………24, 157
神戸地判昭和 58.11.29 訟月 30-5-773 ………………………………………………………132, 188, 203
最判昭和 59.2.16 裁判集民 141-227、判タ 523-150 他 …………………………………………157
宮崎地判昭和 59.4.16 判タ 530-206 ………………………………………………………………183

最判昭和 59.5.25 裁判集民 142-53、民集 38-7-764 他 ……………………………………………… 29, 76, 77, 116, 179
最判昭和 59.9.20 裁判集民 142-333、民集 38-9-1073 他 ……………………………………………………………… 188
東京地判昭和 59.11.26 判タ 546-149、判時 1167-60 ……………………………………………………………… 203
前橋地判昭和 60.1.29 訟月 31-8-1973 他 ………………………………………………………………………………… 12
東京高判昭和 60.3.19 判タ 556-139 ……………………………………………………………………………………… 103
最判昭和 60.3.28 裁判集民 144-297、判タ 568-58 他 ……………………………………………………… 112, 168
東京地判昭和 60.9.25 判タ 612-49 ……………………………………………………………………………………… 203

【昭和 61～平成 7 年】

最判昭和 61.3.17 裁判集民 147-371、民集 40-2-420 他 ……………………………… 34, 72, 104, 210
広島高判昭和 61.3.20 訟月 33-4-839 ……………………………………………………………………………… 69, 203
長野地判昭和 61.4.30 訟月 33-7-1753 …………………………………………………………………………………… 203
東京高判昭和 61.6.23 判時 1199-70 ……………………………………………………………………………………… 103
東京地判昭和 61.6.26 判時 1207-67 ……………………………………………………………………………… 69, 204
大阪地判昭和 61.6.27 ……………………………………………………………………………………………… 191, 204
京都地判昭和 61.8.8 判タ 623-106 ……………………………………………………………………………………… 204
東京地判昭和 62.1.27 判タ 639-165 他 …………………………………………………………………… 84, 109, 183
最判昭和 62.6.5 裁判集民 151-135、判タ 654-124 他 …………………………………………………………… 199
東京地判昭和 62.6.24 判時 1266-104、ジュリ 931-108 ………………………………………………… 136, 179
東京地判昭和 63.4.26 判タ 682-95 ………………………………………………………………………………………… 65
東京地判昭和 63.8.25 判時 1307-115 …………………………………………………………………………… 69, 205
東京高判昭和 63.9.22 東高民時報 39-9～12-61、判時 1291-69 他 …………………………………………… 205
最判平成元.3.28 裁判集民 156-373、判時 1393-91 他 …………………………………………………………… 194
東京高判平成元.5.24 判タ 725-158 ……………………………………………………………………………………… 171
札幌地判平成元.6.21 判自 70-46 ………………………………………………………………………………… 70, 205
東京地判平成元.6.30 判時 1343-49 ……………………………………………………………………………… 34, 104
水戸地判平成元.7.18 ……………………………………………………………………………………………………… 205
最判平成元.9.19 裁判集民 157-581、判タ 710-121 他 ………………………………………………… 115, 169
福岡高判平成元.12.20 判タ 725-153 …………………………………………………………………………………… 164
最判平成元.12.22 裁判集民 158-845、判タ 724-159 他 ………………………………………………………… 172
東京地判平成 2.7.20 判時 1382-90 …………………………………………………………………………………… 206
神戸地裁姫路支判平成 2.10.26 訟月 39-8-1413、判タ 754-186 ……………………………………………… 206
東京高判平成 3.2.26 訟月 38-2-177 ……………………………………………………………………………………… 206
最判平成 3.3.19 判時 1401-40 他 …………………………………………………………………………………………… 12
伊丹簡判平成 3.4.11 公刊物未登録 ……………………………………………………………………………………… 184
札幌地判平成 3.11.7 判時 1420-112 …………………………………………………………………………………… 192
宮崎地裁延岡支判平成 3.11.29 判自 96-27 …………………………………………………………………… 57, 197
東京地判平成 4.3.10 訟月 39-1-139 他 ………………………………………………………………………… 75, 161
仙台高判平成 4.7.24 判タ 824-172、判時 1494-108 他 ……………………………………………… 110, 164
大阪高判平成 4.10.29 訟月 39-8-1404 ………………………………………………………………………………… 207
東京地判平成 5.12.21 判タ 875-145、判時 1507-144 他 ………………………………………………………… 102
最判平成 6.9.8 裁判集民 173-1、裁時 1130-145 他 ……………………………………………………………… 211
大阪地判平成 6.9.9 判タ 874-137 ………………………………………………………………………………… 63, 91
最判平成 6.9.13 判タ 867-155、判時 1513-99 ……………………………………… 28, 85, 112, 165, 211
最判平成 7.3.7 民集 49-3-919、裁時 1142-8 他 …………………………………………………………………… 158
徳島地判平成 7.3.30 訟月 42-12-2819 ………………………………………………………………………………… 207

大阪高判平成 7.7.5 判タ 897-116、判時 1563-118 他 …………………………………………………… 188
最判平成 7.7.18 裁時 1151-3 ……………………………………………………………………………… 24
最判平成 7.7.18 裁判集民 176-491 ……………………………………………………………………… 158
大阪地判平成 7.9.19 判自 143-78 ………………………………………………………………………… 207
最判平成 7.12.15 裁時 1161-2、民集 49-10-3088 他 ………………………………………… 111, 113, 169

【平成 8 年〜】

最判平成 8.11.12 裁判集民 180-739、民集 50-10-2591 他 ……………………………………………… 165
横浜地判平成 8.12.3 公刊物未登録 ………………………………………………………………… 189, 209
浦和地判平成 9.5.26 判自 168-75 ……………………………………………………………………… 101, 199
神戸地裁伊丹支判平成 10.4.27 判自 186-104 ………………………………………………………… 158
盛岡地判平成 10.6.26 判自 189-107 ……………………………………………………………………… 159
大阪地判平成 10.12.8 判タ 1011-163 ……………………………………………………………………… 183
最判平成 11.2.26 裁判集民 191-591、裁時 1238-42 他 ………………………………………………… 159
最判平成 11.6.24 裁判集民 193-395、民集 53-5-918 他 ………………………………………………… 186
最判平成 11.10.21 民集 53-7-1190、裁時 1254-285 他 ………………………………………………… 186
最判平成 11.11.9 民集 53-8-1421、訟月 46-11-3919 他 ………………………………………………… 159
東京地判平成 12.2.4 訟月 47-1-164 ……………………………………………………………………… 189
東京地判平成 12.2.8 訟月 47-1-171 ………………………………………………………………… 189, 209
東京高判平成 12.3.22 判タ 1091-263 ……………………………………………………………………… 113
東京地判平成 13.1.19 公刊物未登録（平 9(ワ)200001 号）…………………………………………… 115
東京地判平成 13.10.15 訟月 48-10-2401 ……………………………………………………………… 165, 207
最判平成 13.10.26 民集 55-6-1001、判タ 1076-173 他 ………………………………………………… 211
東京地判平成 15.3.3 公刊物未登録（平 14(ワ)9148 号）……………………………………………… 104
大阪高判平成 15.5.22 判タ 1151-303 ……………………………………………………………………… 111
最判平成 15.10.31 裁時 1350-10、判タ 1141-139 他 …………………………………………………… 174
最判平成 16.7.13 判タ 1162-126、判時 1871-76 他 ……………………………………………………… 212
東京地判平成 16.10.19 公刊物未登録（平成 15(ワ)2521 号）………………………………………… 113
東京地判平成 16.11.29 公刊物未登録（平成 15(ワ)6038 号・21966 号）…………………………… 106
高松高判平成 16.12.17 判タ 1191-319 …………………………………………………………………… 187
最判平成 18.1.17 裁時 1403-4、民集 60-1-27 ……………………………………………………… 119, 134

監修者略歴

秋保賢一（あきほ　けんいち）
昭和 28 年　出生
昭和 58 年　東京地方検察庁検事
昭和 61 年　名古屋法務局訟務部付検事
平成 2 年　　弁護士登録（岐阜弁護士会所属）
現在　　　　岐阜県土地家屋調査士会顧問弁護士
　　　　　　愛知労働局労災法務専門員

著者略歴

馬渕良一（まぶち　りょういち）
昭和 23 年　出生
昭和 50 年　土地家屋調査士登録
　同　　　　司法書士開業
　同　　　　行政書士開業
平成 9 年　　日本土地家屋調査士会連合会理事
平成 11 年　日本土地家屋調査士会連合会常任理事
平成 15 年　日本土地家屋調査士会連合会副会長
　　　　　　（～平成 17 年）
司法書士において
平成 16 年 9 月 1 日　簡裁訴訟代理関係業務認定
調査士において
平成 18 年 4 月 17 日　岐阜地方法務局筆界調査委員
平成 19 年　黄綬褒章受賞

土地境界紛争処理のための取得時効制度概説
―― 土地家屋調査士の立場から ――

定価：本体 2,300 円（税別）

平成 20 年 2 月 12 日　初版第 1 刷発行
平成 28 年 4 月 28 日　初版第 6 刷発行

監修者　秋　保　賢　一
著　者　馬　渕　良　一
発行者　尾　中　哲　夫

発行所　日本加除出版株式会社
本　社　郵便番号 171-8516
　　　　東京都豊島区南長崎3丁目16番6号
　　　　　　　TEL　(03)3953-5757（代表）
　　　　　　　　　　(03)3952-5759（編集）
　　　　　　　FAX　(03)3951-5772
　　　　　　　URL　http://www.kajo.co.jp/
営業部　郵便番号 171-8516
　　　　東京都豊島区南長崎3丁目16番6号
　　　　　　　TEL　(03)3953-5642
　　　　　　　FAX　(03)3953-2061

組版・印刷・製本　大日本法令印刷（株）

落丁本・乱丁本は本社でお取替えいたします。
© Ryoichi Mabuchi 2008
Printed in Japan
ISBN978-4-8178-1339-8　C2032　¥2300E

JCOPY 〈出版者著作権管理機構　委託出版物〉

本書を無断で複写複製（電子化を含む）することは，著作権法上の例外を除き，禁じられています。複写される場合は，そのつど事前に出版者著作権管理機構（JCOPY）の許諾を得てください。
また本書を代行業者等の第三者に依頼してスキャンやデジタル化することは，たとえ個人や家庭内での利用であっても一切認められておりません。

〈JCOPY〉　ＨＰ：http://www.jcopy.or.jp/, e-mail：info@jcopy.or.jp
　　　　　電話：03-3513-6969, FAX：03-3513-6979

第一人者による、明晰・詳細な実務解説
境界問題を扱う上での必読書！

信頼のベストセラー！

境界の理論と実務

寶金敏明 著

2009年4月刊 A5判上製 608頁 本体5,700円＋税 978-4-8178-3815-5 商品番号：40310 略号：境理

- 各種境界実務につき、横断的に把握・検討できる一冊。
- 土地境界の現地調査に限らず、境界の生成過程、地図や図面などの精度、筆界特定制度や境界に関する裁判・協議などについても解説。
- 全387件に及ぶ多数の裁判例を踏まえ、それぞれの実務を豊富な経験に則して丁寧に分析。

【収録内容】

第1編 境界の基礎知識
- 第1章 境界概念の多様性
- 第2章 境界の移動
- 第3章 境界標識

第2編 境界判定の手法
- 第1章 境界判定の手法の概要
- 第2章 筆界判定の証拠資料等

第3編 境界立会
- 第1章 立会・承認についての基礎知識
- 第2章 所有権界についての立会・承認の適格を有する者
- 第3章 筆界についての立会・承認の適格
- 第4章 隣接地の所有者の判定

第4編 境界に関する協議
- 第1章 民間相互の境界協議
- 第2章 公有財産についての公民境界確定協議
- 第3章 国有財産についての官民境界確定協議等

第5編 筆界特定・筆界認定等
- 第1章 筆界特定
- 第2章 分筆・地積更正・地図訂正等における筆界認定

第6編 地籍調査
- 第1章 地籍調査の目的
- 第2章 地籍調査の一般的手順
- 第3章 地籍調査の効果
- 第4章 地籍調査の問題点
- 第5章 都市部の地籍調査における特則（平成地籍整備事業）

第7編 境界に関する裁判
- 第1章 境界に関する私人間の裁判
- 第2章 所有権確認訴訟（所有権の範囲の確認訴訟）
- 第3章 筆界確定訴訟
- 第4章 筆界認定に対する取消訴訟等
- 第5章 表示登記に係る民事訴訟

日本加除出版

〒171-8516 東京都豊島区南長崎3丁目16番6号
TEL（03）3953-5642 FAX（03）3953-2061（営業部）
http://www.kajo.co.jp/